O OUTRO LADO DA MENTE

Título original: *The Other Side of Mind*

O outro lado da mente
1ª edição: Agosto 2024

Autores:
W. Clement Stone
Norma Lee Browning

Tradução:
Edmilson Ribeiro

Preparação de texto:
Flavia Araujo

Revisão:
3G Consulting
Gabriel Silva

Projeto gráfico e diagramação:
Vitor Donofrio (Paladra Editorial)

Capa:
Dimitry Uziel

DADOS INTERNACIONAIS DE CATALOGAÇÃO NA PUBLICAÇÃO (CIP)

Browning, Norma Lee
O outro lado da mente : uma fascinante investigação sobre os fenômenos psíquicos e os incríveis poderes ocultos em nosso cérebro / Norma Lee Browning, W. Clement Stone ; tradução de Edmilson Ribeiro. — Porto Alegre : Citadel, 2024.
320 p.

ISBN 978-65-5047-505-5
Título original: The Other Side of Mind

1. Parapsicologia I. Título II. Stone, W. Clement III. Ribeiro, Edmilson

24-3595 CDD 130

Angélica Ilacqua - Bibliotecária - CRB-8/7057

Produção editorial e distribuição:

CITADEL Grupo Editorial
contato@citadel.com.br
www.citadel.com.br

W. CLEMENT STONE
NORMA LEE BROWNING

O OUTRO LADO DA MENTE

Uma fascinante investigação sobre os fenômenos psíquicos e os incríveis poderes ocultos em nosso cérebro

Tradução Edmilson Ribeiro

CITADEL
Grupo Editorial
2024

SUMÁRIO

APÊNDICES

PREFÁCIO
Eu os desafio!
por W. Clement Stone

"Eu os desafio a aceitar a tarefa!", disse Myron Boardman, executivo da Prentice-Hall, Inc. Ele estava em Chicago para discutir a ideia de um livro muito interessante com Norma Lee Browning e comigo.

"Um empresário pragmático e uma repórter investigam os fenômenos da mente. Esse é o título provisório. Mas a oferta só será válida se vocês dois escreverem o livro juntos. Eu os desafio a aceitar!", ele repetiu.

Que desafio! Ele envolveria a exploração de todas as fases dos fenômenos da mente e sua conexão com a arte da motivação, tudo em um único livro. Significava fazer pesquisas sobre fenômenos psíquicos, bem como sobre ciências e psicologia – na verdade, sobre tudo o que diz respeito ao funcionamento da mente humana. Nosso campo de atuação incluiria tudo o que era conhecido ou presumido sobre as forças misteriosas da mente. A partir disso, tentaríamos avaliar o que já se sabe sobre os poderes da mente humana e indagar sobre o que esses poderes poderiam realizar no futuro. E deveríamos motivar você, leitor, a relacionar, assimilar e aplicar certos princípios para desenvolver e manter seu bem-estar físico, mental e moral.

O propósito da sugestão era inesperado e inacreditável, mas me deixou intrigado.

Houve um longo silêncio. Norma Lee e eu estávamos pensando. Estes são alguns dos pensamentos que passaram pela minha mente:

As palavras-chave de todo o projeto, pelo menos para mim, eram *fenômenos da mente*. Eu sabia, por exemplo, que mais de um milhão de cópias do famoso livro *A lei dos fenômenos psíquicos*, de Thomas Jay Hudson, haviam sido vendidas desde sua primeira publicação, em 1893, e que ele ainda afetava a forma de pensar de homens e mulheres em todas as áreas da vida. Pareceu-me que já era hora de atualizar essa grande obra.

A hipnose, por exemplo, já não pertence estritamente ao campo dos fenômenos psíquicos, como no início do século 20. E talvez pudéssemos fazer o que Hudson não conseguiu: ajudar o leitor a se proteger do perigo real de prejudicar sua mente ao explorar a percepção extrassensorial (PES) e outras formas de fenômenos psíquicos. Pois eles são como *dinamite mental*.

Em um projeto como esse, eu estaria ajudando a mim mesmo, seria forçado a aprender. Precisaria me envolver em pesquisas sobre muitas ciências relacionadas à função mente-cérebro – muitas das quais eu não havia estudado a fundo.

O conhecimento adquirido por meio da pesquisa sobre fenômenos mentais seria útil em meu papel de diretor de outros projetos muito importantes para mim: The American Foundation of Religion and Psychiatry (Fundação Americana de Religião e Psiquiatria), The Foundation for the Study of Cycles (Fundação para o Estudo dos Ciclos) e a Foundation for Research on the Nature of Man (Fundação para Pesquisa sobre a Natureza do Homem).

Se eu entrasse no projeto, sabia que Norma Lee faria a maior parte do trabalho escrito. Ela era conhecida por descobrir fatos e desfrutava de uma merecida popularidade entre os leitores do *Chicago Tribune* e de várias revistas, incluindo a *Saturday Evening Post* e a *Reader's Digest*.

As reportagens ousadas em que Norma Lee expunha clarividentes, médiuns, curandeiros, vigaristas e golpistas a tornaram conhecida como uma das principais repórteres do país. Ela foi a primeira mulher a ganhar o cobiçado prêmio Edward S. Beck, do *Tribune*, por sua série de reportagens expondo médicos charlatões, e é uma das poucas mulheres incluídas na lista de convidados para o Congresso Nacional sobre Charlatanismo Médico, patrocinado pela Associação Médica Americana e pela Administração de Alimentos e Medicamentos (FDA - Food and Drug Administration). Senti que seria um privilégio escrever um livro com uma autora como ela.

Porém, lá no fundo da minha mente, havia razões ainda mais pessoais para a forte atração que eu sentia pela ideia de Myron Boardman.

Quando eu ainda era menino, minha mãe tinha uma oficina de costura em nosso apartamento. Uma de suas melhores clientes era a esposa de um famoso mágico profissional, que me ensinou truques com cartas e de mágica. Toda vez que a esposa dele vinha ao nosso apartamento provar roupas, ele a acompanhava e, para passar o tempo, fazia truques para mim. Eu ficava fascinado! Ele admirava meu interesse e entusiasmo.

Um dia estávamos falando sobre mágica e ele despertou meu interesse com a seguinte frase: “Eu tenho uma gaiola e coloco um pássaro vivo dentro dela. Quando faço determinado truque, o pássaro desaparece, e não consigo encontrá-lo ou fazê-lo reaparecer”. Apesar de nunca ter me mostrado esse truque, eu acreditava que ele tinha a habilidade para fazê-lo. Na verdade, eu me gabava para as outras crianças da vizinhança sobre esse grande mistério, pois tinha total confiança no que ele dizia.

Só mais tarde percebi que, no mundo do entretenimento, tudo o que um mágico diz faz parte de seu ato, e ele não tem nenhuma obrigação moral de se ater à verdade. No entanto, mentiras vindas de autoridades ou especialistas em cuja integridade confiamos para tomar decisões importantes são desprezíveis. Porém, muitas pessoas em quem o público confia transformaram a mentira em arte, e algumas são tão habilidosas quanto Houdini, o famoso ilusionista. Imaginei que talvez eu pudesse prestar um verdadeiro serviço separando o falso do verdadeiro, as coisas valiosas das sem valor, no que se refere aos fenômenos da mente.

Quando criança, eu tinha tempo para sonhar acordado – e eram sonhos maravilhosos. Talvez isso acontecesse por eu ser filho único e minha mãe sempre estar ocupada trabalhando para garantir o nosso sustento. Sonhar acordado estimulava minha imaginação, e quando eu lia histórias como aquelas escritas por Horatio Alger, conseguia me imaginar como o herói. Durante meus primeiros anos na escola, reencenei em meus sonhos os feitos de guerreiros e heróis que mudaram o rumo de eventos mundiais.

Mas uma professora de história, na sexta série, despertou em mim alguns conceitos que desempenharam um papel importante em minha vida desde então. Ao procurar a verdade, ela disse, procure por fontes e evidências *confiáveis*; tente determinar quais as *motivações* dos autores. Não acredite em tudo *apenas* porque está escrito.

Seja um indivíduo, insistia a professora. *Pense*! Pense por si mesmo, independentemente da autoridade. Mas, ao pensar, use a *lógica* e seja prático; e sempre seja respeitoso.

Ouvi essas reflexões pela primeira vez há muito tempo. Ao longo dos anos, percebi o seu valor várias vezes, e agora me ocorreu que essa é exatamente a abordagem necessária no campo dos fenômenos da mente. Com frequência, o que se escreve sobre esses fenômenos é apenas uma repetição de opiniões preconceituosas e ignorantes. E muitas das "investigações" não passam de buscas por "evidências" que apoiem noções preconcebidas. Talvez seja a hora de pegar uma pá e cavar as fundações em busca dos fatos.

Nos meus últimos anos como estudante, minha imaginação foi estimulada pelo estudo da história antiga e medieval. Para mim, essas histórias eram emocionantes e empolgantes, e eu podia me associar de forma mais adulta com outros tipos de heróis, particularmente os patronos – nobres, reis, imperadores e papas – cujo apoio financeiro e proteção foram extremamente importantes para o desenvolvimento da filosofia, das artes e das ciências.

Nos dias atuais, um homem rico pode amar a arte, e, ao comprar obras de arte e doá-las para um museu, é chamado de "patrono das artes". Entretanto, um patrono no passado, diferentemente de hoje, encorajava, entendia, apoiava e protegia pessoas dignas e talentosas nos campos da literatura, das artes e das ciências. E, muitas vezes, ele mesmo fazia parte dessas áreas.

Em uma de minhas leituras, fui inspirado pela história de Mecenas, o patrono de Virgílio e Horácio, cujo nome se tornou sinônimo de patrono, principalmente na literatura e nas artes. Eu sabia que Dante fora protegido por Cangrande della Scala, de Verona, e Shakespeare, pelo Conde de Southampton.

É excelente apoiar o Exército da Salvação, na rua South State, em Chicago; tentar mudar a vida de seres humanos, ajudar meninos e meninas a se tornarem cidadãos decentes, fazer trabalho social nos Boys & Girls Groups of America (locais que oferecem atividades recreativas, educacionais e de desenvolvimento pessoal para jovens), em Grupos de Escoteiros, na ACM; dedicar sua vida à Igreja ou ser um missionário em terras distantes; tornar-se inventor, cientista, professor, autor, músico, escultor ou artista. Mas que tipo de pessoa pode, sozinha, durante uma vida curta, fazer todas essas coisas maravilhosas ao mesmo tempo?

Um patrono!

Quando finalmente adquiri riqueza, decidi usá-la como os patronos do passado - patrocinando pessoas talentosas e projetos que tivessem a possibilidade de acrescentar felicidade e progresso ao mundo. A ideia de Myron Boardman exigiria uma grande quantia de dinheiro, além de muito tempo e esforço - provavelmente mais do que qualquer revista, jornal ou fundação poderia se dar ao luxo de alocar em tal empreendimento. Percebi que, naquele assunto de grande importância para a humanidade, havia surgido uma nova e excelente oportunidade para colocar em prática as inspirações que eu havia recebido anos antes.

O longo período de silêncio foi quebrado quando eu disse: "Eu não tinha a intenção de escrever um livro neste momento. No entanto, esta é uma oportunidade única. Se estiver tudo bem para Norma Lee, vou aceitar o desafio".

A decisão se mostrou acertada, pois, mesmo que o livro nunca fosse publicado, eu já estava sendo amplamente recompensado pelo tempo, dinheiro e energia gastos. Realmente fui recompensado pelas pessoas que conheci, pelo conhecimento que adquiri e pela inspiração que vivenciei - em particular, na minha viagem ao santuário de Lourdes, que detalharei no Capítulo 15.

Myron Boardman mal havia deixado meu estúdio quando Norma Lee e eu começamos a fazer planos.

Decidimos então que ela pediria uma licença de um ano no jornal para o qual trabalhava, o *Chicago Tribune*, para dedicar seus esforços exclusivamente ao nosso projeto. Ela e seu marido, Russell Ogg, um fotógrafo profissional, fariam uma viagem ao redor do mundo para investigar, testemunhar e registrar informações e atividades relacionadas aos fenômenos mente-cérebro.

Eles iriam entrevistar funcionários do governo, cientistas, professores universitários, inventores, autores, sensitivos, editores de jornais etc., para verificar o que estava realmente acontecendo por trás da Cortina de Ferro, na Rússia e na Checoslováquia; para obter informações em primeira mão sobre os iogues e místicos da Índia, as pessoas que andam sobre brasas em Fiji, os aborígenes na Austrália; para verificar a veracidade de experiências e experimentos psíquicos relatados na imprensa mundial; e para coletar livros e artigos científicos úteis que não estavam disponíveis nos Estados Unidos.

E qual seria o meu papel? Financiar o projeto; empregar especialistas, se necessário; entrevistar cientistas e professores universitários; obter informações de Taegu, Formosa e dos maoris na Nova Zelândia, lugares em que eu tinha contatos; visitar o Haiti e verificar o vodu; ler e estudar uma quantidade considerável de livros e artigos científicos; descobrir mais sobre a cura pela fé em várias denominações religiosas e visitar Lourdes, para estudar sobre os milagres.

Juntos, Norma Lee e eu entrevistaríamos sensitivos que eram reconhecidos por ter poderes psíquicos especiais, psicólogos, psiquiatras e parapsicólogos.

Concordamos que cada autor teria completa liberdade no estilo e no conteúdo de sua parte do livro, e que utilizaríamos um formato de trabalho em que cada um pudesse ser identificado.

E agora nós desafiamos você!

Desafiamos você a manter a mente aberta enquanto lê este livro do começo ao fim, e depois, a relê-lo e a questionar quaisquer afirmações ou teorias antes de chegar a conclusões definitivas.

Você será exposto a ideias, experiências e costumes de pessoas diferentes de você: russos, indianos, japoneses, chineses, africanos, aborígenes da Austrália e outros.

Conosco, você explorará ciências relacionadas ao funcionamento do seu corpo e de sua mente, incluindo fisiologia, biologia, psicologia, física, química, eletrônica, matemática e engenharia.

Investigará conceitos que pode ter evitado em razão de tabus autoimpostos, tais como hipnose, telepatia, levitação, ioga, vodu e outros temas similares.

Desafiamos você a relacionar os fatos deste livro com sua própria vida, a assimilar o que for verdadeiro e, quando estiver pronto, a usar esses princípios práticos para alcançar seus objetivos específicos e valiosos.

Desafiamos você a ter a coragem de perceber que mesmo as pessoas mais inteligentes podem ser enganadas pelo que veem, ouvem e leem, especialmente quando sua confiança e fé são erroneamente depositadas em trapaceiros, impostores, charlatões e vigaristas que exploram a credulidade de pessoas boas.

Desafiamos você a aceitar a seguinte premissa: *a verdade será verdade, independentemente de crença, ignorância, negligência ou incompreensão de qualquer pessoa, ou, ainda, do fracasso de provas científicas.*

Se você aceitar esses desafios, não terá nada a temer, mas muito a ganhar. Pois, *se estiver pronto*, expandirá seus horizontes, desenvolverá e usará suas habilidades latentes e aproveitará as forças externas invisíveis que você talvez ainda desconheça.

Assim como muitos antes de você, é possível que você se torne mais maduro, lógico e tolerante. Dessa forma, será motivado a utilizar esses atributos com sucesso para alcançar suas metas mais importantes.

PARTE I

O BOOM DA TELEPATIA

por Norma Lee Browning

CAPÍTULO 1
Os russos controlarão a telepatia?

No início da década de 1960, um eminente fisiologista russo, o professor Leonid L. Vasiliev, leu, em uma revista francesa de ciência, alguns artigos surpreendentes. Eles descreviam um experimento sensacional sobre telepatia que havia ocorrido a bordo do submarino atômico americano *Nautilus*. A notícia o chocou. Seu país havia sido o primeiro a explorar o espaço; portanto, também deveria ser o primeiro a dominar os poderes ocultos da mente.

Não era necessário *acreditar* em alegações vindas de países capitalistas, dizia o professor, mas também não seria razoável ignorá-las. A Rússia precisava compreender o que estava sendo feito em relação ao "fenômeno da sugestão mental", e fornecer uma explicação científica era essencial à ciência soviética.

O professor Vasiliev, chefe do departamento de fisiologia da Universidade de Leningrado, não perdeu tempo em transmitir suas preocupações aos responsáveis por tomar decisões sobre tais assuntos no Kremlin. Antes que o ano terminasse, ele havia estabelecido dentro de seu departamento um laboratório especial para o estudo de "fenômenos telepáticos". Foi o primeiro laboratório desse tipo na União Soviética – provavelmente, o primeiro no mundo.

Em 1963, as alegações de sucesso da Rússia em experimentos telepáticos de longa distância eram conhecidas em todo o mundo. No entanto, o que poucos sabiam era que os russos haviam caído em uma fraude completa com a história do *Nautilus*. Fontes governamentais negaram a veracidade da história, e, em setembro de 1963, a revista *This Week* publicou declarações de todas as pessoas supostamente envolvidas, negando os fatos. O capitão William Anderson, primeiro comandante do *Nautilus*, apontou que o submarino estava em dique seco durante os dias em que a história francesa afirmava que ele estava em alto-mar para o grande experimento. Apesar disso, a fábula fez sucesso por trás da Cortina de Ferro e, ironicamente, lançou uma nova era na turbulenta história dos estudos psíquicos. Agora, o mundo todo questionava até que ponto os russos haviam avançado em seus esforços para desvendar o segredo da telepatia humana.

Se os relatos russos forem ao menos em parte verdadeiros e a telepatia - ou a "transmissão de pensamento" de uma mente para outra - puder ser usada para coisas como comunicações interplanetárias ou orientação de naves espaciais intercontinentais, os relatos obviamente terão uma importância avassaladora.

Um olhar em primeira mão confirma que os russos estão investindo quantias exorbitantes de dinheiro e recursos humanos em uma corrida para controlar algo ainda mais impressionante do que o átomo: a mente humana. A pesquisa em telepatia recebe alta prioridade em seu programa espacial, sob a categoria de ciências biológicas. Se a exploração da telepatia for apenas um sonho distante, não será por falta de tentativa por parte dos russos. Eles estão empregando todos os meios possíveis em sua busca pelo domínio mundial, desde o poder nuclear até o poder mental.

Durante muitos anos, qualquer tentativa de estudar fenômenos telepáticos na Rússia era denunciada como misticismo e idealismo. Hoje em dia,* impulsionados por um decreto comunista que incentiva o avanço das ciências biológicas em conjunto com a pesquisa espacial,

---

* Importante salientar que a primeira edição deste livro data de 1964. Também em virtude disso, a nomenclatura de alguns países que hoje não mais

a telepatia está recebendo um tratamento abrangente como forma de "comunicação biológica por rádio". Na verdade, o programa de pesquisa sobre telepatia dos russos é altamente endossado pelos principais cientistas espaciais soviéticos. K.A. Ciolkovski, pioneiro do voo em foguetes, declarou publicamente: "Não se pode mais duvidar dos fenômenos telepáticos. Devemos considerar a tentativa de elucidá-los com base na ciência, especialmente na era dos voos espaciais, em que habilidades telepáticas serão necessárias e poderão contribuir para o desenvolvimento da humanidade como um todo".

No início de 1963, fui à Rússia para investigar relatos sobre experimentos de telepatia. Além do meu passaporte e de cartas de apresentação de cientistas americanos e britânicos, levei uma caixa cheia de livros – o melhor meio para entrar em comunidades científicas da Cortina de Ferro. O povo russo é ávido por livros. Um mistério de Agatha Christie ou uma peça de Tennessee Williams podem facilmente encantar um motorista de táxi ou um guia da Intourist (agência de viagens estatal da União Soviética), tanto quanto um maço de cigarros americanos. Os cientistas soviéticos anseiam por livros em todos os campos da ciência e tecnologia.

Os russos gastam milhões de rublos em traduções científicas e parecem saber mais sobre o que está acontecendo nos laboratórios americanos do que a própria população norte-americana.

Em troca de livros, fiz entrevistas com alguns dos principais cientistas, médicos e pesquisadores soviéticos na área da telepatia, entre eles alguns cientistas do laboratório da "rádio mental", do professor Vasiliev.

O professor Vasiliev, mais do que qualquer outra pessoa, é o responsável por retirar a telepatia do reino do ocultismo e elevá-la à vanguarda como um assunto adequado ao estudo de cientistas

---

existe, como Checoslováquia ou União Soviética, foi mantida, a fim de manter a fidelidade histórica ao contexto em que foi escrito. (N.E.)

ortodoxos. Antes de examinarmos o trabalho de Vasiliev em detalhes, é importante enfatizar que, possivelmente, ninguém fora da Rússia sabe com certeza a natureza precisa de seus experimentos ou o quanto ele realizou até agora. O que os russos afirmam que estão fazendo é uma coisa; o que eles estão realmente fazendo pode ser outra.

Médicos e cientistas de outros países geralmente não são convidados a observar laboratórios soviéticos. Escritores científicos e correspondentes internacionais situados na Rússia contam, na maior parte do tempo, apenas com informações fornecidas pela imprensa comunista. Os russos são cautelosos ao responder perguntas específicas. Algumas das minhas informações sobre seus experimentos foram obtidas de fontes científicas não soviéticas na Rússia, e de outros investigadores, cujas impressões e descobertas, em grande parte, confirmaram as minhas.

A melhor evidência do que os russos estão fazendo ou planejando pode ser encontrada em seus próprios artigos, revistas e livros científicos, que adquiri em troca dos livros que levei comigo. Embora as traduções sejam caras, valem a pena, pois somente uma análise cuidadosa das alegações científicas dos próprios russos pode fornecer uma indicação precisa dos fatos. A partir dessas traduções e de dezenas de entrevistas com cientistas, um fato importante se destaca: não há dúvida sobre o escopo da pesquisa russa em telepatia. No entanto, ainda há incertezas sobre o quanto eles realmente conseguiram realizar.

Enquanto escrevo, a telepatia na Rússia, de acordo com as informações disponíveis, ainda está em estágio exploratório. Mas tendo em mente que nenhuma das coisas que os russos estão fazendo pode ser confirmada, é seguro dizer que eles já conseguiram:

1. Estabelecer pelo menos oito centros de pesquisa conhecidos, especializados em experimentos telepáticos, todos em

nível acadêmico-científico. O mais conhecido é o da Universidade de Leningrado.

2. Criar um programa de intercâmbio com a Índia para estudar a disciplina fisiológica e mental dos iogues e suas alegadas capacidades de transmitir ideias à vontade.
3. Organizar equipes de cientistas, incluindo fisiologistas, físicos, psicólogos, zoólogos, biólogos, neurologistas, matemáticos, "ciberneticistas" (especialistas em cibernética, estudo interdisciplinar dos sistemas de controle e comunicação em organismos vivos e máquinas) e engenheiros eletrônicos, para investigar a telepatia, descobrir como ela funciona e criar meios de aplicação prática.
4. Realizar experimentos cujos resultados, se forem pelo menos metade do que os russos afirmam, indicam que podem ser os primeiros a colocar um pensamento humano em órbita ou alcançar a comunicação pela mente com homens na Lua.

Existe uma diferença fundamental entre a abordagem soviética e a da maioria dos cientistas ocidentais em relação à telepatia. Os russos não a consideram como um fenômeno psíquico, nem a enquadram como um "sexto sentido". Para eles, a telepatia não tem relação alguma com a percepção extrassensorial (PES) ou, como disse o professor Vasiliev, com quaisquer outros "conceitos supersticiosos sobre a alma", tais como os que são "explorados em países capitalistas por idealistas fervorosos". Segundo ele, os russos "se livraram das superstições religiosas", e a telepatia deve ser estudada "sob uma ótica ideológica e antirreligiosa", baseada em uma sólida fundamentação fisiológica.

Embora a pesquisa sobre telepatia tenha começado a ser levada a sério em 1960, quando o professor Vasiliev estabeleceu seu laboratório de "rádio mental", ela recebeu um impulso ainda maior no início de 1963, por meio de um decreto do Kremlin que equiparou as ciências biológicas à aerodinâmica.

Uma "decisão" oficial adotada pelo Comitê Central do Partido Comunista da União Soviética e pelo Conselho de Ministros da URSS sobre "medidas para desenvolver ainda mais a biologia e fortalecer suas ligações com o trabalho prático" estabeleceu o aumento do investimento em pesquisas biológicas, bem como o aprimoramento da formação de novos cientistas e a criação de novos centros científicos equipados com aparelhos de última geração.

O termo "pesquisa biológica" abrange um vasto território.

No que diz respeito às experiências dos russos em telepatia, a sua amplitude pode ser mais bem expressada pelas palavras do acadêmico N. Sisakian, chefe do departamento de biologia da Academia de Ciências da União Soviética: "As principais tarefas da biologia são descobrir a essência dos fenômenos da vida e compreender e controlar os processos vitais. Uma vez que os cientistas descubram as leis biológicas que governam o desenvolvimento da vida orgânica, estarão em posição de controlar e modificar esse desenvolvimento em benefício do homem".

A razão para incluir a telepatia como objeto de investigação nas ciências biológicas baseou-se no trabalho de dois cientistas russos: B. Kazhinsky, engenheiro elétrico cujo livro, *Biological Radio Communication* (Radiocomunicação Biológica), foi publicado pela Academia de Ciências da Ucrânia; e Vasiliev, um fisiologista ainda mais eminente cujas obras recentemente publicadas, *Long Distance Suggestion* (Sugestão de longa distância) e *Experiments in Mental Suggestion* (Experimentos em sugestão mental), prepararam o terreno para o estudo de um conceito metafísico em laboratórios de ciência moderna.

Uma prova do interesse russo no assunto é evidenciada pelo fato de que o primeiro livro de Vasiliev, *Long Distance Suggestion*, teve tiragem inicial de 120 mil cópias. Provavelmente, isso se deve ao fato de o livro conter informações sobre a pesquisa ocidental, bem como um resumo da pesquisa russa. Além disso, o livro está sendo traduzido para o inglês, francês e alemão, para que o resto do mundo possa aprender sobre o trabalho dos russos nessa área.

Desde o estabelecimento do laboratório de Leningrado, em 1960, foram abertos pelo menos outros oito centros de pesquisa – e provavelmente mais, mas isso é tudo o que pude confirmar –, todos especializados em experimentos telepáticos. Eles estão localizados em Kiev, Tbilisi, Omsk (Sibéria), Saratov, Tartu, Odessa e, é claro, Moscou.

O Pavlovian Institute of Higher Nervous Activity (Instituto Pavloviano de Atividade Nervosa Superior), em Moscou, incorporou pesquisas sobre transmissão de informações telepáticas em seu programa sob o título "O Problema da Transmissão de Informações". O Instituto Durov, nomeado em homenagem ao cientista russo que ficou famoso por seus experimentos telepáticos com animais, agora tem um grupo de cinquenta cientistas estudando a "transmissão de informações biológicas" por meio da telepatia.

Em Moscou, existe o Instituto dos Problemas da Transmissão de Informação, que conduz pesquisas sobre telepatia a partir da perspectiva da "percepção subliminar", bem como outro grupo de cientistas que estudam a "transmissão de informação biológica" com os seguintes objetivos: descobrir o meio de transmissão telepática, discutir aspectos teóricos da pesquisa telepática, analisar trabalhos realizados fora da URSS e influenciar a opinião pública. Os russos deixam claro que seu principal interesse pela telepatia não é como uma "hipótese espiritualista", mas como um método especializado de transmissão de informações.

Embora afirmem ter "intenções pacíficas", os russos mencionam em suas publicações científicas que há "tensões crescentes no mundo capitalista" – mas isso é baseado nos falsos relatórios do *Nautilus*. Há rumores de que eles possam considerar o uso da telepatia, uma vez que dominem a tecnologia, para guiar naves espaciais e manter comunicações interplanetárias com seus próprios astronautas e com qualquer espécie de vida que possam encontrar em outros planetas.

De acordo com um relatório, os cientistas russos estão estudando maneiras de usar pombos para controlar o movimento de foguetes usando instruções telepáticas de um agente a distância. Supostamente, os pombos estão sendo treinados no Instituto Durov, em Moscou, embora o método exato de enviar ondas de pensamento para as aves seja desconhecido para os que estão fora da União Soviética.

É muito provável que, em vista do intenso interesse dos russos em pesquisas científicas realizadas no exterior, eles tenham ouvido falar do famoso psicólogo de Harvard Burrhus Frederic Skinner, o principal expoente mundial do behaviorismo pavloviano, e estejam tentando replicar seus experimentos com pombos. Skinner, que é o principal inventor da "máquina de ensinar", é um discípulo fervoroso de Pavlov, o grande fisiologista russo cujos experimentos com reflexos condicionados em cães definiram o curso da psicologia moderna. Pavlov foi agraciado com o Prêmio Nobel de Fisiologia e Medicina em 1904 por seu trabalho sobre os processos digestivos, e foi durante suas experiências com as glândulas de secreção digestiva que ele descobriu acidentalmente que um cão poderia aprender a salivar ao toque de um sino tocado repetidamente enquanto estava sendo alimentado.

Skinner, um dos mais famosos psicólogos experimentais dos Estados Unidos, defendeu que o comportamento humano pode ser moldado e controlado e que comunidades utópicas podem ser criadas a partir dos princípios pavlovianos de condicionamento. Em seus estudos sobre o comportamento animal, Skinner usa ratos e pombos. O cientista e seus colaboradores treinam os pombos para jogar tênis de mesa, dançar juntos e tocar músicas em um piano.

Pouco depois do início da Segunda Guerra Mundial, Skinner teve a ideia de que pombos poderiam ser treinados como navegadores-bombardeiros. Ele obteve ajuda financeira do governo e montou um míssil simulado com uma tela translúcida em sua extremidade. O sistema de direção foi projetado de forma que um pombo colocado na extremidade pudesse guiá-lo em direção a um alvo específico bicando a imagem do alvo quando aparecesse na tela. Em 1944, Skinner e seus colaboradores fizeram uma demonstração para um grupo de assessores científicos do governo. Embora tudo tenha ocorrido sem problemas, os cientistas decidiram que o projeto deveria ser abandonado – possivelmente, especulou Skinner na revista *Harper's* de abril de 1963, porque "o espetáculo de um pombo vivo cumprindo sua tarefa, por mais maravilhosa que seja, lembrou o comitê do quão fantástica era nossa proposta".

Existe uma extraordinária semelhança entre o relatório da demonstração de pombos de Skinner em 1944 e os relatórios do atual programa de pesquisa soviética com pombos. A principal diferença é que os russos aparentemente estão tentando adicionar a telepatia ao repertório dos pombos. Nem os experimentos de Skinner, nem os de Pavlov, é claro, tinham algo a ver com telepatia. É difícil, na verdade, ver como a salivação condicionada dos cães de Pavlov poderia ser aplicada a fenômenos psíquicos como a telepatia, mas os russos parecem estar confiando muito nos princípios pavlovianos em seu programa de pesquisa telepática.

Há indicações de uma intensa pesquisa sobre "telecomunicações no mundo animal" nos centros de pesquisa de telepatia recém-estabelecidos em Leningrado e Moscou. Além disso, não há dúvida de que ocorre uma extensa pesquisa animal por trás da Cortina de Ferro em áreas além da telepatia. A maioria das pessoas já ouviu falar dos fantásticos transplantes de órgãos que os médicos soviéticos têm realizado em cães.

Em um experimento envolvendo 67 cães, cada um com dois corações, um viveu por cinco dias. Ainda mais espetaculares foram os experimentos com transplantes de cabeça em animais. Em um caso, a cabeça e os membros dianteiros de um cachorro menor foram enxertados no pescoço de um pastor alemão grande. Ele sobreviveu por 29 dias, a cabeça enxertada latindo, comendo, mordendo e, aparentemente, saudável.

Uma das mais importantes estações de experimentos com animais é a Colônia de Macacos de Sukumi, a uma hora de carro da Vila de Khrushchev. Lá, cientistas estão estudando a ação da radiação sobre o cérebro e testando as ações preventivas de várias drogas. Em Sukumi, também foi estabelecida uma estação nuclear inovadora, onde técnicos estão tentando aperfeiçoar um tipo de fissão controlada que relegará a energia atômica, tal como é concebida hoje, ao lixo. Isso, é claro, não tem relação direta com a pesquisa russa sobre telepatia, mas é tudo parte da mesma ideia – a corrida dos soviéticos pelo domínio completo tanto da mente quanto do espaço.

É inegável que muitas das áreas de pesquisa em que os russos estão envolvidos, como os experimentos de transplante de órgãos, apresentam questões físicas complexas. Embora a criação de um cão com dois corações ou a realização de transplante de cabeça possam parecer grotescos para alguns, tais estudos oferecem aos cientistas uma nova perspectiva sobre os mistérios do funcionamento do cérebro e da mente, bem como sobre os processos de aprendizagem e comportamento. Ademais, tais pesquisas também auxiliam na compreensão das compatibilidades e incompatibilidades entre diferentes tecidos e organismos. Os cientistas soviéticos estão comprometidos em desvendar todos esses enigmas.

A maioria dos experimentos em telepatia realizados por Vasiliev foi feita em colaboração com cientistas do Instituto Cerebral Bechterev, em Leningrado, afiliado ao Instituto de Medicina

Experimental, onde Pavlov conduziu seus famosos experimentos com cães. Atualmente, a neta de Bechterev tem seu próprio laboratório de neurofisiologia no Instituto de Medicina.

É irônico que, apesar da longa e estreita relação de Vasiliev com o próprio Bechterev, a neta do grande cientista soviético não tenha sido convencida da autenticidade da telepatia. Aparentemente, seu avô também não conseguiu convencê-la.

A Dra. Bechterev me concedeu uma entrevista em Leningrado, e quando perguntei sobre o trabalho do professor Vasiliev, ela sorriu e disse: "Não acreditamos em comunicação telepática. Ainda não obtivemos nenhuma prova de que funciona".

Além disso, ela parecia tão pouco preocupada com a psique humana quanto o grande Pavlov havia estado antes dela e, certamente, muito menos do que seu avô - embora, como neurofisiologista, ela lide com questões relacionadas a pesquisas cerebrais que eram inimagináveis na época de Pavlov. Ela afirmou ainda: "A neurofisiologia deveria se preocupar mais com o diagnóstico e o tratamento de doenças cerebrais do que com os aspectos psicológicos da atividade mental".

E acrescentou: "Não há dúvida de que os enigmas do cérebro serão resolvidos pela física, matemática, engenharia e cibernética, todos trabalhando juntos. Mas a abordagem deve ser fisiológica, não psicológica".

Isso pode indicar que, apesar de toda a comoção russa sobre a telepatia, ainda existem alguns cientistas que não estão convencidos de sua legitimidade. Na verdade, uma análise cuidadosa das próprias obras do professor Vasiliev revela que as afirmações disseminadas pela máquina de propaganda comunista não são feitas por ele. Vasiliev apenas expressa, de forma hesitante, a crença na existência da sugestão mental - nada mais.

CAPÍTULO 2
Telepatia russa – ou histeria?

Em uma era repleta de milagres científicos incríveis demais para a compreensão humana, uma atitude arrogante não é considerada popular nem adequada. É mais sensato afirmar que, até onde sabemos, nada é impossível. Talvez seja possível viajar em naves espaciais tripuladas por pombos telepáticos antes mesmo deste capítulo terminar. No entanto, é mais provável que tenhamos que esperar muito antes que essas maravilhas se realizem.

Não há nada de especial no fato de mentes brilhantes se desviarem do caminho; isso já aconteceu muitas vezes no passado, mas geralmente são casos isolados. No entanto, afirmar que somente um país como a Rússia comunista, com seu objetivo de conquistar o mundo, pode se dar ao luxo de investir tanto dinheiro e mão de obra em pesquisas sobre telepatia é um equívoco. A complexidade da psique humana é um desafio para todos os cientistas, independentemente da sua nacionalidade.

Todo o drama das pesquisas russas sobre telepatia é meticulosamente descrito com uma solenidade científica dolorosa no livro do professor Vasiliev *Long Distance Suggestion*, publicado em Moscou, em 1962. Na segunda página, Vasiliev explica em suas próprias palavras o motivo pelo qual os russos decidiram investir em pesquisas sobre a telepatia:

> Em países estrangeiros, particularmente nos EUA, na Grã-Bretanha, França, Holanda, Índia, Argentina e também em alguns países socialistas, a pesquisa sobre

> esses fenômenos vem recebendo grande atenção. Nos países capitalistas, existem instituições, laboratórios especializados e até departamentos universitários (como em Utrecht) que exploram a sugestão mental e outros "fenômenos parapsicológicos" relacionados a ela. [Observe que Vasiliev coloca "fenômenos parapsicológicos" entre aspas.]
>
> À medida que o tempo passa, relatórios sobre experimentos e descobertas espetaculares no campo da pesquisa do cérebro e da psique têm chegado até nós. Assim, por exemplo, em dezembro de 1959 e fevereiro de 1960, vários artigos apareceram em revistas francesas de ciência descrevendo um experimento sensacional que teria sido conduzido a bordo do submarino americano *Nautilus*.

Depois de seu início, a pesquisa russa sobre telepatia andou em ritmo acelerado. Vasiliev admite em seu livro que não pôde verificar o experimento do *Nautilus*, mas deixou claro várias vezes que os russos não deveriam assumir riscos desnecessários. Durante minha estadia na Rússia, fui questionada persistentemente sobre os experimentos do submarino.

O que aconteceu imediatamente após Vasiliev ler o conto fantasioso sobre o *Nautilus* é claro para quem lê seus relatórios e os compara com os divulgados pela equipe de imprensa do Kremlin. Em primeiro lugar, Vasiliev dedicou-se a fazer algumas pesquisas e a escrever seu livro. Aparentemente, ele conseguiu reunir material suficiente sobre o assunto para se informar sobre parapsicologia, percepção extrassensorial e as reivindicações "paranormais" relacionadas aos "fenômenos psi" apresentadas pelo Dr. J. B. Rhine, nos Estados Unidos, e pelo Dr. S. G. Soal, na Inglaterra.

Ele ficou alternadamente impressionado, confuso e apreensivo e expressou repetidamente suas impressões em comentários como "Os cientistas soviéticos agora enfrentam a difícil tarefa de avaliar criticamente todas as afirmações dos 'parapsicólogos' estrangeiros", ou "É difícil definir o que é verdadeiro nos relatórios [desses experimentos] e o que é ficção. Apenas uma coisa está clara: não se pode negligenciar trabalhos de pesquisa semelhantes".

É compreensível a consternação do professor Vasiliev – ele tinha setenta anos quando recebeu a notícia do *Nautilus* – enquanto pesava e ponderava cuidadosamente todas as "maravilhas" parapsicológicas que estavam ocorrendo nos países capitalistas.

O livro de Vasiliev contém muitos relatos de fenômenos telepáticos "espontâneos", retirados de relatórios de parapsicólogos americanos, britânicos, holandeses e franceses, além de uma série de experimentos "espetaculares" envolvendo pesquisadores russos. Vasiliev, claramente preocupado em mostrar que a Rússia não estava atrasada em relação a esses assuntos, incluiu esses experimentos no livro.

Ele escreveu ainda: "Pouquíssimas pessoas sabem que, no início dos anos 1930, quando o Dr. Rhine iniciou sua pesquisa nos EUA, experimentos semelhantes e com o mesmo objetivo, ou seja, provar a existência da sugestão mental, foram realizados em Leningrado". Em vez de adivinhação com cartas, os russos usavam uma roleta.

O pesquisador girava a roleta, que parava em um disco preto ou branco. Em seguida, o pesquisador tentaria comunicar "preto" ou "branco" para uma cobaia vendada, para testar o efeito da "sugestão mental". Vasiliev evita cuidadosamente o uso do termo "percepção extrassensorial" em conexão com qualquer um dos experimentos russos e usa apenas, cautelosamente, a palavra telepatia. Ele prefere o termo mais cientificamente aceitável "sugestão mental" ou, às vezes, "sugestão não verbal".

O livro de Vasiliev aparentemente não foi muito lido fora da URSS. Se tivesse sido, não haveria tanto alvoroço em torno da telepatia russa. O clamor gira em torno do suposto sucesso de Vasiliev com a "sugestão mental de longa distância" e se baseia, principalmente, em um experimento entre Leningrado e Sebastopol, uma distância de cerca de 1.900 quilômetros.

Usando seus típicos termos elogiosos, a imprensa soviética divulgou um comunicado sobre o livro de Vasiliev. Começava assim:

> Imagine-se num parque tranquilo com uma jovem atraente, e então a moça, que estava conversando animadamente, fica em silêncio, parece esquecer-se completamente da sua existência e olha vagamente para o vazio. "Estou adormecendo", ela diz. Passam-se dez, vinte minutos, meia hora. E quarenta minutos depois a mulher abre os olhos. "Desculpe-me", diz ela. "Não sei o que aconteceu comigo. Eu poderia jurar que fui hipnotizada."

E o relatório afirmava que de fato ela havia sido hipnotizada. Ela adormeceu e despertou graças à "pura força de vontade", num experimento de "hipnotismo a distância" entre Leningrado e Sebastopol. E o comunicado continuava:

> Se você quiser aprender mais sobre telepatia, leia o livro do professor Vasiliev. Você descobrirá muitas coisas incríveis. Observadores em vários países registraram muitos casos de telepatia espontânea em que sensações e imagens ópticas vívidas foram transmitidas instantaneamente de uma pessoa para outra por grandes distâncias......
>
> Página após página, o leitor terá acesso a uma fascinante história sobre as mais misteriosas propriedades da matéria viva. Assim que você começar a ler, dificilmente largará o livro antes de chegar à última palavra. E mais, certamente desejará aprender mais sobre as tentativas de fornecer uma explicação científica para os fenômenos telepáticos (...).

Não há dúvida de que o livro de Vasiliev é envolvente até a última palavra, e o leitor que se dedica a lê-lo em vez das resenhas soviéticas descobrirá muitas coisas incríveis. A mais incrível delas é o fato de que os altamente divulgados e chocantes "experimentos de telepatia" de Vasiliev, que deixaram as pessoas tremendo de medo, aconteceram na verdade trinta anos antes – entre 1932 e 1937 –, enquanto ele trabalhava com V. M. Bechterev. Eles se resumem a algo que foi iniciado por um francês chamado Franz Anton Mesmer muito antes disso.

Aos 11 anos, Vasiliev presenciou uma sessão de hipnose e, aparentemente, isso o influenciou profundamente. A hipnose é sua principal ferramenta de pesquisa para investigar a telepatia, e seus experimentos sobre "sugestão mental" não são exatamente iguais ao que comumente é conhecido como telepatia – fato que Vasiliev admite. Na verdade, o máximo que ele afirma ter alcançado é a "hipnose não verbal" de algumas cobaias, e admite que encontrar boas cobaias para seus experimentos é "muito difícil".

Qualquer pessoa familiarizada com esse assunto deve sentir um pequeno desconforto com a situação de Vasiliev, enquanto ele anda na corda bamba científica da contradição e da indecisão – e tudo porque ele não tem certeza do que os países capitalistas vão apresentar em seguida.

Mas a ironia final, para aqueles que esperavam que Vasiliev fornecesse o evangelho da telepatia moderna, avançada, da era espacial, é que, depois de todas as suas dificuldades, ele concluiu que a faculdade telepática, se existe de fato, só pode ter "significado biológico" para alguns animais, especialmente para aqueles que vivem em águas turvas. Para esses animais, segundo ele, a faculdade telepática "pode ter alguma importância para a preservação da espécie".

"Mas ela não desempenha nenhum papel biológico significativo para as pessoas neste momento, porque o homem tem dispositivos muito mais confiáveis para a transferência de informações a longa distância", conclui ele.

Vasiliev descobriu que a maioria das cobaias usadas em seus experimentos bem-sucedidos era histérica e concluiu que a telepatia é um sintoma de histeria. Na verdade, o experimento de longa distância entre Sebastopol e Leningrado, amplamente divulgado, não ocorreu com uma jovem em um parque tranquilo, como afirmado no comunicado de imprensa soviético, mas sim com um paciente internado no hospital psicoterapêutico conectado ao Instituto Cerebral Bechterev, onde Vasiliev encontrou a maioria de suas melhores cobaias.

Vasiliev afirma ter dominado há muito tempo as técnicas de sugestão verbal na hipnose. Ele não precisa mais dizer em voz alta para o sujeito: "Durma. Durma. Você está muito, muito sonolento. Agora você está dormindo". Ele apenas pensa ou deseja que o sujeito entre em transe hipnótico sem dizer uma palavra. Isso é o que ele chama de sugestão "não verbal". Quando o sujeito está em outra sala ou em uma cidade distante, como nos experimentos de Leningrado-Sebastopol, usa-se o termo "sugestão de longa distância".

Em uma série de experimentos conduzidos em conjunto com cientistas do Instituto Cerebral Bechterev e usando como cobaias pacientes que sofriam predominantemente de histeria, Vasiliev demonstrou, pelo menos para sua própria satisfação, que é possível hipnotizar uma cobaia em outra sala apenas utilizando sugestão mental. Um balão foi preso à mão esquerda da cobaia e conectado por uma mangueira de borracha e um tubo de metal a um dispositivo de registro chamado cimógrafo, que estava em outra sala com o hipnólogo. A cobaia, sem saber a natureza do experimento, foi instruída apenas a apertar o balão ritmicamente. Em certo momento desconhecido pela cobaia, Vasiliev transmitia a ordem mental "Durma". Posteriormente, ele transmitia a ordem "Acorde".

O aparelho de registro eletromagnético mostrou que o ritmo do balão foi interrompido durante o estado de sono hipnótico da cobaia e retomado ao acordar. Vasiliev afirmou que, em 260 experimentos desse tipo, apenas 10% não responderam à hipnose ou ao despertar mental. No entanto, Vasiliev não afirma que a sugestão mental ou a influência mental sobre outra pessoa sejam a mesma coisa que telepatia. Para ele, é muito mais importante saber se informações específicas podem ser transmitidas de mente para mente. Em um dos seus experimentos, ele projetou mentalmente a imagem de um pássaro para a cobaia que estava em uma câmara de projeção em outra sala. A antena telepática da cobaia captou a palavra "corvo".

Experimentos semelhantes levaram Vasiliev a acreditar que cobaias em estado de hipnose são capazes de perceber a presença de pessoas, movimentos e objetos em outra sala, além de captar imagens visuais projetadas pelo hipnólogo por meio de sugestão não verbal. Vasiliev explica que geralmente não se trata de uma "transferência de pensamento" palavra por palavra, mas simplesmente de uma relação biológica bidirecional que indica a possibilidade de comunicar informações, na forma de imagens e ideias, de uma mente humana para outra. A aparente honestidade e sinceridade de Vasiliev são impressionantes, e suas próprias conclusões pessoais sobre a possibilidade de desenvolver ou treinar uma faculdade telepática para uso prático são extremamente conservadoras.

O apelo exagerado dos experimentos de telepatia vem de outras fontes soviéticas, não de Vasiliev. Ele se compromete apenas com observações cautelosas, como o fato de que "a sugestionabilidade é extremamente aumentada durante a hipnose" – comumente conhecido e aceito pelos cientistas em todo o mundo – e "o método mais conclusivo de investigação até agora é hipnotizar as cobaias sem utilizar palavras".

Uma pergunta lógica poderia ser se os pacientes com histeria ou psicopatia – que parecem ser as melhores cobaias para os experimentos – são os mais adequados para a aplicação prática da telepatia, e essa é possivelmente uma razão pela qual Vasiliev é cauteloso em suas conclusões.

Como a telepatia pode ser explicada fisiologicamente se sua existência for cientificamente confirmada? Essa é, sem dúvida, a pergunta que tem deixado todos os envolvidos perplexos.

Neurologistas afirmam que as cargas elétricas geradas pelas células cerebrais são muito pequenas para serem utilizadas como portadoras telepáticas.

Vasiliev enfatiza que a hipótese eletromagnética, com a qual alguns tentaram explicar a telepatia, continua experimentalmente não comprovada. Na verdade, ele confirma especificamente a posição atual de todos os cientistas sérios do mundo, afirmando: "Cerca de 85 anos de trabalho e pesquisa experimental provaram ser insuficientes para que a sugestão a longa distância seja reconhecida como um fato cientificamente estabelecido".

No entanto, ele acrescenta que levou um século para convencer o mundo científico da existência da *sugestão mental* e do transe hipnótico, "que são fenômenos mais comuns e facilmente produzidos do que a sugestão a longa distância". Ao se referir à sugestão mental, ele claramente quer dizer exatamente isto: apenas sugestão ou influência mental sobre outra pessoa, o que não é o mesmo que telepatia.

Ele parece estar particularmente convencido da *existência* da sugestão a longa distância, embora, no momento, segundo Vasiliev, seja difícil imaginar que importância o domínio prático desse fenômeno teria para a ciência e para a vida – já que a sugestão a longa distância seria "incomparavelmente menos exata e adequada para a realização de comunicação do que um telegrama ou uma ligação telefônica".

Vasiliev acredita que qualquer explicação racional, científica e material da telepatia deve vir da cibernética - ciência que estuda a comunicação e o controle em seres vivos e máquinas - ou de alguma forma ainda desconhecida de energia cerebral.

Ele e a maioria dos cientistas soviéticos estão trabalhando na teoria de que ainda há uma nova forma de energia cerebral a ser descoberta. Ao discutir isso, ele diz:

> A sugestão a longa distância pode ser de importância gigantesca para a ciência e para a vida, caso a hipótese baseada em nossos experimentos se prove correta, ou seja, que a transmissão telepática seja realizada por algum tipo de energia ou fator até agora desconhecido para nós, mas pertencente ao mais alto estágio de desenvolvimento da matéria, ou seja, à substância e estrutura do cérebro. Descobrir tal energia ou fator seria equivalente à descoberta da energia nuclear.

Essa é a direção na qual os cientistas devem concentrar seus esforços, diz ele; mas acrescenta: "A solução dessa questão ainda está muito distante". Na verdade, com uma nota final de ironia e honestidade, ele admite que não há nada que indique que os resultados alcançados em seus experimentos de sugestão a longa distância estejam de alguma forma ligados à atividade cerebral. Mas conclui: "Isso significa que devemos procurar por alguma outra coisa, algo novo. Não é a primeira vez na história da ciência que a descoberta de novos fatos, inexplicáveis até então, implicaram em descobertas posteriores de novos aspectos desconhecidos do ser".

No segundo livro de Vasiliev, *Experiments in Mental Suggestion*, publicado em 1963, o autor mantém o tom preocupado expressado anteriormente: "Na União Soviética, é importante não apenas acompanhar o que já foi e está sendo feito no exterior, mas também adquirir experiência própria".

Em janeiro de 1963, os jornais britânicos anunciaram que estavam sendo feitos planos para um experimento de telepatia a longa distância entre Cambridge e Leningrado. No entanto, em agosto de 1963, o *New York Times* publicou uma reportagem com o título "Russos rejeitam testes de telepatia", citando que o professor Vasiliev teria afirmado que os planos para o experimento eram "um pouco prematuros".

Em janeiro de 1963, passei várias horas com três membros da equipe de Vasiliev - um físico, um fisiologista e um psicólogo. Eles declararam o seguinte: "Nós não estabelecemos se a telepatia existe. Queremos descobrir. Só então poderemos dizer sim ou não".

CAPÍTULO 3
A hipnose pode explicar a telepatia?

Psicólogos e fisiologistas geralmente concordam que muitos dos mistérios insondáveis do cérebro estão trancados na zona limítrofe da hipnose; no entanto, em nenhum outro lugar os cientistas estão concentrando tanta atenção na hipnose quanto na URSS. Psicólogos e fisiologistas russos tradicionalmente mostram grande interesse nos fenômenos hipnóticos, provavelmente devido ao interesse de Pavlov nesse assunto e à contínua predominância da escola pavloviana na URSS.

O interesse científico pela hipnose teve altos e baixos ao longo da história, possivelmente devido à sua associação com poderes mágicos em sociedades primitivas e seu uso por artistas de palco. Na verdade, a sugestão hipnótica existia há muito tempo antes de Mesmer fazer suas afirmações sobre o "magnetismo animal", o que acabou prejudicando a reputação da hipnose. No entanto, a investigação séria da hipnose foi retomada na segunda metade do século 19, liderada por dois psicopatologistas franceses: Hippolyte Bernheim, em Nancy, e Jean Charcot, no Hospital Salpêtrière. A escola de Nancy explicava a hipnose em termos de sugestão, enquanto a escola de Salpêtrière a considerava um estado patológico análogo à histeria. Embora uma "guerra" tenha sido declarada entre as duas escolas, a maioria dos investigadores modernos concorda que ambas estavam corretas.

Toda a problemática da hipnose está intimamente ligada à da sugestão. A hipnose é, de fato, um método particular de induzir um estado aumentado de sugestionabilidade em um indivíduo. A histeria pode ser considerada, para fins de comparação, um estado de alta sugestionabilidade acompanhado por uma tendência à dissociação mental.

Nesse aspecto, a principal diferença entre a histeria e a hipnose é que, na histeria genuína, os efeitos ou sintomas são produzidos por um estado patológico da mente, enquanto na hipnose os efeitos são produzidos artificialmente.

Fenômenos psíquicos como telepatia ou percepção extrassensorial geralmente são associados a histeria, dissociação mental ou outras características psicopáticas que podem ser induzidas por meio da hipnose.

Quando os cientistas puderem explicar a hipnose, terão aberto a porta da mente. Quando puderem explicar o fenômeno da *sugestão*, terão resolvido o enigma do *poder da mente.*

Em um transe hipnótico profundo – ou em um estado aumentado de sugestionabilidade –, a cobaia hipnotizada pode ser levada a experimentar todo tipo de ilusões, realizar as ações mais absurdas e irracionais, assumir uma personalidade totalmente diferente, lembrar eventos há muito tempo conscientemente esquecidos, entrar em um estado rígido de catalepsia, tornar-se insensível à dor ou interpretar, dramaticamente, as múltiplas personalidades que habitam seu ser subconsciente.

A natureza hipnótica da "possessão", como é geralmente chamada em referência às culturas primitivas, ou dissociação de personalidade, como é conhecida na psicologia moderna, é indiscutível. Quase todo mundo já viu esse fenômeno demonstrado por hipnotizadores de palco, que podem produzir múltiplas personalidades em uma pessoa hipnotizada por meio da simples e incrível técnica da sugestão. A maioria de nós já viu amostras do que é geralmente conhecido como regressão de idade sob hipnose.

A regressão, na qual o indivíduo lembra ou revive eventos de seu passado conscientemente esquecido, tem sido objeto de controvérsia constante desde que esse estranho fenômeno hipnótico foi descoberto, em 1887, por Krafft-Ebing. A controvérsia está relacionada à validade do fenômeno e à possibilidade de que parte dele seja resultado de sugestão ou atuação por parte do indivíduo hipnotizado.

No quadro geral, o debate é irrelevante, pois foi firmemente estabelecido que a regressão de idade é um fenômeno mental genuíno que pode ser produzido pela hipnose – ou, talvez ainda mais importante, por elementos químicos ou pela estimulação elétrica de certas áreas do cérebro. Na verdade, a pesquisa moderna sobre os efeitos de drogas e estímulos elétricos no cérebro reforçou a ciência da hipnologia com novas evidências de que o cérebro humano normal, não histérico, pode ser levado a produzir sob demanda muitos dos mesmos absurdos mentais associados a histéricos genuínos ou produzidos artificialmente pela hipnose.

Nesse aspecto, as observações de Wilder Penfield, de Montreal, um dos principais neurologistas do mundo, são intrigantes. Durante operações em pacientes epiléticos, Penfield descobriu que a estimulação de certas pequenas regiões do lobo temporal podia fazer com que alguns de seus pacientes se lembrassem de detalhes vívidos de cenas, sonhos e melodias de seus passados distantes, e até mesmo de vozes de conhecidos da infância.

Psicólogos têm utilizado a regressão hipnótica de idade em tratamentos psicoterapêuticos. Um dos casos mais conhecidos recentemente é o de Eve White, registrado em *As três faces de Eva*. O livro conta a incrível história real de uma dona de casa que apresentava três personalidades distintas em um único corpo. Eva encontrou sua verdadeira identidade somente após ser levada ao passado por meio da psicoterapia de regressão de idade, para lembrar e reviver um evento aterrorizante de sua infância: o funeral de sua avó. Embora haja casos documentados de indivíduos que voltaram à idade de um mês em sessões de regressão hipnótica de idade, não há casos comprovados de um indivíduo regredindo a uma existência fetal ou a uma vida passada, como afirmava a sensacional história de Bridey Murphy.

Apesar de existirem aspectos populares e sensacionalistas associados à hipnose, pesquisadores sérios já não questionam os genuínos efeitos produzidos sob o estranho poder da sugestão hipnótica. De fato, grandes cirurgias foram realizadas em pacientes em sono hipnótico profundo, sem que estes sentissem qualquer dor, demonstrando a eficácia da hipnose como anestesia. A analgesia, ou incapacidade de sentir dor, também pode ser induzida localmente - em um braço ou perna, por exemplo - por meio da sugestão hipnótica. Além disso, a sugestão hipnótica pode induzir inflamações fisiológicas localizadas, bolhas e sangramentos nasais.

De fato, a sugestão tem uma enorme força, e algumas pessoas são altamente sugestionáveis, a ponto de a *morte por sugestão* ser um fato confirmado em algumas tribos primitivas. A "maldição" do curandeiro não é um mito, e a morte por sugestão ainda é prevalente na cultura da Idade da Pedra dos aborígenes australianos. A "maldição" do curandeiro pode ter um domínio tão grande sobre a mente sugestionável do homem primitivo que pode resultar em morte em poucos dias. Ele acredita que vai morrer e acaba falecendo, a menos que seus amigos consigam persuadir o curandeiro a retirar a maldição.

As implicações avassaladoras do poder da sugestão hipnótica são óbvias, o que parece ter sido mais evidente para cientistas soviéticos do que para cientistas em outros lugares. Há relatos que suscitam reflexões sobre a pesquisa russa em hipnose em várias áreas, como medicina, pesquisa espacial, treinamento de astronautas e telepatia.

Durante uma entrevista, um astronauta russo foi questionado se havia sido hipnotizado para sua viagem espacial, e respondeu: "Não precisei ser adormecido. Fui completamente condicionado". Acredita-se que os russos submetam seus cosmonautas a longos períodos de condicionamento por meio da hipnose antes de seus voos espaciais, e apelos foram feitos ao Departamento de Defesa dos EUA para que fizesse o mesmo. Durante o primeiro Congresso de Hipnose, em novembro de 1962, em Las Vegas, foi enviado um telegrama ao secretário de Defesa Robert A. McNamara instando-o a usar a hipnose em astronautas.

O pedido afirmava que a hipnose permitiria aos astronautas americanos igualar os esforços da Rússia no espaço, ajudando-os a alcançar concentração e paz de espírito, a usar menos oxigênio e a necessitar de menos horas de descanso.

Alguns especialistas sugerem que a hipnose pode ser uma ferramenta valiosa para prevenir o desenvolvimento de condições psicóticas durante voos espaciais. Experiências reais têm demonstrado efeitos similares de "privação sensorial" em pilotos espaciais. Em uma dessas experiências, o indivíduo é submerso em uma banheira de água com temperatura corporal, vendado e com os ouvidos tapados, para remover todos os estímulos externos. No início, a experiência é agradável, mas, após a primeira hora, o indivíduo pode desenvolver alucinações e estar propenso a crises psicóticas.

O traje espacial dos astronautas, a sua relativa falta de mobilidade, a limitação da visão aos instrumentos e da audição às comunicações de rádio – todos esses fatores privam os astronautas dos estímulos normais da vida cotidiana. Eles podem tolerar tal privação por algum tempo, como Gordon Cooper, que conseguiu permanecer por 34 horas sem problemas aparentes. No entanto, ao tentarem realizar mais órbitas ou um voo para a Lua, a sugestão pós-hipnótica poderia fornecer uma válvula de escape com estímulos artificiais que poderiam ser ligados e desligados conforme necessário.

Embora os russos sejam muito reservados em relação a informações técnicas específicas, sabe-se que grande parte de sua pesquisa sobre hipnose se baseia nos princípios do reflexo condicionado de Pavlov e nas descobertas dos estudos de EEG. Aqueles que estão familiarizados com a pesquisa russa afirmam que, nos últimos dez anos, muito trabalho importante foi realizado, quase todo desconhecido nos Estados Unidos.

Você provavelmente está se perguntando como a hipnose pode explicar a telepatia. Tudo indica que os russos também ainda estão se perguntando.

A teoria é que, se o fenômeno da telepatia existe, como alguns acreditam, ele é ativado por meio da mente inconsciente ou subconsciente, e assim a hipnose seria o dispositivo para acessá-lo e colocá-lo sob controle da mente consciente – pelo menos para experimentos repetitivos. Mas será que ela pode produzir a telepatia? Pode *fazer a telepatia acontecer*? Esse é o cerne do problema. É também a esperança que perpassa tudo, desde o mesmerismo até a cibernética na busca soviética pelo domínio do poder da mente.

Até o momento, não há evidências de que a hipnose, drogas que produzem visões, ESB (estimulação elétrica do cérebro) ou máquinas cibernéticas tenham sido capazes de produzir, imitar, recriar ou causar a atividade mental conhecida como telepatia – a transferência direta de pensamentos de uma mente para outra.

Os experimentos do professor Vasiliev em sugestão não verbal às vezes são comparados aos do Dr. James Esdaile, um conhecido médico hipnólogo de mais de um século atrás. Alguns acreditam que o trabalho de Vasiliev e Esdaile em hipnotizar indivíduos sem comandos verbais oferece provas de que a hipnose pode ser induzida por telepatia. No entanto, um estudo cuidadoso do trabalho de Esdaile com mesmerismo na Índia indicaria que seus resultados bem-sucedidos na hipnose não verbal de pacientes eram baseados em condicionamento, expectativa e autossugestão – não em telepatia. Na verdade, em nenhum lugar Esdaile indica qualquer relação entre seu método e a telepatia.

A mesma coisa pode ser dita dos experimentos de Vasiliev com sugestão mental a distância; seus resultados podem ter sido alcançados devido ao condicionamento hipnótico, expectativa e autossugestão. Em nenhum lugar ele afirma que eles se devem à telepatia. O termo "sugestão mental" foi usado pela primeira vez na França, em 1884, por Charles Richet, ganhador do Prêmio Nobel de Fisiologia e Medicina, em 1913, que também estava interessado em pesquisa psíquica e cuja mente científica brilhante aceitava facilmente as artimanhas descaradas de muitos médiuns famosos.

Do ponto de vista da pesquisa moderna sobre telepatia, a sugestão mental (ou não verbal) é praticamente o mesmo que o mesmerismo, ou magnetismo animal, em sua forma original, no que diz respeito a resultados concretos. Isso significa que um indivíduo pode ser mesmerizado, hipnotizado ou induzido a um estado de transe – em graus variados – apenas por *sugestão*, e o hipnotizador não precisa balançar uma varinha, usar uma capa lilás e falar uma palavra mágica, ou mesmo estar na mesma sala que a pessoa a ser hipnotizada. A pessoa sugestionável é hipnotizada da mesma forma, por meio de condicionamento, expectativa e/ou autossugestão. No entanto, é importante enfatizar que isso não é o mesmo que telepatia, nem é evidência de que a hipnose possa ser induzida por telepatia.

Uma das ideias equivocadas comuns sobre a hipnose é a de que ela pode aguçar os sentidos de um indivíduo. Por exemplo, algumas pessoas afirmam que a hipnose pode melhorar a memória. No entanto, a pesquisa moderna mostrou que, apesar dos resultados impressionantes da hipnose na recuperação de eventos passados (sendo mais eficaz em sujeitos histéricos), ela tem, *se alguma coisa, um efeito ligeiramente prejudicial* na memória de pessoas normais.

Alguns também acreditam que, sob sugestão hipnótica, os sentidos de um indivíduo se tornam tão aguçados a ponto de se tornarem extrassensoriais. Um dos mais famosos pesquisadores de telepatia em países da Cortina de Ferro é Milan Ryzl, um jovem químico checoslovaco cujos experimentos de adivinhação de cartas com indivíduos treinados hipnoticamente têm atraído muita atenção. Ryzl é formado pela Universidade de Praga, onde estudou química e ciências naturais. Ele se interessou por hipnose como atividade paralela e, trabalhando com cegos, descobriu que uma pessoa cega podia aparentemente dizer a hora com bastante precisão sob hipnose simplesmente tocando um relógio, e presumivelmente, por algum meio que não fosse a percepção sensorial normal, determinar as posições dos ponteiros no relógio.

Nos últimos anos, Ryzl e o Dr. J. G. Pratt, que por muitos anos foi assistente de J. B. Rhine na Universidade Duke, têm se envolvido em uma série de experimentos para testar a hipótese de que poderes telepáticos, assim como outras faculdades extrassensoriais, podem ser desenvolvidos ou melhorados sob condicionamento hipnótico.

No entanto, há pouca base para as alegações de que a hipnose pode "aguçar" os sentidos a ponto de alcançar a telepatia. A maioria dos casos alegados de "hiperacuidade" ou "hiperestesia" (um grau incomum de sensibilidade dos órgãos sensoriais) pode ser atribuída a pistas mínimas ou articulações involuntárias do hipnotizador.

Aparentemente, os indivíduos hipnotizados ainda não passaram no teste real da telepatia. Em 1962, a revista *Hypnosis Quarterly* (vol. 7, n. 4) ofereceu mil dólares a quem pudesse falar três palavras que o editor escreveria em um pedaço de papel. Embora a oferta tenha sido publicada e permanecido em aberto por vários meses, ninguém aceitou o desafio.

Talvez também seja significativo que, na literatura sobre hipnose, a palavra "telepatia" seja raramente mencionada por qualquer autoridade reconhecida em hipnose. Em uma seleção aleatória de dez livros, apenas um mencionou a telepatia e declarou: "Testes telepáticos sob hipnose foram conduzidos por quase todos os pesquisadores em hipnotismo, a maioria sem grupos de controle e sem cientificidade. Os resultados relatados são frequentemente surpreendentes e completamente inúteis como prova de que a hipnose aumenta uma faculdade telepática" (*Hypnotism Today*, L.M. LeCron e J. Bordeaux).

Os cientistas russos estão dedicando esforços significativos para explorar as possibilidades do hipnotismo e compreender melhor os mistérios do cérebro. Embora algumas das teorias propostas possam parecer absurdas, vale lembrar que muitas teorias que hoje são aceitas como verdades científicas já foram consideradas ridículas no passado, como as de Galileu.

CAPÍTULO 4
Qual o futuro da parapsicologia?

Na tumultuada corrida para conquistar o espaço e a mente, seria tolo rotular *qualquer coisa* como impossível de forma dogmática e categórica. Parecia impossível voar, no entanto, hoje as pessoas podem voar. É possível que os pesquisadores que investigam a telepatia estejam completamente errados e sendo enganados por uma miragem, assim como aqueles que acreditavam na alquimia e na frenologia em outras épocas. Por outro lado, também é possível que um *boom* mundial na telepatia resulte na descoberta de uma nova forma de energia – uma descoberta que, como o professor Vasiliev especulou, poderia ser tão importante quanto a divisão do átomo.

Nesse labirinto de incertezas, um fato se destaca: em nenhum momento da história, cientistas e governos examinaram tão profundamente os fenômenos mentais conhecidos como telepatia. Como o professor Vasiliev destacou em seu segundo livro, *Experiments in Mental Suggestion*: "Atualmente, a sugestão mental (...) também encontra apoio nas mais recentes ramificações do pensamento científico – a teoria da informação e a cibernética".

É significativo que, em setembro de 1963, cientistas do Instituto de Tecnologia de Massachusetts tenham estabelecido um precedente ao realizar um simpósio de dois dias com a presença de seis dos principais parapsicólogos dos Estados Unidos. Além disso, pesquisadores do Newark College of Engineering, alertados pelos experimentos russos em telepatia, exploraram cientificamente diversas vias intrigantes e promissoras de "comunicação não convencional" - ou telepatia.

Em Nova Delhi, o governo indiano lançou um importante programa de pesquisa, em uma de suas principais universidades, para estudar os mistérios da mente e sua aplicação prática. Sua abordagem é semelhante à dos russos - por meio das ciências físicas. Há rumores sobre projetos secretos da Nasa (Administração Nacional do Espaço e Aeronáutica) para explorar levitação ou mesas girantes.* No entanto, até o momento, houve poucos casos autenticados de projetos do governo dos EUA nessa área.

Em Bedford, Massachusetts, os Laboratórios de Pesquisa de Cambridge da Força Aérea dos Estados Unidos realizaram uma série de experimentos de percepção extrassensorial com a ajuda de um dispositivo eletrônico chamado Veritac. Os resultados não comprovaram nada, e os relatos afirmaram que o equipamento se mostrou útil apenas para outros experimentos.

Um oficial do programa espacial norte-americano, Dr. Eugene B. Konecci, revisou os experimentos russos sobre "transferência de informação" por meio de telepatia na Federação Astronáutica Internacional (IAF), em Paris, e observou o grande interesse no assunto. O Dr. Konecci é diretor de biotecnologia e pesquisa humana da Nasa e presidente do comitê de bioastronáutica da IAF. Em entrevista, ele afirmou que o governo dos Estados Unidos não tem projetos em andamento para testar cientificamente a validade da transferência de informações não físicas, mas indicou que não considera a telepatia ou a comunicação mental entre pessoas na Terra e astronautas na Lua uma impossibilidade. O valor de tais estudos, segundo ele, não deve ser desconsiderado, acrescentando

* Forma de fenômeno psíquico em que uma mesa gira, inclina ou se eleva pelo contato das pontas dos dedos de um indivíduo ou grupo de indivíduos (N.E.)

que a transferência de informações não físicas é uma "questão extremamente interessante na ciência moderna".

As reações que encontrei em toda a Europa e América em relação aos experimentos russos em telepatia variam desde "Balela!" até uma honesta confissão de que os russos poderiam ter descoberto algo.

O Dr. W. Grey Walter, diretor do Instituto Neurológico Burden em Bristol, Inglaterra, e um dos principais fisiologistas cerebrais do mundo, disse: "Nesta fase, devemos confessar que nenhum estudo da atividade cerebral lançou qualquer luz sobre as formas peculiares de comportamento conhecidas como clarividência, telepatia, percepção extrassensorial e psicocinese (ação direta da mente sobre a matéria). Foi sugerido, por aqueles que procuram uma base material para comportamentos de outra forma inexplicáveis, que a atividade elétrica do cérebro poderia ser o mecanismo pelo qual a informação poderia ser transmitida de cérebro para cérebro. No entanto, a escala real e as propriedades dos mecanismos elétricos do cérebro não oferecem suporte a essa teoria.

Em Viena, conversei com o Dr. Arthur Kline, que foi neurologista em Boston e atualmente é diretor do curso de pós-graduação da Escola Médica da Universidade de Viena. Ele disse: "Sabemos que existem impulsos eletrônicos nas células cerebrais que podem ser transmitidos. Conhecemos o poder da mente sobre a matéria. Essa é a base da medicina psicossomática. Quando descobrirmos como as células cerebrais geram energia para controlar todo o corpo, teremos descoberto o segredo da existência".

"Os médicos cientistas", acrescentou, "estão interessados na mecânica fisiológica do cérebro – não na metafísica." Quanto à telepatia: "Você pode treinar a mente para fazer qualquer coisa". Mas ele duvida que a mente possa ser treinada para telepatia de longa distância.

Em Paris, o renomado ciberneticista francês Louis Couffignal, inspetor-geral do Ministério da Educação e presidente da Associação para Pedagogia Cibernética, disse: "A telepatia não é de todo impossível. Mas a dificuldade reside em transmitir uma linguagem telepática ou sinais reconhecíveis de forma sensorial normal. Eu não gostaria de estar em uma nave espacial tripulada por telepatia".

Em Breda, na Holanda, o Dr. J. M. Kooey, físico holandês e especialista em foguetes, astrofísica e cálculo de órbitas na Academia Militar Real da Holanda, disse: "Sem dúvida, a telepatia poderia ser utilizada para fins militares, mas seria pouco confiável, e perigosa".

Na Universidade de Freiburg, na Alemanha, o professor Hans Bender, chefe do Departamento de Psicologia, comentou: "Já fizemos investigações científicas sobre sono, sonhos e funções de memória. Por que não fazer experimentos em telepatia? Acho que as investigações em telepatia realizadas por trás da Cortina de Ferro podem ser mais significativas do que percebemos".

Em Londres, conversei com Gordon Pask, um dos principais especialistas mundiais em cibernética, que está trabalhando para o Exército e para a Força Aérea norte-americana em máquinas que simulam o cérebro. Em sua opinião, não há nada absurdo ou surreal em incluir a telepatia como campo de pesquisa científica. "Ou todo o conceito é um absurdo", disse ele, "ou então os resultados podem ser enormes. Se a telepatia puder ser demonstrada cientificamente, também poderá ser usada para controlar naves espaciais".

Essa divergência de opinião expressada pelos cientistas com quem conversei é representativa das variadas opiniões mantidas pelos leigos. O número de pessoas interessadas em percepção extrassensorial (PES) deve ser astronômico, pois quem de nós nunca conversou com alguém que acredita ter experimentado a percepção extrassensorial ou conhece alguém que pensa ter feito isso? As opiniões dessas pessoas parecem variar desde o completo desprezo até a crença total, com a grande maioria se situando em algum lugar intermediário e sendo caracterizada por uma atitude questionadora: “Pode haver algo nisso, mas prove”.

Por enquanto, não há dúvida de que a opinião científica ainda é predominantemente contra a crença nesses fenômenos psíquicos. Contudo, a ficção científica dos dias atuais tem dificuldade de acompanhar a realidade, e há muitas pessoas sérias que estão convencidas de que uma descoberta iminente no campo da telepatia humana está próxima.

A palavra telepatia, definida como a transferência de pensamento ou comunicação aparente de uma mente para outra, sem a utilização dos canais dos sentidos, foi inventada em 1882 por F. W. H. Myers, um dos fundadores da Society for Psychical Research (SPR), em Londres. Myers também foi autor do livro *Human Personality and Its Survival of Bodily Death* (Personalidade humana e sua sobrevivência à morte corporal), um dos clássicos da literatura psíquica. Assim como o professor Vasiliev e muitos outros apontaram, a telepatia teve uma associação íntima com o espiritualismo, o que não pode ser acomodado nas ciências modernas.

Desse modo, a parapsicologia nasceu como uma área de estudo e pesquisa especializados que trata de questões relacionadas a fenômenos psíquicos que vão além do que é considerado normal ou explicável pela ciência convencional. Em resumo, a parapsicologia é o estudo de supostos fenômenos, como telepatia, precognição (previsão do futuro), clarividência, psicocinese (ação direta da mente sobre a matéria) e outros fenômenos psíquicos. A maioria desses fenômenos é agrupada em duas siglas populares, PES (percepção extrassensorial) e PK (de *psychokinesis,* ou “psicocinese”), incluídas na ampla categoria geral conhecida como “psi”, que significa habilidades psíquicas. O termo “percepção extrassensorial” foi cunhado pelo Dr. J. B. Rhine, diretor do Laboratório de

Parapsicologia da Universidade Duke e figura central no debate em curso sobre a PES.

Embora a parapsicologia – termo moderno agora dado à pesquisa psíquica – tenha atraído muitos estudiosos respeitados e mentes cientificamente treinadas, ela também foi objeto de muitas críticas ao longo dos anos. O psicólogo C. E. M. Hansel, da Universidade de Manchester, na Inglaterra, por exemplo, afirmou que "nenhum experimento relatado até agora satisfaz os requisitos básicos da ciência".

Sob os holofotes da publicidade relacionando a percepção extrassensorial com o Dr. Rhine e a Universidade Duke, poucos entre o público geral perceberam o verdadeiro escopo da pesquisa parapsicológica que está acontecendo atualmente.

Um dos centros de pesquisa mais ativos na área está localizado na Fundação Menninger, em Topeka, Kansas, e é liderado pelo Dr. Gardner Murphy, reconhecido como um dos principais psicólogos do país. Um de seus projetos é o estudo da relação entre criatividade e percepção extrassensorial. Outro projeto, conduzido em conjunto com o Dr. Karlos Osis, diretor da Sociedade Americana de Pesquisa Psíquica em Nova York, é chamado "PES e Criatividade", e envolve entrevistas com artistas de Nova York para determinar o que acontece psicologicamente durante os períodos de pico de criatividade.

Ao longo dos anos, a Sociedade Americana de Pesquisa Psíquica e a Fundação de Parapsicologia, ambas sediadas em Nova York, têm despertado o interesse de indivíduos íntegros em praticamente todas as profissões. A Sociedade Americana é considerada a contraparte da Sociedade de Pesquisa Psíquica de Londres, a mais antiga e renomada organização dedicada à pesquisa psíquica. Ambas as instituições são pouco divulgadas, mas têm atraído a atenção de estudiosos e pesquisadores que buscam compreender os fenômenos psíquicos e parapsicológicos.

O Dr. Karlos Osis é reconhecido como um dos principais estudiosos da área. Recentemente, ele se envolveu na realização de pesquisas sobre "observações no leito de morte", e essas investigações revelaram algumas informações intrigantes sobre as emoções, visões, alucinações e mudanças de personalidade mais comuns próximas ao momento da morte.

As pesquisas têm como objetivo aprofundar o conhecimento sobre a psicologia e o comportamento de uma pessoa em seus momentos finais antes da morte. Embora essa possa não ser a área mais atraente para uma pesquisa, as investigações lançam luz sobre uma região da mente até então pouco explorada. As pesquisas indicam, por exemplo, que o padrão comum na hora da morte não é o medo, mas sim a dor e o desconforto seguidos de euforia.

Há relatos de que um paciente que sofria de esquizofrenia grave e esteve fora da realidade por dois anos recuperou a sanidade pouco antes de falecer. Se a observação tiver sido precisa, isso pode indicar uma área extremamente importante a ser pesquisada pela psiquiatria.

Não é totalmente inconcebível que esses estudos de "leito de morte" possam ajudar a elucidar certas áreas da pesquisa psíquica que até agora não foram explicadas por experimentos de percepção extrassensorial ou psicocinese.

O Dr. Ian Stevenson, chefe do Departamento de Psiquiatria da Universidade da Virgínia, também está envolvido em um projeto de longo prazo sobre um tema que mesmo alguns parapsicólogos consideram tabu – reencarnação. Ele, pessoalmente e em colaboração com outros pesquisadores, investigou casos de suposta reencarnação em diversos países, acumulando uma grande quantidade de histórias incomuns e fatos cuidadosamente analisados. O Dr.

Stevenson adota uma abordagem cautelosa e ainda não chegou a nenhuma conclusão definitiva. Seu projeto encontra-se em estágio inicial, mas é possível que um dia possa fornecer algumas respostas para o mistério da morte, que tem sido um dos maiores desafios para a inteligência humana ao longo dos séculos.

O trabalho do Dr. J. G. Pratt tem o potencial de trazer nova compreensão aos processos mentais agrupados sob o termo percepção extrassensorial ou "habilidades psíquicas". Seus experimentos em colaboração com Milan Ryzl, de Praga, atraíram a atenção de cientistas que até então eram céticos em relação ao PES. Em 1963, ele foi o único parapsicólogo dos Estados Unidos a receber um convite oficial do professor Vasiliev para visitar seu laboratório em Leningrado.

Além do Dr. Pratt, existem muitos outros pesquisadores altamente respeitados estudando vários aspectos relacionados à percepção extrassensorial, cada um com uma abordagem distinta. A maioria desses parapsicólogos conduz suas pesquisas de forma independente, apoiados por subsídios privados, com pouco ou nenhum reconhecimento acadêmico ou encorajamento das instituições às quais estão associados.

No entanto, o professor Hans Bender, da Universidade de Freiburg, é uma notável exceção a essa regra. Sua abordagem cuidadosa e científica em relação a um assunto ainda em debate lhe garantiu reconhecimento acadêmico, respeito e apoio como um dos principais psicólogos da Alemanha.

A Universidade de Freiburg é um dos poucos lugares - talvez o único, com a possível exceção da Universidade Rhodes, na África do Sul - onde a parapsicologia alcançou status acadêmico genuíno, como parte integrante do currículo de ensino universitário. O professor Bender é um dos poucos acadêmicos que têm permissão para ministrar aulas e palestras sobre parapsicologia, além de seus cursos regulares de psicologia. Ele é diretor do Institute for Border Areas of Psychology and Mental Hygiene (Instituto de Zonas Fronteiriças de Psicologia e Higiene Mental) da Universidade de Freiburg, onde a parapsicologia é considerada uma "área de fronteira da psicologia". A pesquisa no instituto tem se concentrado na análise de sonhos como ferramenta na psicoterapia, liderada pelo próprio professor Bender e sua assistente, a Dra. Inge Strauch. Ambos são amplamente conhecidos nos Estados Unidos e na Europa por sua profunda pesquisa sobre sonhos.

É interessante notar que algumas das contribuições mais importantes no campo da pesquisa psíquica foram possíveis graças a uma mulher que, no passado, foi uma médium bem conhecida: a Sra. Eileen J. Garrett, chefe da Fundação de Parapsicologia em Nova York. A Sra. Garrett foi uma das primeiras médiuns testadas pelo Dr. Rhine durante os primeiros anos de sua pesquisa, quando seu interesse principal estava focado na questão da vida após a morte. Na verdade, foram os resultados de seus testes com a Sra. Garrett que o levaram a desenvolver seus famosos testes de percepção extrassensorial com cartas.

Antes de Rhine, muitos acreditavam que médiuns obtinham informações sobrenaturais diretamente dos espíritos dos mortos. Embora muitos ainda acreditem nessa teoria, Rhine propôs a hipótese de que a Sra. Garrett poderia estar obtendo suas informações por meio de clarividência ou telepatia entre pessoas vivas. No entanto, como Rhine observou posteriormente, as evidências de telepatia e clarividência na época eram apenas sugestivas, não conclusivas. Portanto, ele sentiu a necessidade de desenvolver testes para determinar se essas teorias eram alternativas à hipótese da vida após a morte. Foi assim que ele desenvolveu as cartas PES e realizou experimentos para estabelecer se a telepatia e a clarividência eram fenômenos reais.

Enquanto isso, a Sra. Garrett direcionou seus talentos e recursos para outras áreas da parapsicologia que às vezes, de forma irônica, têm sido uma fonte de embaraço para os pesquisadores de psi. Entre seus principais projetos está o patrocínio de investigações sobre médiuns fraudulentos. A Sra. Garrett financiou a exposição desastrosa do caso de Sir William Crookes-Katie King, cujos detalhes serão abordados no Capítulo 11 deste livro. Além disso, a Fundação de Parapsicologia da Sra. Garrett patrocina e financia uma ampla gama de projetos sérios de pesquisa psíquica, que vão desde expedições entre os aborígenes australianos até o desenvolvimento de habilidades psíquicas sob hipnose.

A parapsicologia é um campo diverso, abrangendo uma ampla gama de temas que podem não atrair o interesse de cientistas com visão materialista, como os cientistas espaciais soviéticos. É compreensível, portanto, que eles rejeitem os conceitos ocidentais de percepção extrassensorial em sua pesquisa sobre telepatia. Na verdade, sua motivação para estudar comunicação telepática foi impulsionada pelo medo do que os países capitalistas poderiam estar fazendo na área. De forma irônica, agora são os países capitalistas que estão apreensivos sobre o que os russos podem estar fazendo e, por isso, estão tentando alcançá-los.

Experimentos na Faculdade de Engenharia de Newark, por exemplo, enfatizaram a importância dos testes de Vasiliev em Leningrado, ao solicitar subsídios para avançar em suas próprias pesquisas telepáticas. Os experimentos da Newark, conduzidos por Douglas Dean e Robert Taetzsch, envolvem o uso do pletismógrafo, um aparelho eletrônico usado pela primeira vez há cerca de cem anos e que hoje é utilizado por psiquiatras para testar respostas emocionais.

Dean e Taetzsch afirmam que testes com o pletismógrafo mostram uma conexão entre o pensamento de uma pessoa e a reação fisiológica inconsciente de outra. Seu objetivo é aperfeiçoar um "sistema de comunicação psi" que permita o envio de mensagens telepáticas por meio de sinais codificados e computadores. Nenhuma mensagem telepática real foi transmitida até o momento, mas a pesquisa de pletismografia de Dean-Taetzsch é considerada uma das melhores pistas no horizonte da parapsicologia - e da telepatia como meio de comunicação não convencional.

Talvez a síntese mais sensata do problema possa ser encontrada nas palavras do professor Vasiliev:

> Cada vez mais pesquisadores estão sendo convencidos da existência real da sugestão mental e estão explorando diferentes aspectos desses fenômenos complexos. No entanto, é importante ressaltar que nem todos os cientistas reconhecem a sugestão mental como um fenômeno real. A discussão em torno dos argumentos a favor e contra ainda está em andamento. A questão da natureza energética da sugestão mental não é uma questão fútil: ela está começando a exercitar as mentes de representantes do ramo mais avançado da ciência moderna - a física. E isso garante que, de uma forma ou de outra, o problema seja resolvido.

Na praça pública de Jaipur, na Índia, iogues meditativos rodeados por fogueiras ardentes que têm um significado espiritual importante para o desenvolvimento de sua filosofia ascética. A ciência moderna estabeleceu a natureza genuína e surpreendente de muitas das habilidades fisiológicas e mentais desses iogues.

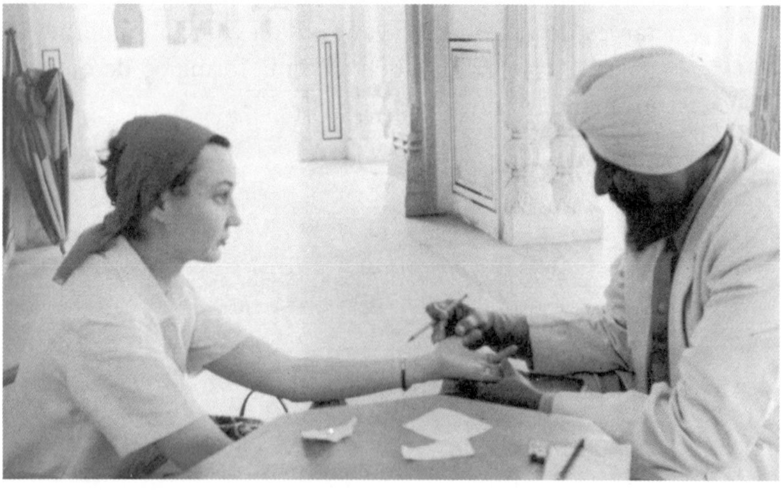

A Índia é conhecida como o berço do misticismo, onde abundam crenças e práticas esotéricas, bem como swamis com turbantes, "truques de corda" e adivinhos. No Rambagh Palace, em Jaipur, um homem famoso, conhecido como o Rei dos Astrólogos, faz uma leitura para Norma Lee Browning. Embora tenha se saído bem na leitura da sorte, ele falhou no teste de cartas PES administrado por ela.

O treinamento de ioga é um processo longo e desafiador, que envolve diversas etapas, como posturas semiacrobáticas, exercícios de respiração complexos e práticas mentais especializadas. Nesta sequência, um iogue demonstra diversas fases do seu treinamento físico. Estudos científicos realizados no All India Institute of Medical Sciences (Instituto de Ciências Médicas da Índia) mostraram que os iogues são capazes de reduzir voluntariamente sua frequência cardíaca, diminuir suas necessidades de oxigênio em até 50% em experimentos com caixas herméticas e controlar voluntariamente certas funções automáticas do sistema nervoso.

À esquerda, H. N. Banerjee, diretor de pesquisa em Parapsicologia no estado de Rajastão, Índia, ao lado do governador do Rajastão, Dr. K. Sampurnanda, e de Norma Lee Browning. Dr. Sampurnanda é um estudioso tanto de sânscrito quanto de ioga e acredita que os iogues não têm percepção extrassensorial, mas sim uma extensão altamente refinada e desenvolvida dos órgãos sensoriais e poderes normais que estão presentes em todos os seres humanos.

PARTE II

AS VIAGENS DOS INGÊNUOS

por Norma Lee Browning

CAPÍTULO 5
A vida psíquica dos aborígenes

No desolado e proibido território do interior do norte da Austrália vive a mais antiga raça humana existente, os aborígenes australianos. Eles são um povo que ainda mantém algumas práticas da Idade da Pedra, e acredita-se que tenham evoluído a partir de uma espécie humanoide Neanderthal que viveu em Java há cerca de 50 mil anos.

Eles comem pítons em grandes quantidades, trocam esposas por latas de tabaco, praticam as formas mais pagãs de magia negra tribal e bruxaria e são extremamente dotados de poderes mentais misteriosos amplamente aceitos como genuínos e que desafiam a explicação científica. Missionários, funcionários do governo, jornalistas céticos, pecuaristas, geólogos e até mesmo antropólogos conservadores que trabalharam ou viveram entre os aborígenes testemunham inequivocamente que essas pessoas incrivelmente primitivas realmente se comunicam por longas distâncias por meio de algum tipo de telepatia mental.

A maioria das pessoas pode relatar casos de mortes que ocorrem porque o Kurdaitcha "apontou um osso". Todos conhecem nativos que foram "cantados" até a morte por um maligno Doutor Blackfellow (termo pejorativo usado pelos brancos para se referir a xamãs ou curandeiros aborígenes). Todos estão familiarizados com a terrível maldição da Mulher Wilgin e com os poderes nefastos do executor Mulunguwa, assim como a ameaça aterrorizante do feiticeiro que diz: "Eu pegarei a gordura do seu rim!" (e ele pega!). Além disso, muitos já experimentaram o estranho e insondável sistema de comunicação silenciosa dos aborígenes - sua habilidade de enviar e receber mensagens por meio de gestos com os dedos, contrações musculares, sinais de fumaça, pegadas, bastões de mensagem e seus totens do *Dream Time* - o "Tempo do Sonho".

A busca por desvendar os segredos da mente humana tem mobilizado os biólogos para um programa acelerado de pesquisa, com ênfase especial no estudo de sociedades primitivas. Dificilmente encontrarão uma sociedade mais primitiva que a dos aborígenes, ou outro assunto melhor para estudos em fenômenos mentais tão genuínos quanto hipnose, autossugestão, transe pós-hipnótico, ação da mente sobre matéria e percepção extrassensorial. Os aborígenes são, indubitavelmente, a raça de pessoas mais hipersensíveis do mundo, as mais altamente sugestionáveis, as menos falantes e as mais psíquicas no sentido literal da palavra. A palavra "psíquica" tem origem no grego *psychikos*, que significa "da alma ou vida, espiritual"; e também significa: "sensível a forças não físicas". Nada poderia se encaixar melhor nos aborígenes.

A maioria de nós acredita que é possível ser curado e viver pela fé, mas os aborígenes, ao contrário, são capazes de morrer pela fé - porque foram "cantados" ou amaldiçoados por alguém que "apontou um osso" na direção de um deles. Por mais incrível que possa parecer, em 1963, ainda havia aborígenes "dispostos" a morrer após a maldição do curandeiro, e o carrasco tribal, Mulunguwa, ainda praticava assassinatos com a ajuda da sugestão pós-hipnótica. Eles continuavam a se comunicar de maneiras silenciosas e misteriosas que o homem branco provavelmente nunca compreenderá.

Às 2h30 da manhã, Tommy Dois Dedos acordou seu chefe, um garimpeiro, dizendo: "Vamos, agora! Meu tio teve um problema grave. Ele está morto". Mais tarde, foi verificado que o tio havia morrido em um acidente ocorrido exatamente naquela hora, a 120 quilômetros de distância.

Em uma manhã, Queenie, uma mulher aborígene responsável pelos cães da tribo, entrou no escritório do superintendente do assentamento governamental de Maningrida e afirmou: "Meu irmão está morto, morto de verdade". Apesar de o superintendente saber que o irmão de Queenie estava em Cape York, a mais de trezentos quilômetros de distância, ela insistiu em sua certeza. Pouco tempo depois, uma mensagem chegou pelo sistema de comunicação: "Se Queenie ainda estiver por aí, avise a ela que seu irmão morreu às cinco horas da manhã". O superintendente ficou surpreso e perguntou a Queenie como ela sabia, e ela respondeu simplesmente: "Eu apenas sabia".

Relatos confirmados desse tipo são tão comuns na cultura aborígene que é difícil ignorá-los. Durante o mês que passei entre eles, perguntei a centenas de aborígenes como faziam para saber o que estava acontecendo, às vezes a centenas de quilômetros de distância. Long Billy e sua esposa Peggy responderam com simplicidade: "Nós sabemos. Simplesmente sabemos". Donkey, um carrasco tribal com sete esposas, explicou: "É o *Dreamin'*". Michael, um chefe Kunapipi, também disse "o *Dreamin'*".

As respostas foram sempre as mesmas: "Apenas sabemos" ou "*Dreamin'*". A palavra "sonho" tem um significado diferente para os aborígenes. O *Dream Time* (ou "Tempo do Sonho") é o cerne da mitologia pagã aborígene, que abrange o passado criativo e a criação do mundo. É uma concepção atemporal que conecta o presente com o passado e o futuro, uma realidade espiritual em que todas as coisas estão entrelaçadas. Foi no *Dream Time* que surgiram as entidades sagradas da cultura aborígene, como a grande Deusa Mãe Terra e a Serpente Arco-Íris. Essas entidades são adoradas em muitas cerimônias religiosas, sendo a mais sagrada delas o Kunapipi.

A Mãe Terra é a fonte de vida do homem e da natureza, tanto no *Dream Time* quanto agora; foi ela quem deu origem aos totens, quem deu vida aos animais, pássaros, répteis, espíritos, e criou os objetos inanimados; foi ela quem criou todos os heróis totêmicos, deuses do céu e crianças espirituais depois que a Serpente Arco-Íris "abriu o caminho". Crenças animistas, totêmicas e em espíritos fazem parte do modo de vida do *Dream Time* dos aborígenes. Eles acreditam em um duplo-espírito no mundo animal e em uma preexistência espiritual antes do nascimento. Eles não sabem ou não acreditam que a concepção ocorra por meio de relações sexuais; para eles, é realizada por espíritos.

No passado, os aborígenes foram rotulados como "a mais inferior entre as raças da humanidade", por uma série de diferenças culturais, tais como a cavidade craniana menor e a quantidade de matéria cerebral, que é cerca de 20% menor do que nos europeus; suas práticas, como emprestar esposas, ingerir sangue, morder o couro cabeludo e a feitiçaria; seus ritos de circuncisão ou iniciação; seus *corroborees* ("cerimônias"), considerados os mais pagãos entre todos os povos primitivos; e por seu modo de vida no *Dream Time*, que pode ser incompreensível para os homens brancos. No entanto, para os aborígenes, Kunapipi, a Mãe Terra e a Serpente Arco-Íris são uma realidade e uma fé viva, inseparáveis do seu padrão de vida e de seu pensamento. A cerimônia religiosa Kunapipi, por exemplo, dura seis meses, enquanto as cerimônias religiosas semanais duram cerca de uma hora em muitas sociedades modernas civilizadas.

Os antropólogos têm escrito extensivamente sobre os costumes e as crenças complexas dos aborígenes, muito mais do que pode ser resumido em um único capítulo. No entanto, é importante ter algum conhecimento sobre sua cultura e mitologia antes de tentar compreender sua estranha magia mental.

Muitos aborígenes nunca viram homens brancos. Na verdade, a menos que tenham uma permissão governamental especial – geralmente concedida apenas a missionários e antropólogos –, os brancos não têm permissão para entrar em Arnhem Land, o lar das poucas tribos de aborígenes que ainda não foram afetadas pela civilização. Precisei de duas semanas de negociações com autoridades governamentais e eclesiásticas em Sydney, Canberra e Darwin para obter as permissões necessárias para meu marido e eu entrarmos em Arnhem Land. E isso somente foi concedido depois de garantirmos que providenciaríamos nosso próprio transporte – um avião fretado – e equipamentos de acampamento, além de contratar guias.

Fomos para lá durante a estação chuvosa, época em que não existem estradas que levem a Arnhem Land. É uma terra de *billabongs* transbordados (lagos fechados), estranhas escarpas rochosas e mangues pantanosos abarrotados de cobras e crocodilos. Tivemos que usar botas de cano alto para nos proteger de picadas de cobra e nunca saíamos à noite sem lanternas.

O avião que fretamos era um modelo de asa dupla da época dos irmãos Wright, normalmente usado para transportar carne de búfalo. Em alguns pontos, o avião tinha remendos com arame, alfinetes de segurança e fita adesiva. A porta chegou a cair uma vez, mas Ding Dong Bell, nosso piloto, aliás o melhor piloto de *bush plane* (avião utilizado em áreas remotas) no Território do Norte, continuou nos tranquilizando e assegurando que o avião aguentaria até chegarmos a Darwin.

Tínhamos três guias conosco: René Henri, um francês famoso na Austrália por ser caçador de grandes animais e crocodilos; Allan Stewart, que dirige um acampamento de búfalos em Nourlangie, no oeste de Arnhem Land, e atuou como nosso intérprete; e Young Nim, um aborígene da tribo Mailli que, aparentemente, estava acostumado a se comunicar por telepatia e linguagem de sinais. Durante toda a viagem, raramente o ouvimos emitir um som.

Passamos uma semana acampados em Nourlangie, às margens do rio Alligator, onde sobrevivemos principalmente da carne de búfalo selvagem e de barramundi, um tipo de peixe capturado pelos nativos nos *billabongs*. Em seguida, voamos para Maningrida, um assentamento governamental localizado no coração de uma das maiores reservas aborígenes da Austrália. Maningrida está situada na selva primitiva na foz do rio Liverpool, no centro-norte de Arnhem Land, na costa de Arafura, e tão distante do "caminho dos brancos" quanto Lambarene foi para o Dr. Albert Schweitzer quando navegou pela primeira vez pelo rio Agowe, no Congo Belga. É o território das tribos *berara* e *gunavidji*, as mais guerreiras entre os aborígenes.

Obtivemos permissão para montar acampamento com nossos suprimentos e equipamentos (camas dobráveis e comida) em uma sala de aula abandonada. As crianças tinham "saído para o mato" ou para "caminhadas" com suas famílias, deixando a sala de aula vazia. Elas poderiam voltar em alguns meses, anos ou, mais provavelmente, nunca mais. A nova política do governo de "assimilação" para os aborígenes é frustrante. Os aborígenes não apenas são analfabetos, mas sua capacidade de aprendizagem é limitada pela menor quantidade de massa cerebral e por seus costumes e crenças ancestrais. Eles são nômades e podem caminhar cerca de cinquenta quilômetros por dia. Eles não vivem em assentamentos ou vilas permanentes; são divididos em grupos tribais e passam a maior parte do tempo em "caminhadas", vagando por suas terras para participar de funções intertribais, lutas e *corroborees*.

O meio de subsistência dos aborígenes é baseado em caça, pesca e coleta de alimentos. Eles não cultivam plantas ou hortas, nem se dedicam a qualquer forma de agricultura ou criação de gado, preferindo encontrar seu alimento na natureza, sem intervenção humana, exceto por meio de sua magia religiosa, rituais e *corroborees*. Devido à sua história e às suas características culturais, os antropólogos classificam os aborígenes em uma categoria racial própria, australoide, que se diferencia das três principais categorias raciais: negroide, mongoloide e europeu.

Seu domínio já chegou a abrigar 250 mil pessoas, mas agora diminuiu para apenas 50 mil, dos quais 19 mil estão espalhados por todo o Território do Norte, uma área que abrange um sexto do continente australiano. Outros são chamados de "marginais", e vivem nos arredores de cidades, trabalhando de forma esporádica em campos de mineração ou fazendas de gado. No entanto, é em Arnhem Land que encontramos os últimos remanescentes das tribos aborígenes mais primitivas e arcaicas, aqueles que ainda são relativamente intocados pelas influências "civilizadoras".

A população aborígene da área de Arnhem Land, que abrange cerca de 82 mil quilômetros, não é conhecida com precisão. As estimativas do governo australiano apontam para cerca de quatro mil indivíduos, embora a contagem seja difícil devido à localização remota e inacessível da região. Arnhem Land é uma área montanhosa com terreno difícil, que em grande parte permaneceu intocada pelos homens brancos.

A sobrevivência nessa floresta primitiva requer notáveis poderes mentais e sensoriais, uma habilidade que os aborígenes desenvolveram por necessidade. Eles não sabem ler nem escrever, e só sabem contar até dez, mas conseguem sobreviver por longos períodos em partes da floresta onde homens brancos morreriam de sede e fome. Com a destreza de um engenheiro, eles podem montar um abrigo com cascas de árvores em questão de minutos e criar um bumerangue tão preciso quanto um míssil moderno.

A agudeza de seus sentidos é incomparável. Eles podem avistar um *wallaby*, um canguru ou um pássaro *mopoke* mais rápido do que qualquer homem branco, graças à sua visão hipersensível e audição aguçada. Os sentidos são tão aguçados que visões, sons, cheiros e sensações de toque têm significados especiais para eles. Eles facilmente distinguem sons ambientes daqueles produzidos por animais e conseguem ler pegadas ou trilhas no chão como alguém que lê jornais e livros. Como um deles disse: "A pegada da minha esposa foi a primeira coisa sobre ela que guardei na memória".

Eles não têm noção de meses, como janeiro, março ou dezembro. Para eles, as estações são simplesmente *clima úmido, clima frio e clima quente,* com variações como *a época da grama verde*, *a época da grama alta*, *a época da grama queimada* e *a época dos ovos de tartaruga*, que indicam períodos específicos. Eles têm um conhecimento instintivo sobre a floração de castanhas, das árvores *coolibahs* e do eucalipto-madeira, sabendo quando sua iguaria favorita, o *sugarbag* (mel de abelhas selvagens), estará abundante nas árvores. Eles são habilidosos em usar lanças com os dedos dos pés e podem pedir comida tocando a boca, ou pedir água movimentando a bochecha. Além disso, descrevem a maioria dos animais e pássaros com movimentos das mãos e dos braços.

Sua linguagem de sinais única, usada para se comunicar com pessoas a quilômetros de distância, é extremamente sutil e rápida para os olhos de quem não a conhece. Eles têm pelo menos oito métodos diferentes de linguagem de sinais e são capazes de fazer perguntas simples como "Quem é?", "O que é?", "Onde está?" e "O que está acontecendo?" apenas levantando um polegar e um dedo indicador e girando o pulso em um semicírculo. Um homem hospitaleiro pode oferecer uma de suas esposas a uma pessoa de outra tribo sem sequer abrir a boca, simplesmente cerrando o punho no peito e batendo na barriga e na coxa. A linguagem de sinais é constantemente usada, o que não apenas economiza palavras desnecessárias, mas também tem uma vantagem adicional: ela não pode ser ouvida por espíritos malignos.

Os famosos sinais de fumaça, frequentemente associados aos aborígenes e pelos quais eles são famosos, não representam um método refinado de comunicação de mensagens de longa distância. Na verdade, eles são simplesmente um meio de indicar a localização de um indivíduo. Os aborígenes não permitem a entrada de estranhos não autorizados em suas terras, e, por isso, qualquer nativo que caminhe pelo território de outra tribo deve enviar mensagens à frente informando sobre sua aproximação. Cada tribo tem mensageiros especiais ou diplomatas de confiança em tribos vizinhas. Esses emissários frequentemente levam consigo um bastão de mensagem, similar a uma carta presidencial, contendo um convite para um *corroboree* ou um pedido de permissão para atravessar o território da tribo vizinha.

O emissário, ao se aproximar da tribo vizinha, costuma acender fogueiras a cada hora para informá-la de sua chegada iminente. Embora possam parecer mágicas para os que as desconhecem, as fogueiras são simplesmente um meio de rastrear parentes e anunciar a presença de um visitante. Em dias claros, a tribo vizinha pode avistar as fogueiras a até 160 quilômetros de distância e identificar, pela direção da fumaça, a tribo de origem do visitante. Por exemplo, se a fumaça vier da direção do rio Roper, os membros da tribo saberão que se trata de alguém da tribo alawa. Os aborígenes são um povo limitado em número e inter-relacionado. Ao longo de sua vida nômade, eles desenvolveram a habilidade de identificar visitantes que se aproximam por sinais de fumaça e dedução lógica.

Enquanto estávamos em Nourlangie, nos informaram que o velho Gudjiwa, da tribo wulaki, chegaria em breve. Mas como os nativos sabiam? A resposta era simples: pelos sinais de fumaça que vinham de Jim-Jim Creek, a aproximadamente 120 quilômetros de distância. Além disso, o velho Gudjiwa havia partido em uma caminhada desde a "época dos ovos de tartaruga", cerca de quatro meses antes, e agora era hora de Kunapipi começar.

Também tive a oportunidade de atuar como emissária, portando um bastão de mensagem. Para os aborígenes, é comum enviar bastões de mensagem para seus parentes por meio de qualquer pessoa que esteja indo na direção certa. Os homens brancos ficam perplexos com essa prática, pois eles leem palavras impressas em vez de entalhes em pedaços de casca de árvore. Durante minha estadia em Nourlangie, o chefe Kunapipi, Michael, da tribo wulaki, confiou-me um bastão de mensagem para entregá-lo a seu cunhado Johnny, em Maningrida. Observando-o esculpir linhas finas e entalhes em um pedaço de casca de árvore com cerca de cinco centímetros de comprimento e 1,3 centímetro de largura, fiz anotações enquanto ele explicava minuciosamente o significado de cada linha e entalhe.

"Este entalhe é para a Senhora Nellie Número Dois, e o entalhe a seguir é para a Senhora Peggy Número Três", ele disse. "Peggy teve dois filhos, Nellie teve dois – Toby, Judy, a pequena Nellie e Kathleen. E tem também quatro irmãos – Jackie, Charlie Número Um, Billy, Toby."

Cada entalhe ou linha pequena indicava um parente ou esposa diferente. Michael tinha três esposas. Uma delas, Margaret, era a responsável pelos cães no acampamento de Nourlangie, cuidando de 55 cães que pertenciam a um clã de apenas cerca de duas dúzias de aborígenes. As outras duas esposas, Nellie e Peggy, estavam em Maningrida.

"Diga a eles que Michael e Margaret vão ficar no acampamento até o 'clima frio'", ele continuou. "Depois, eles vão até Maningrida.

Diga a Johnny, Charlie e Jack para pegarem um crocodilo realmente grande para a mulher branca."

Ele me explicou que um dos nossos guias, René Henri, era um caçador de crocodilos. Ele disse: "Os homens brancos não sabem onde encontrar crocodilos. Só os homens negros sabem. Os negros conhecem o grande buraco de água do Arco-Íris do *Dream Time*. Se for um lugar do *Dreamin'*, não vá lá. Pode ter 'algo' ('algo' é a expressão usada pelos aborígenes para o medo de espíritos malignos). Não vamos a lugares do *Dreamin'*. Se nadarmos lá, estaremos completamente acabados. Mas aqui está tudo bem, nada de *Dreamin'*, e os negros conhecem o buraco de água onde está o grande e esperto crocodilo. Boa comida".

Os aborígenes consideram qualquer lugar que acreditam estar habitado por espíritos malignos como um lugar do *Dreamin'* e não se aproximam dele. Michael estava tentando explicar que os aborígenes sabem melhor do que os homens brancos onde caçar crocodilos e que seus irmãos em Maningrida conseguiriam um para ele. Ele fez uma última pequena marca no bastão de mensagem e disse: "Diga a eles para terem cuidado com o médico negro". Ele me pediu para entregar o bastão de mensagem para o irmão de Nellie, Johnny, em Maningrida.

Como encontrar um homem chamado Johnny entre setecentos aborígenes acampados ao redor de uma reserva governamental? Foi fácil. Simplesmente apresentei meu pedido por meio de Allan Stewart, nosso intérprete, que disse a Young Nim, de rosto inexpressivo e língua presa, que eu procurava um homem chamado Johnny, irmão de Nellie, segunda esposa de Michael em Nourlangie. Essa foi a única informação que forneci. Young Nim nunca havia estado em Maningrida antes. Seu rosto permanecia impassível, mas pudemos sentir, mais do que ver, o radar de comunicação por gestos entrar em ação.

Ele permaneceu imóvel, sem dizer nada. Não foi procurar Johnny. No entanto, tínhamos a consciência de que, de alguma forma, Young Nim deve ter transmitido uma mensagem para um nativo que estava a alguns metros de distância, que por sua vez aparentemente a repassou para outro, e assim sucessivamente, entre os nativos que circulavam pelo assentamento. De maneira que escapa completamente ao olhar inexperiente, eles podem transmitir mensagens por milhas usando a linguagem de sinais. Ficamos onde estávamos e esperamos. Em questão de minutos, foi transmitida de volta, por meio de sinais manuais, a notícia de que Johnny havia sido encontrado. Sabíamos disso apenas porque outro nativo apareceu ao lado de Young Nim e, em seguida, os dois nos fizeram um sinal silencioso para segui-los. Encontramos Johnny jogando pôquer debaixo de uma árvore, a cerca de um quilômetro e meio de distância.

Informamos a Johnny sobre o bastão de mensagens e pedimos que ele convocasse toda a família antes de eu entregá-lo. Silenciosamente, a comunicação por gestos entrou em ação novamente, e Johnny voltou tranquilamente para seu jogo de pôquer enquanto aguardávamos. Em pouco tempo, várias pessoas, homens, mulheres e crianças, começaram a caminhar de todas as direções para se reunir em um grupo próprio, todos nos observando curiosamente e em silêncio.

Quando todos os membros da família estavam reunidos, Johnny deixou o jogo de pôquer, juntou-se a eles e identificou todos os parentes de acordo com os entalhes esculpidos no bastão de mensagens de Michael. Lá estavam as duas esposas de Michael, Nellie e Peggy (que não pareciam muito felizes em ficar lado a lado), seus quatro filhos, um tio, irmãos e outros parentes. Só depois de ter certeza da identificação de cada um deles é que entreguei o bastão de mensagens de Michael a Johnny.

Johnny leu tudo com precisão impressionante, mas há coisas além da telepatia que podem explicar sua precisão. Naturalmente, Michael teria enviado lembranças às suas esposas, filhos e outros parentes. Eles poderiam ter presumido, talvez, se conhecessem Michael, que ele e Margaret ficariam em Nourlangie até a época do "clima frio". Provavelmente sabiam quando Michael havia começado sua caminhada, que ele era cauteloso com certos médicos aborígenes e também que estava familiarizado com os poços de água e os lugares onde se podia ou não caçar crocodilos. O bastão de mensagens, é claro, não é telepatia. Assim como os sinais de fumaça, a interpretação de pegadas e a linguagem de sinais, todos são simplesmente meios de comunicação entre tribos primitivas que não têm telefones, telégrafos, rádio, correios - ou mesmo uma língua escrita.

Aprendi o segredo dos aborígenes sobre a telepatia com Waipuldanya, também conhecido como Wadjiri-Wadpiri, cujo nome de branco é Phillip Roberts.

Ele é um aborígene puro-sangue da tribo alawa, localizada às margens do rio Roper, no Território do Norte. Waipuldanya passou pelos fogos da iniciação tribal e foi submetido a muitos rituais que moldaram sua cultura e visão de mundo. Na infância, ele foi submetido a um processo de "canto" até a morte por um Doutor Blackfellow, um curandeiro que queria destruí-lo para punir seu clã. No entanto, Waipuldanya foi salvo por outro curandeiro aborígene.

Ele ainda venera Kunapipi, a Mãe Terra, em cerimônias tribais pagãs, e tem fé na Serpente Arco-Íris. Na juventude, Waipuldanya aprendeu a rastrear e caçar animais selvagens, a ser autossuficiente e a sustentar sua família com o uso apenas de suas lanças e *woomeras*. Atualmente, é reconhecido como o aborígene mais instruído e experiente de todos, pois em 1953 foi escolhido por um médico branco como seu motorista e assistente. Devido à convivência com médicos brancos em Darwin, Waipuldanya fala inglês fluentemente e compreende, pelo menos superficialmente, termos como hipnose e telepatia. No entanto, se essas palavras forem mencionadas a outros aborígenes, eles simplesmente não conseguirão compreendê-las.

Roberts nos explicou que, segundo a tradição aborígene, o Mulunguwa, ou carrasco tribal, é capaz de matar uma pessoa usando hipnotismo por meio de uma terceira pessoa. O Mulunguwa atrai a vítima para um local isolado, a deixa inconsciente com um golpe na parte de trás do pescoço e, quando ela recupera a consciência, a hipnotiza. Em seguida, remove a gordura renal da vítima com uma faca, costura a ferida com cordão e a esfrega com cera, para torná-la imperceptível. Durante o processo, o Mulunguwa implanta uma mensagem no subconsciente da vítima, que está sob hipnose: "Seu inimigo é Budjirindja. Até mesmo seus cães estão contra você. Na próxima vez que um latir para você, mate-o imediatamente. Caso contrário, você não terá paz".

De volta ao acampamento, alguns dias depois, um dos cães de Budjirindja late.

"Por que você não faz seus cães pararem de latir?", pergunta o homem hipnotizado.

"Porque eles gostam de latir."

"Faça-os parar!"

"Não."

"Então eu farei." Ele atira uma lança. É considerado um crime imperdoável matar deliberadamente o cão de outro homem. A raiva de Budjirindja é incontrolável. Ele atinge a vítima do Mulunguwa à queima-roupa, enquanto o Mulunguwa, sentado em seu acampamento, observa placidamente um assassinato que ele organizou, mas não executou. Com a gordura renal já removida, o homem condenado teria morrido de qualquer maneira, mas, com a ajuda da sugestão pós-hipnótica, o Mulunguwa consegue realizar sua missão habilmente por meio de um intermediário inocente. Enquanto lamenta a morte da vítima em um *corroboree* da morte, ele consegue diminuir as suspeitas sobre si mesmo.

Douglas Lockwood, um dos principais jornalistas premiados da Austrália, descreveu detalhadamente essa situação no livro *I, the Aboriginal*, baseado na vida de Phillip Roberts, também conhecido como Waipuldanya. Segundo Lockwood, é fato conhecido que, em assassinatos aborígenes, especialmente aqueles envolvendo mulunguwas e homens kadaitja (assassinos tribais ainda piores), geralmente a pessoa errada é acusada e presa sob a lei dos brancos – devido à astúcia dos carrascos tribais e à extrema sugestionabilidade dos aborígenes.

Essa sugestionabilidade talvez tenha sua manifestação mais extrema nas contrações musculares, método pelo qual os aborígenes usam seus chamados poderes de telepatia. Como explicou Waipuldanya:

> Quando sinto uma contração no ombro esquerdo, sei que é meu tio (parentes são simbolizados por várias partes do corpo). Se a contração dura várias horas, sei que algo está errado e começo a me preocupar. Sintonizo e, quando vou dormir, talvez eu veja meu tio ou seu *Dreaming* (totem), o *dugongo* (vaca marinha). A palavra *Dreaming* é usada tanto para totem animal quanto para lugares habitados por espíritos malignos. Se o *dugongo* está sendo atacado ou mordido por um tubarão, sei que meu tio está gravemente doente e pode morrer. É assim que nos comunicamos uns com os outros – pelo *Dreamin'*.

Loucura? Talvez. Mas até agora ninguém encontrou um sistema de comunicação melhor do que o *Dream Time* com totens ou as contrações musculares.

Como Roberts explicou:

> Se meu ombro direito contrai, sei que meu pai está pensando em mim. Se a contração persistir, sei que ele pode estar doente. Meu ombro esquerdo representa meu tio Stanley Marbunggu, minha mãe está no lado direito do meu peito, minhas coxas pertencem à minha esposa, minhas panturrilhas, aos meus irmãos e irmãs, e meus olhos direito e esquerdo representam cunhados e primos, respectivamente. Quando um músculo se contrai, jogo meu braço flexionado violentamente para endireitá-lo. Se o cotovelo estalar, sei que em breve verei ou receberei notícias da pessoa representada pelo músculo que se contraiu. É assim que nos comunicamos no *Dream Time*.

Por mais improvável que possa parecer, a arte da comunicação silenciosa dos aborígenes tem suas razões que fazem sentido. Em primeiro lugar, a vida nômade dos aborígenes exige algumas formas elementares de comunicação que não dependam da fala. Mas, antes de tudo, estão as lições bem programadas de autocontrole e autonegação que os aborígenes aprendem desde jovens e ao longo de seu amadurecimento. Por exemplo, a um aborígene nunca é permitido olhar ou falar com sua sogra, uma lei que é escrupulosamente observada e economiza inúmeras palavras. Além disso, imediatamente após os ritos de iniciação tribal, um garoto recém-circuncidado é proibido de comer certos alimentos e falar com certos parentes (especialmente mulheres) por dois anos! O tabu da fala tribal explica muito da reticência dos aborígenes. Um homem que fica meio mudo por dois anos raramente é loquaz depois disso.

Isso também explica o que muitas pessoas consideram como certo sobre os aborígenes – seu sistema de comunicação telepática. Os aborígenes desenvolveram a arte da contemplação em um grau muito maior do que a maioria das pessoas, e parecem entender instintivamente o poder da fé e da mente sobre o corpo. Como Phillip Roberts explicou:

> Não temos rádios, carros ou telefones para transmitir mensagens, então usamos nossa fala de dedos e contrações musculares para nos comunicarmos. Quando estamos sozinhos, apenas sentamos e entramos em contato com nosso povo, qualquer que seja o seu *Dreaming*. Pode ser uma árvore, a raiz de um lírio ou o *dingo* (tipo de cão selvagem). Está tudo no *Dream Time*. Nós apenas sabemos.

Quem pode afirmar que Phillip Roberts, do Kangaroo Dreaming, cujo pai era Barnabas Gabarla, do totem Frilled Neck Lizard da tribo alawa, não dominou os mistérios da mente que confundem os cientistas? Os poderes filosóficos dos aborígenes abrangem espaço e tempo. Como Roberts, que não sabe sua própria idade, diz: "Idade não nos preocupa. Todo mundo tem um começo e um fim. É por isso que não nos preocupamos com nada. Sempre sabemos quando é hora dos *corroborees*. Nós apenas sabemos".

Os povos primitivos têm mais tempo para contemplação do que os que vivem em sociedades civilizadas modernas. Será que o modo de vida *Dream Time* desenvolveu nos aborígenes poderes mentais e sensoriais que foram perdidos por pessoas que não vivem na Idade da Pedra, por falta de uso? Certamente parece que essas pessoas encontraram, pelo menos em algum grau, uma resposta para a questão do poder da mente.

CAPÍTULO 6
Caminhando sobre o fogo em Fiji

Os relatos de experimentos soviéticos em telepatia de longa distância levaram alguns céticos - incluindo eu - a olhar novamente para fenômenos supostamente "sobrenaturais" quando essas ocorrências únicas podem ser analisadas detalhadamente, o que não ocorre com frequência. Durante vários meses de investigação minuciosa ao redor do mundo, não fui capaz de localizar um fantasma, um espírito ou um lampejo de comunicação telepática real. Mas vi os caminhantes sobre o fogo de Fiji, e eles são reais.

Os caminhantes sobre o fogo não reivindicam poderes telepáticos, mas, como os iogues da Índia, podem demonstrar à vontade o poder da mente sobre a matéria. Até agora, parecem mínimas as chances de conseguir levar os fijianos para um laboratório científico, ou de os cientistas soviéticos chegarem perto o suficiente de suas fogueiras para uma investigação *in loco*.

Muitas pessoas já observaram os estranhos rituais de uma distância desconfortavelmente próxima e saíram tão perplexas quanto queimadas. "Eu já trouxe muitos médicos e cientistas para cá, para ver os caminhantes sobre fogo", disse o capitão Stanley Brown. "Durante a viagem de vinda, eles têm várias explicações - hipnose, pés resistentes, unguentos especiais que resistem ao fogo, pedras que esfriam rapidamente. Na volta, eles geralmente ficam muito quietos. Desistem de tentar dar explicações."

O capitão Brown é um inglês que veio para Fiji com a Marinha durante a Segunda Guerra Mundial e gostou tanto do lugar que nunca mais foi embora. Ele oferece cruzeiros fretados para as ilhas mais distantes de Fiji, em seu veleiro de 89 pés, o *Maroro*. Ele organizou muitas expedições científicas para Beqa (que se pronuncia *Mbengga*) para investigar os caminhantes sobre fogo.

Nenhum barco de passeio turístico entre as ilhas para em Beqa, então fretamos o *Maroro* para uma visita a esses homens descalços que creem em sua própria magia. Podíamos ver a fumaça subindo das fogueiras enquanto navegávamos pelo mar cor de cobalto e ancorávamos em uma pequena enseada dentro do recife de corais na costa sul de Beqa. Fijianos nos levaram em um bote até a costa. Tiramos nossos sapatos e caminhamos o restante do percurso pela maré baixa até a aldeia de Ndakuimbengga.

O chefe da aldeia, Ratu Timoci Cola, nos encontrou e nos levou ao *vakatunaloa* (um abrigo ou pavilhão feito de palmeiras), ricamente decorado com folhagens e flores tropicais para nossa cerimônia de recepção. O chefe usava um *sulu* (sarongue) de linho branco recém-passado, uma camisa de estampa tropical e um *salu-salu* (guirlanda de flores de hibisco). Os outros homens da aldeia usavam saias de grama tingida e fibras de hibisco, faixas tecidas de casca de árvores pretas e brancas e guirlandas de folhas de pândano desfiadas em seus cabelos. Os corpos brilhavam pelo óleo de coco.

Logo após bebermos *kava* na cerimônia de boas-vindas tradicional feita a todos os visitantes, fomos conduzidos pelo vilarejo (com uma população de oitenta pessoas) até o *lovo* (tipo de forno subterrâneo) ou fogueira.

"Você vai andar hoje?", perguntamos a um jovem ao nosso lado.

"Não", respondeu ele timidamente.

"Por quê?"

"Porque hoje é terça-feira", disse ele.

"E qual é o problema?"

Cabisbaixo, ele confessou: "Eu comi coco no sábado".

Quatro é um número mágico para os fijianos, por isso, quatro dias antes da caminhada sobre o fogo, eles devem se abster de coco e mulheres. Devem viver em castidade, isolados em cabanas separados de suas esposas, e qualquer um que tenha problemas domésticos ou cuja esposa esteja grávida não pode caminhar sobre o fogo. Se alguém quebrar uma das regras, queimará os pés. Em 1950, um dos caminhantes sobre o fogo teve bolhas nos pés; descobriu-se mais tarde que sua esposa estava grávida.

O chefe Timoci nos acompanhou até os degraus frescos e verdes do terraço, reservados apenas para convidados, a cerca de seis metros de distância do *lovo* em chamas. O fogo tinha sido aceso às 3h30 da manhã. Os caminhantes iriam entrar às 11h30. O fogo deve ser aceso exatamente oito horas antes da cerimônia.

O fosso circular, de 4,5 metros de diâmetro e um metro e meio de profundidade, estava cheio de grandes toras da árvore nativa *dawa,* em chamas, e pedras do tamanho da cabeça de um fijiano. O ar fervia com o calor. O mais perto que podíamos chegar sem sermos queimados era a cerca de um metro da borda da fogueira. No entanto, os fijianos, com suas saias de grama, saltavam ao redor do fogo, fisgando pedaços de madeira incandescente com laços feitos de videiras amarradas na ponta de longas varas e nivelando o amontoado de pedras avermelhadas para fornecer uma superfície razoavelmente uniforme para andar.

Os seis caminhantes estavam isolados em uma *bure* (casa) próxima, aguardando o sinal para sair. Às 11h30 em ponto, eles surgiram, e, em um silêncio absoluto, exceto pelo som dos pândanos sacudindo, os vimos caminhar diretamente para o fogo, sobre as pedras ardentes.

Eles não pularam, não saltaram, não hesitaram ou pisaram levemente. Eles caminharam com firmeza, pondo todo o peso em cada passo, sobre pedras que ninguém ousaria tocar. Eles caminharam por vinte segundos.

Rapidamente, os outros homens da vila jogaram folhas verdes recém-colhidas e videiras de *masawa* no poço e saltaram por cima delas, gritando e cantando, sentando e levantando em uma grande erupção de vapor, enquanto outros jogavam terra fresca sobre o poço fumegante. A cerimônia só terminaria quatro dias depois, quando os habitantes da vila abririam o poço e se banqueteariam com o pudim de *masawa,* feito das folhas e videiras cozidas no *lovo.*

Muitos testemunharam desconfiados a caminhada sobre o fogo, mas ninguém encontrou evidências de trapaça. Médicos examinaram os pés dos caminhantes e descobriram que, embora estivessem endurecidos devido às caminhadas descalças, eles não eram anormalmente espessos e respondiam à dor quando atingidos por alfinetes ou tocados por cigarros acesos. Eles também não haviam sido untados com unguentos ou com revestimentos protetores. As pedras usadas foram inspecionadas e não passavam de fragmentos comuns de andesito, tipo de rocha magmática capaz de reter calor por um longo período de tempo.

A maioria dos cientistas que testemunharam a caminhada sobre o fogo de Fiji a atribui a uma espécie de auto-hipnose induzida por uma grande fé, que isola os caminhantes de qualquer sensação de dor. Eles mesmos não entenderiam o significado das palavras hipnose ou autossugestão. Sua explicação é mais simples: *fé.*

A caminhada sobre o fogo de Fiji tem suas raízes em uma antiga lenda fijiana em que um pequeno "deus espírito" prometeu ao povo da ilha Beqa o dom da caminhada sobre o fogo. Os habitantes da ilha ainda têm uma crença simples e infantil de que nenhum homem é verdadeiramente um homem de Beqa até que se torne um caminhante do fogo – e todos eles se tornam. De todas as ilhas Fiji – e são mais de trezentas –, apenas os ilhéus de Beqa são caminhantes do fogo. Outros fijianos os consideram possuídos por "pequenos demônios".

Examinamos seus pés. Nenhum deles apresentava o menor sinal de queimadura. Todos disseram que seus pés pareciam frios ao andarem nas pedras escaldantes da fogueira.

"O corpo está quente, mas os pés estão frios. O pequeno deus está apenas nos pés", explicaram.

Então qualquer pessoa poderia andar sobre a fogueira?

"Sim, se você acreditar que pode", eles disseram. "Se tiver muita fé, você pode andar. Nenhuma fé, seus pés queimam." Ninguém além dos homens de Beqa teve fé suficiente para tentar a caminhada sobre as pedras de Fiji, mas a caminhada sobre brasas dos indianos foi replicada com algum sucesso na Inglaterra.

Alguns dos mistérios da caminhada sobre o fogo foram esclarecidos por experimentos realizados na Inglaterra, por Harry Price, em 1935 e 1937. Primeiro, provou-se que a caminhada sobre o fogo não era uma fraude. Um indiano, Kuda Bux, caminhou rapidamente ao longo de uma trincheira de seis metros com brasas incandescentes, com vários centímetros de profundidade, quatro vezes. Seus pés foram examinados por médicos antes e depois das caminhadas, e não havia sinal de bolhas. Mais significativos foram os testes realizados em 1937, nos quais três ingleses seguiram um indiano que caminhou sobre brasas ardentes. Todos mostraram vestígios de queimaduras leves, mas um voluntário britânico, Reginald Adcock, apresentou apenas sinais leves de queimaduras em um fogo que deveria ser quase duas vezes mais quente do que aquele usado pelos caminhantes do fogo indianos, assim descartando a ideia de que haveria agências misteriosas envolvidas.

Entre as conclusões alcançadas no relatório dos testes de 1937, estavam:

1. De forma alguma a caminhada sobre o fogo é um truque; a caminhada é realizada de maneira normal, com os pés descalços e sem qualquer preparação química.
2. Devido à superfície do fogo ser muito instável e os pés poderem afundar vários centímetros, é impossível caminhar de forma que uma parte diferente do pé entre em contato com as brasas quentes a cada passo dado (o que seria possível em uma superfície firme), e esse tipo de habilidade não é um fator necessário para o sucesso. No entanto, a firmeza ao caminhar é uma vantagem, pois o caminhante evita permanecer com o peso em um pé por um intervalo muito longo.
3. A umidade nos pés é uma desvantagem, pois pode fazer com que partículas quentes grudem na pele e, assim, produzam bolhas.
4. O "estado esferoidal" - isto é, a formação repentina de uma almofada isolante de vapor entre o pé e as brasas quentes - não ocorre.
5. Não é necessária uma quantidade anormal de calosidade nos pés.
6. Jejum ou qualquer outra preparação inicial não são necessários.
7. Não foi demonstrada nenhuma evidência de que a imunidade às queimaduras possa ser transmitida para outras pessoas.
8. A queda na temperatura da superfície das solas dos pés durante o experimento possivelmente resulta dos passos dados na grama fresca depois de sair do fogo e antes de chegar ao local de exame.

9. A imunidade não se deve ao contato com camadas de cinzas relativamente frias em que a combustão cessou, uma vez que, nos experimentos com Kuda Bux, as cinzas foram removidas; em qualquer um dos casos, os pés afundam o suficiente para estar em contato com brasas quentes e pequenas chamas abaixo da superfície.

É importante ressaltar que todas essas descobertas são resultado de pesquisas da caminhada sobre brasas da Índia, e não da caminhada sobre pedras fijiana. A prática de caminhar sobre brasas – em que se anda sobre brasas ardentes – é um costume de muitos países, incluindo China, Japão, Índia e Malásia, e até mesmo Bulgária. Mas apenas em Fiji ocorre a caminhada sobre pedras incandescentes.

Até mesmo um cético tão meticuloso quanto D. H. Rawcliffe, o incansável desmistificador britânico de tudo o que a ciência não pode explicar, foi forçado a admitir:

"A caminhada sobre pedras incandescentes é, de fato, uma proeza a ser admirada, e duvido que algum europeu tenha conseguido realmente realizá-la. O calor intenso emitido pelas pedras coloca o feito em um nível completamente diferente do da caminhada sobre brasas". Ao procurar uma explicação racional, Rawcliffe avança na teoria de que, se os europeus, acostumados a usar sapatos, podem fazer a caminhada sobre brasas, como os experimentos provaram, então seria muito mais fácil para os fijianos, habituados a andar descalços, com seus pés naturalmente endurecidos, caminhar sobre pedras incandescentes.

No entanto, em 1935, dois membros da Associação Médica Britânica visitaram Beqa para investigar os caminhantes do fogo e descobriram que, embora as solas dos pés dos fijianos fossem endurecidas pelo hábito de andarem descalços durante toda a vida, elas não eram anormalmente espessas. Ainda assim, eles caminhavam incólumes sobre pedras quentes o suficiente para queimar instantaneamente papel e gravetos.

Um dos médicos acreditava que, pela prática repetida, os homens se acostumaram ao calor e, portanto, podiam suportar temperaturas que seriam intoleráveis para pessoas sem treinamento. O outro médico achava que os homens podiam realizar o feito por meio de autossugestão ou por sugestão do chefe ou líder.

Questionei o chefe Timoci, sacerdote da vila, bem como os próprios caminhantes, sobre esses pontos. Parece que a prática repetida não é a explicação, já que não existem momentos destinados à prática ou um período de treinamento para a caminhada sobre pedras, exceto, é claro, pelo curto período de condicionamento mental baseado em proibições. Mas não há qualquer treino antes da caminhada real nas pedras. Na verdade, um homem de Beqa não é obrigado a caminhar sobre as pedras mais de uma vez na vida, e o próprio chefe Timoci recusou-se a caminhar mais de uma vez. Ele admitiu ter sentido medo antes de pisar nas pedras, mas seu sacerdote lhe disse: "Vá em frente, você consegue fazer isso. Não irá machucá-lo". E não machucou.

Dos seis caminhantes do fogo que se apresentaram para nós, apenas dois poderiam ser chamados de veteranos. Um tinha 30 anos e havia caminhado nas pedras sete vezes. O outro tinha 27 anos e havia feito a caminhada seis vezes. O mais jovem era Tiaki Vakrarawa, de 18 anos, que caminhou sobre as pedras pela primeira vez no dia da nossa visita. Como ele se sentiu? "Eu me senti bem", disse ele, orgulhoso de seu inglês. Ele sentiu medo? "Não. O sacerdote diz para seguirmos em frente, que não vai machucar. Mas você precisa querer ir. Se você acredita, conseguirá. Se não, não conseguirá." Essas foram as respostas que ouvimos repetidamente dos caminhantes do fogo.

Entre os aspectos mais surpreendentes da caminhada sobre o fogo em Fiji está o fato de que não é, como muitas pessoas comumente acreditam, uma parte de qualquer rito de iniciação ou cerimônia religiosa local. Também não é executada com regularidade ou com algum propósito maior do que dar continuidade a uma tradição e provar que todo homem de Beqa pode andar sobre as pedras incandescentes. Esse é o *Kavakavanua*, o modo fijiano, o costume do lugar.

A tribo *sawau*, que criou a caminhada sobre o fogo, é uma das mais antigas de Beqa, e qualquer homem da ilha seria banido se não andasse sobre as pedras. Assim, todos os homens de Beqa fazem isso. Simples assim. As mulheres não são obrigadas a manter a tradição, mas existem duas mulheres da aldeia, Liliviwa Kasa e Salaniyata Davutu, tão velhas que nem sequer se lembram da própria idade, que em sua juventude também andaram sobre as pedras – uma delas andou três vezes, a outra apenas uma vez – somente para provar que podiam.

Nos experimentos que Harry Price desenvolveu na Inglaterra, muito se pesquisou sobre a teoria de que o peso é uma grande desvantagem quando se trata de andar sobre o fogo. Aqueles que pesavam mais eram os que mais apresentavam queimaduras na caminhada sobre brasas britânica. O indiano Kuda Bux pesava apenas 54 quilos, e Reginald Adcock, o mais bem-sucedido entre os voluntários europeus, pesava apenas 18 quilos a mais. Os fijianos derrubam essa teoria; os homens fijianos são famosos por serem fortes e bonitos, e seu peso médio é indubitavelmente muito maior do que o dos homens europeus e certamente maior do que o dos indianos. E isso, obviamente, não fez qualquer diferença em sua habilidade de andar sobre as pedras incandescentes.

Os fijianos já foram conhecidos por praticar canibalismo, porém, atualmente são considerados um povo extremamente gentil e honesto. Em relação à tradição de caminhar sobre pedras quentes em Beqa, embora não haja uma conexão com ritos iniciáticos ou religiosos, o chefe Timoci explicou que eles realizam essa prática por acreditarem e se orgulharem dela, e destacou que Beqa é o único lugar do mundo onde essa prática é realizada, e seu povo é o único capaz de fazê-la. Além disso, o chefe Timoci afirmou que a prática é uma fonte de renda para a comunidade local, o que também justifica sua continuidade.

Antes de tirar conclusões precipitadas, deixe-me esclarecer que isso não implica em exploração turística. Beqa fica tão fora da rota comum que os turistas raramente vão até lá. A pequena ilha tem uma população de menos de cem habitantes em sua vila principal, não tem instalações turísticas, hotéis, lanchonetes, saneamento ou carros. A única maneira de chegar até lá é fretando um barco em Suva, capital de Fiji.

Os preparativos para a caminhada sobre pedras incandescentes são bastante elaborados, levam tempo e são caros. Os troncos da árvore *dawa* precisam ser cortados e trazidos das montanhas, as videiras *masawa* precisam ser coletadas, as pedras, recolhidas do rio, e o poço deve ser escavado. Os homens da tribo *sawau* que vivem em outras vilas da ilha devem ser notificados, e os caminhantes sobre pedras precisam ser recrutados.

Os moradores de Beqa exigem que qualquer pessoa que queira ver a caminhada sobre pedras envie um aviso prévio com duas semanas de antecedência, e durante esse tempo todos os homens e mulheres da aldeia estarão ocupados preparando-se para a cerimônia. Na época em que estávamos em Beqa, havia apenas 38 homens adultos na aldeia. O visitante deve pagar pelo trabalho de duas semanas dos fijianos (a taxa é de aproximadamente trezentos dólares por visitante e é definida pelo governo de Fiji; ela não é paga diretamente aos locais, mas sim ao Departamento de Turismo), e também pelo fretamento do barco. O dinheiro que os fijianos ganham com a caminhada sobre pedras incandescentes é direcionado para a melhoria da vila, principalmente para a escola, a igreja, e para a reforma de suas casas, feitas de junco e pândanos.

Os homens de Beqa, de forma bastante razoável, não veem sentido em realizar a caminhada sobre pedras como forma de diversão. Isso não pagaria pelas coisas de que precisam para sua escola e igreja, nem reformaria suas *bures*. Só lhes custaria a perda de duas semanas em que poderiam estar fazendo algo mais agradável, como pescar, beber *kava* e comer cocos. Nenhum homem de Beqa caminha sobre as pedras apenas por diversão.

Devido ao isolamento da ilha onde ocorre a caminhada sobre pedras e à demanda de tempo e custo, tanto para os visitantes quanto para os moradores da ilha, é provável que os caminhantes do fogo de Beqa realizem, em média, não mais do que dez ou doze apresentações por ano. Isso necessariamente envolveria diferentes caminhantes, para dar a cada um sua vez de provar sua habilidade como homem de Beqa. E devido à pequena população da ilha, todos os homens têm a chance de provar sua habilidade, mesmo com um número tão limitado de visitantes. Geralmente, variam de seis a dez os homens que caminham sobre as pedras em uma única cerimônia.

Com tudo isso, parece óbvio que a repetição não seja a razão pela qual os fijianos são imunes às queimaduras quando caminham sobre a fornalha ardente de pedras incandescentes. Quanto à autossugestão ou hipnose, não pude perceber nada que se assemelhasse sequer remotamente a um estado de transe ou a outros efeitos conhecidos da sugestão hipnótica na performance de caminhar sobre as pedras que testemunhei – antes, durante ou depois do evento. Na verdade, um dos elementos desconcertantes era o ar casual e quase cômico de despreocupação durante a cerimônia. Não se espera que nenhum morador do Pacífico Sul leve a vida muito a sério, é claro. Eles são os gaiatos do Pacífico, borbulhando risos com seus olhos escuros e imersos em um folclore próprio encantador que jamais deve ser submetido a investigações psicológicas.

Eles podem convocar tartarugas e tubarões das profundezas do mar apenas cantando. Podem atrair camarões vermelhos e enguias, podem prever infalivelmente o surgimento anual do *balolo*, uma espécie de verme que é uma iguaria em Fiji, que dura aproximadamente dois dias. Apenas alguns fijianos têm essa misteriosa relação com as criaturas do mar, e é um segredo guardado por eles. Os brancos não poderiam compreendê-lo, assim como não podem compreender o poder dos homens de Beqa de caminhar sobre pedras ardentes.

Talvez seja significativo que dois dos principais investigadores, D. H. Rawcliffe e Harry Price, cujas reputações foram construídas expondo fraudes e falácias sobre fenômenos mentais, tenham concluído, relutantemente, que não apenas a performance de caminhar sobre as pedras incandescentes é genuína, mas também, ainda mais importante, é provavelmente baseada em uma palavra que está rapidamente desaparecendo da sofisticada cena da era espacial.

Essa palavra é *fé*.

Rawcliffe não vai tão longe a ponto de usá-la. Em vez disso, ele diz: "A ausência de medo é um ponto vital para todos os tipos de caminhada sobre brasas". E ele enfatiza que a caminhada sobre pedras incandescentes dos fijianos é muito mais impressionante e inexplicável do que a caminhada sobre brasas.

Price tem tanto receio da palavra "fé" que a coloca entre aspas seguida de um sinônimo entre parênteses: "Afinal, a 'fé' (ou confiança) desempenha algum tipo de papel na performance. Acho que esse pode ser o segredo da caminhada sobre brasas... Acredito que haja alguma relação obscura entre forças físicas e mentais".

Certamente, a fé que os homens de Beqa têm em sua capacidade de caminhar sobre as pedras incandescentes quando chegar a hora, ou quando eles estiverem prontos, não é como o condicionamento físico e mental prolongado dos iogues para alcançar o estado de *Samadhi*. O menino de Beqa sabe desde a infância que um dia terá que caminhar sobre as pedras para provar que é um homem de Beqa - e isso é tudo. Talvez o fato de saber que terá de fazê-lo o ajude a ter fé. Talvez saber e ter fé sejam uma forma de condicionamento mental prolongado. Talvez os homens de Beqa sejam mais sugestionáveis do que outros fijianos. E talvez seus pais tenham ensinado a eles uma técnica especial para que as solas de seus pés não fiquem queimadas.

Assim como todos os outros que testemunharam essa curiosa cerimônia, não posso oferecer uma explicação racional para a caminhada sobre pedras incandescentes. Só posso relatar o que vi na ilha de Beqa.

A ciência, que não pretende ser infalível ou onipotente, ainda não explicou muitas nuances estranhas da energia ou do poder mental. E os cientistas da era espacial moderna estão investigando esses mistérios do cérebro em todas as direções. Será que aquilo que eles esperam alcançar já foi dominado nas distantes ilhas de Fiji ou nos retiros de iogues da Índia ou no *outback* australiano onde vive o povo aborígene?

CAPÍTULO 7
O que podemos aprender com os iogues?

Se eu tivesse que apostar sobre onde o elo perdido do poder da mente será encontrado, se é que um dia será, apostaria na Índia – uma terra estranha e exótica com crenças antigas e esotéricas, a terra do mangusto e da cobra e dos "truques com cordas", uma terra cuja cultura está inexoravelmente entrelaçada com o tema da reencarnação, uma terra onde até mesmo o primeiro-ministro Nehru fica de cabeça para baixo todas as manhãs, seguindo a antiga tradição do ioga.

Nenhum país evoca na mente ocidental mais associações místicas do que a Índia. Nenhum país dá uma impressão tão forte de um lugar onde a ciência não tem tanta presença. Há alguma base de verdade nessas concepções populares, mas também há uma base sólida para acreditar que o iogue indiano pode ter a chave que cientistas do mundo todo estão procurando: a chave que pode desbloquear os reservatórios ocultos de eficiência e energia humanas.

Existe uma crença generalizada nos poderes ocultos dos iogues, porém, tal crença é infundada. O verdadeiro iogue não tem interesse algum em ocultismo, magia, fenômenos psíquicos ou sobrenaturais; na verdade, ele apenas riria de tudo isso se tivesse a chance. No entanto, a ciência moderna definitivamente estabeleceu o fato de que muitas das façanhas fisiológicas e mentais do iogue são de fato genuínas e surpreendentes. Essa verdade científica pode um dia lançar nova luz sobre a natureza da mente, sua motivação, seus becos e labirintos. Isso traz para um foco mais nítido, e com a transfusão de novas esperanças, o significado de antigas questões: estamos plenamente conscientes dos limites dos nossos poderes? Existem reservatórios mais profundos de energia mental em todos nós que podemos explorar e dominar, assim como alguns ascetas religiosos aparentemente fizeram?

Muitos dos supostos milagres atribuídos aos iogues ainda podem ser considerados fictícios ou provenientes de falsos gurus, mas isso não anula o fato de que a ciência médica moderna finalmente recrutou os iogues para pesquisas laboratoriais - um feito quase tão surpreendente quanto aqueles reivindicados por alguns iogues - a fim de investigar experimentalmente o que os torna capazes de realizar tais façanhas. O veredito é que os iogues aparentemente conseguem desenvolver um controle voluntário incomum de certas funções fisiológicas, provavelmente por meio de condicionamento e prática prolongados.

O verdadeiro iogue é tão indiferente à curiosidade dos cientistas quanto a tudo o mais no mundo fora de sua própria *dhyana*, ou meditação. No entanto, médicos do Instituto de Ciências Médicas da Índia, em Nova Delhi, finalmente conseguiram persuadir alguns iogues a serem cobaias em sua recém-estabelecida seção sobre eles no departamento de pesquisa neurofisiológica. O instituto é apoiado em grande parte por bolsas das fundações Rockefeller e Ford para o estudo da fisiologia reprodutiva em relação ao problema de superpopulação da Índia. A maior parte de seu trabalho está sendo feita com macacos, e nesse aspecto o instituto é único graças à disponibilidade de uma grande quantidade de macacos e das vantagens de usá-los - em vez de ratos, por exemplo - em pesquisas fisiológicas.

A constituição biológica do macaco é mais parecida com a dos humanos do que a de outros primatas inferiores, e os macacos são, portanto, de grande utilidade para os cientistas

– especialmente no estudo de impulsos biológicos, hipersexualidade e ciclos reprodutivos.

Novamente, por meio da estimulação química e elétrica do cérebro do macaco, os cientistas descobriram que nele existem vários centros que controlam a liberação de hormônios e o comportamento sexual. Grande parte do trabalho atualmente em andamento no instituto está concentrada em tentar mapear esses centros de controle específicos, para determinar como eles são suscetíveis à influência de vários estímulos e se podem ser afetados por condicionamento prolongado.

Como o iogue se encaixa nas pesquisas sobre o problema da superpopulação da Índia? Pelo estudo dos opostos biológicos.

Para o verdadeiro iogue, a disciplina física e mental da castidade, a retirada de todas as impressões sensoriais externas e suas façanhas corporais verdadeiramente extraordinárias – não sobrenaturais – de controle e resistência resultam de um intenso e prolongado condicionamento. E todas essas conquistas são provas físicas – não metafísicas – do poder indomável da mente humana.

No Instituto de Ciências Médicas da Índia, os iogues foram testados quanto ao controle muscular respiratório e vascular, à taxa metabólica basal, à eficiência pulmonar, à ação cardíaca (por meio de eletrocardiogramas) e às ondas cerebrais (com eletroencefalogramas). Aqui estão algumas das descobertas médicas:

- Os iogues foram capazes de influenciar voluntariamente seus batimentos cardíacos, sendo capazes de diminuir a frequência cardíaca, o que é mais difícil de alcançar do que a aceleração ou o aumento voluntário do batimento cardíaco.
- Alguns dos testados também apresentaram "certos sinais" de parada real do coração por alguns segundos, embora os médicos sejam cautelosos em confirmar isso.

- Os padrões de ondas cerebrais dos iogues meditativos foram distintamente diferentes dos de pessoas normais em repouso, e os ritmos cerebrais não foram perturbados por vários estímulos, como luzes piscando e sons de clique, como seria o caso com cobaias normais.
- Alguns iogues foram capazes de produzir suor voluntariamente nas axilas e antebraços, conforme mostrado nos testes de atividade das glândulas sudoríparas.
- Em testes de caixa hermética no laboratório, as cobaias iogues podiam reduzir suas necessidades de oxigênio em até 50% das necessidades normais, enquanto as necessidades de oxigênio de uma pessoa normal aumentariam, em vez de diminuir, em condições semelhantes.
- Nos testes da caixa hermética comparando iogues com não iogues, a gaiola selada foi equipada com um sistema de alarme para indicar desconforto. Enquanto não iogues resistiram no máximo sete horas, os iogues não acionaram nenhum alarme e aparentemente estavam perfeitamente confortáveis e prontos para mais de dez horas e meia, momento em que o experimento foi encerrado.

"Não estávamos interessados em testar a resistência física dos iogues ou em determinar por quanto tempo eles poderiam permanecer na caixa", afirmou um dos médicos do instituto. "Nosso objetivo era entender o mecanismo fisiológico com o qual eles podem exercer controle sobre o sistema nervoso autônomo." O termo autônomo refere-se às seções do sistema nervoso que não podem ser controladas voluntariamente. Uma das funções mais claramente enquadradas nessa categoria é a frequência cardíaca.

Embora haja muita especulação científica e médica sobre a natureza exata dos fatores psicológicos e fisiológicos que explicam os poderes fenomenais de controle e resistência corporal dos iogues, não há mais dúvidas de que eles são reais e resultado de um condicionamento prolongado por meio de disciplinas físicas e mentais rigorosas e austeras. Na verdade, alguns psiquiatras europeus e americanos avançaram a teoria de que qualquer pessoa pode alcançar poderes semelhantes por meio da prática.

Há um trecho de *Mind, Medicine and Metaphysics* (Mente, Medicina e Metafísica), de Sir William Brown, que tem uma semelhança surpreendente com os princípios do ioga:

> Você pode aprender a controlar músculos involuntários, estômago, coração, o que você quiser. Acredito que podemos obter cada vez mais poder sobre as diferentes partes do nosso corpo por meio do nosso sistema nervoso simpático, se nos dedicarmos a isso e se realizarmos certa quantidade de autotreinamento. Você só pode se convencer disso se o fizer por si mesmo.
>
> Isso não é hipnose, é um desenvolvimento e aumento genuínos do poder da vontade sobre o corpo. Pode-se influenciar a própria digestão, batimentos cardíacos, processos de eliminação e funções gerais de quase todas as partes do corpo por resolução e calma determinação. O importante é evitar esforço espasmódico, alcançar relaxamento muscular e mental; imaginar o sucesso com certeza e tranquilidade e então afirmá-lo com convicção.

É amplamente conhecido que os iogues são capazes de realizar essas habilidades e muito mais. Embora práticas extremas, como ser "enterrado vivo" ou deitar em uma "cama de pregos", não façam parte da verdadeira prática do ioga e sejam desaprovadas pelos filósofos iogues autênticos, alguns que se desviaram do caminho ascético por causa de interesses no espetáculo foram capazes, por meio da autossugestão, de induzir estados de catalepsia extrema para se enterrarem em caixões. Um estado semelhante de catalepsia autoinduzida ou auto-hipnose extrema também pode ser utilizado para deitar em uma cama de pregos. Pessoalmente, testemunhei um iogue de 27 anos chamado Shambhu Nath Yadava, campeão de luta livre da província de Uttar Pradesh, demonstrando esse feito em Benares.

Yadava estudou ioga por nove anos, concentrando-se em um exercício iogue chamado *Kumbhak*, pelo qual ele aprendeu a "endurecer" o corpo e os nervos para deitar na cama de pregos. Não havia dúvida sobre a autenticidade de sua demonstração, nem sobre a agudeza dos longos pregos que foram inseridos na tábua – com a ponta afiada para cima – na qual ele se deitou. Posteriormente, seu dorso nu estava com as marcas dos pregos, mas a pele não foi perfurada. Ele afirmou não ter sentido qualquer dor e disse que as marcas dos pregos desapareceriam em duas ou três horas. Yadava não faz demonstrações para entretenimento. Ele começou os exercícios de endurecimento *Kumbhak* para se manter fisicamente em forma, pratica quinze ou vinte minutos por dia e realiza o feito da cama de pregos apenas como um hobby!

Alguns iogues aparentemente também aprenderam a arte do controle psicossomático da temperatura corporal. Por exemplo, por meio de certa técnica de respiração e fixando seus pensamentos em cenas de lugares frescos, como riachos de montanha ou picos nevados, eles são capazes de manter-se frescos, mesmo no clima mais quente. Os lamas do Tibete fazem o mesmo em sentido inverso, concentrando os pensamentos no sol quente ou em fogueiras, o que os ajuda a suportar os invernos rigorosos vivendo em cavernas entre montanhas cobertas de neve e vestidos apenas com roupas de algodão – ou completamente nus.

Está claro que a intensa autossugestão, ou auto-hipnose, desempenha um papel importante nas disciplinas físicas e mentais dos ascetas religiosos orientais, embora muitos adeptos do ioga talvez não estejam cientes disso.

A palavra "ioga" tem origem sânscrita e significa "união". Na antiga filosofia hindu, o ioga é um sistema de prática ascética, meditação e concentração mental, com o objetivo de alcançar a purificação espiritual e a união com o divino. K. T. Behanan é um conhecido estudioso contemporâneo de ioga, nascido no leste da Índia e bolsista da Universidade de Yale, onde realizou dois anos de estudo em primeira mão sobre a disciplina do ioga na Índia. Sua tese sobre o assunto lhe rendeu um título de doutorado.

Behanan descreve os iogues como indivíduos sóbrios e sensatos, dotados de equilíbrio e perspicácia, que irradiam um poder tranquilo e têm a capacidade de desfrutar da vida e de ser bem-humorados, apesar das austeridades autoimpostas.

O ioga é um dos seis sistemas clássicos de filosofia originários dos ensinamentos upanishádicos da antiga Índia. É um sistema psicológico, moral e físico de treinamento projetado para emancipar o indivíduo das necessidades, desejos e vontades que são comuns ao homem, e para desenvolver estados incomuns de consciência.

O iogue neófito passa por uma longa série de exercícios mentais, físicos e respiratórios graduados na crença de que, por meio dessas práticas, a mente pode ser elevada a níveis muito superiores ao normal, com o objetivo de alcançar a experiência mística suprema.

Existem muitos tipos de práticas e crenças de ioga, mas uma das mais conhecidas e respeitadas é a *Rajah Ioga*, devido à profundidade de sua filosofia e à solidez de muitas de suas práticas. Sua filosofia tem origem no mais antigo dos sistemas filosóficos indianos – o *Samkhya* – e evoluiu para uma forma de metafísica religiosa que muitas pessoas ocidentais consideram superior à metafísica de outras grandes religiões do mundo. O treinamento em ioga é um processo longo e difícil, que envolve várias etapas, incluindo posturas meditativas difíceis e às vezes semiacrobáticas (*asanas*), exercícios respiratórios complicados e exercícios mentais especializados. Alguns desses exercícios incluem:

a) *Pratyahara,* ou "retirada dos sentidos", é uma técnica que ensina o iogue a controlar e limitar as informações sensoriais que entram na mente.

b) *Dharana*, ou "concentração". Não se trata apenas de focar em um único ponto, como no sentido ocidental da palavra. É uma prática que envolve treinar a mente para se fixar em um objeto, som ou ideia específicos, e sustentar essa concentração por um período prolongado.

c) *Dhyana*, ou "contemplação", é o estado em que o iogue começa a perceber aspectos mais sutis e profundos dos objetos de sua meditação. Neste estágio, a mente do iogue está concentrada em um único ponto, mas não se prende a ele.

d) *Samadhi*, ou "transe", é o objetivo da prática de ioga. Embora muitos tentem alcançá-lo, poucos conseguem. Existem cinco estágios de *Samadhi*, e o último é conhecido como *Kaivalya*, ou "libertação completa". Nesse estágio, a mente do iogue transcende completamente o mundo físico e alcança um estado de êxtase transcendental. É aqui que muitos iogues relatam ter experimentado percepções "superconscientes" e transcenderam o espaço e o tempo. Esta fase, mais do que qualquer outra, deu origem à crença equivocada nos poderes de percepção extrassensorial dos iogues.

Behanan, que tem experiência em treinamento iogue na Índia e é simpático à prática, enfaticamente nega e desdenha a associação de "fenômenos psíquicos" com ioga. Ele aponta que a maioria das experiências relatadas de ilusões, alucinações, visões, levitações e outros "milagres" místicos dos iogues não é diferente das experiências de seus "companheiros espirituais" no Ocidente, que, em estados de relaxamento completo, podem experimentar sensações de "flutuação" ou levitação. Behanan acrescenta que a maioria dessas experiências "sobrenaturais" pode ser atribuída a causas físicas, negando assim a crença generalizada nos poderes de percepção extrassensorial do iogue.

Fisiologistas acreditam que algumas das mesmas formas estranhas de atividade mental, como ilusões, alucinações e "visões", que podem ser produzidas artificialmente por estimulação química e elétrica do cérebro, também podem ser produzidas naturalmente, como os iogues aparentemente fazem, por meio de condicionamento prolongado e com muita ajuda da autossugestão ou auto-hipnose.

Isso enfatiza novamente o importante papel da hipnose na pesquisa do cérebro e da mente, ou mais precisamente o papel da sugestão mental. Pois os iogues já demonstraram muitas vezes o que podem fazer com seus poderes de sugestão mental altamente desenvolvidos.

De que forma e por qual mecanismo cerebral a simples ação de *pensar* (ou a concentração, a contemplação, a meditação ou mesmo a pura ausência de pensamentos) pode produzir o mesmo tipo de ilusões mentais que podem ser ativadas por estimulação artificial de certas áreas do cérebro com eletrônicos e drogas? Há ampla evidência de que bebidas e drogas intoxicantes foram usadas por muitos místicos de civilizações antigas para criar "visões" e outras experiências místicas. No entanto, os iogues são estritamente proibidos de usar bebidas e drogas intoxicantes pelo simples motivo de que elas podem causar esse tipo de experiência.

Embora no processo de alcançar o estado de *Samadhi* o iogue possa desenvolver, de fato, poderes físicos verdadeiramente sobrenaturais ou experimentar alguns dos chamados "fenômenos psíquicos", estes são, como afirmou Behanan, "meras distrações a serem superadas. Não são presentes, mas obstáculos". O transe do ioga, embora seja, sem dúvida, uma fonte de grande felicidade e inspiração para aqueles que o alcançam, é interpretado na psiquiatria moderna como auto-hipnose.

"O processo de hipnose compreende vários estágios que variam desde leve sonolência até profundo transe. De maneira semelhante, o ioga tem suas graduações de experiência", escreve Behanan.

Embora haja algumas diferenças entre a hipnose e o transe do ioga, é importante destacar uma semelhança impressionante apontada por Behanan:

> É bem conhecido que a hipnose pode ser induzida por meio de fixação do olhar em um objeto ou pelo foco exclusivo em uma ideia. Esse monoideísmo tem um paralelo no ioga durante o período meditativo, quando o iogue busca eliminar da mente tudo, exceto o objeto minúsculo de concentração.

Se o fenômeno da telepatia for genuíno, é razoável esperar que o iogue seja capaz de demonstrá-lo. Esse é um dos motivos do atual interesse dos cientistas russos no místico iogue indiano – além, é claro, dos seus outros poderes demonstráveis de controle físico e mental.

Durante minha visita à Rússia, não encontrei russos praticando ioga como uma moda, o que tem sido observado nos Estados Unidos nos últimos anos. No entanto, havia indicações de que cientistas soviéticos engajados em pesquisas sobre telepatia estavam interessados em estudar os iogues, e isso foi confirmado na Índia pelo Dr. H. N. Banerjee, diretor de pesquisa em parapsicologia no estado do Rajastão.

O Dr. Banerjee foi a Moscou em 1962 como convidado "não oficial" de um grupo de cientistas soviéticos interessados em ioga. Posteriormente, assumiu a coordenação de um programa de intercâmbio de pesquisa iogue com os russos. Quando eu estava na Índia, no início de 1963, ele me disse que alguns iogues já haviam sido enviados a Moscou para serem observados em laboratório e que estavam sendo feitos arranjos para uma equipe de cientistas soviéticos visitar a Índia para estudar as práticas iogues.

Banerjee é um ex-professor de filosofia da Universidade Federal do Rajastão e um dos principais pesquisadores da Índia no campo da parapsicologia. Atualmente, é diretor do Departamento de Parapsicologia da Universidade do Rajastão, em Jaipur. Ele colaborou com o Dr. Ian Stevenson, presidente do Departamento de Psiquiatria e Neurologia da Universidade da Virgínia, em estudos de casos relatados de reencarnação, e com o Dr. Hiroshi Motoyama, diretor do Instituto de Psicologia Religiosa em Tóquio, em estudos de psicologia profunda do ioga em relação às funções mentais e autônomas do sistema nervoso.

Em parte devido ao crescente interesse nos fenômenos mente-cérebro, a Índia está estabelecendo o primeiro centro de pesquisa institucionalizado e apoiado nacionalmente para o estudo científico da atividade mental. O programa foi instituído por dois ramos do governo indiano: a Comissão de Subsídios Universitários e o Ministério da Educação.

O Dr. D. S. Kothari, presidente dos departamentos de ciências médicas da Universidade de Nova Delhi e chefe da Comissão de Subsídios Universitários, me disse que o novo centro indiano – ainda em fase de planejamento – seria totalmente equipado para "estudos da mente" e que as pesquisas seriam conduzidas por equipes de fisiologistas, biólogos, engenheiros e estatísticos.

Um dos primeiros objetivos do centro, segundo o Dr. Kothari, seria o desenvolvimento de métodos experimentais melhores para estudar a mente. Ele disse:

> Não podemos depender apenas da metafísica. Precisamos de respostas experimentais. [...] Sabemos que há uma relação entre a mente humana, o sistema nervoso e a lógica matemática, mas parece que há uma lógica externa e uma lógica interna. A máquina computacional funciona com base na lógica externa da mente humana, que é comunicável, e levamos milhares de anos para descobrir isso. Agora parece que há uma lógica interna inerente ao processo evolutivo. Poderemos levar mais alguns milhares de anos para encontrar o elo entre a lógica externa da mente humana, na máquina do computador, e a lógica interna inerente ao processo evolutivo. Pode ser que desvendemos esse mistério em algum outro planeta, mas deve ser feito de acordo com leis físicas, não metafísicas.

Sobre a questão de saber se os iogues têm a faculdade da telepatia ou outras formas de percepção extrassensorial, ele deu a mesma resposta dada por quase todos os cientistas: "Se a percepção extrassensorial realmente existe, ainda está para ser descoberta".

Na bela Cidade Rosa de Jaipur, fui hóspede por um tempo no palácio do governador. O Dr. K. Sampurnanda, governador do estado do Rajastão, é um estudioso do sânscrito e do ioga há trinta anos. Foi ele quem me deu uma das interpretações mais significativas do ioga e sua relação com a percepção extrassensorial:

> O iogue não desenvolve a percepção extrassensorial. O que às vezes é confundido com extrassensorial é puramente sensorial, uma extensão e um desenvolvimento

altamente refinado dos órgãos e poderes sensoriais normais que são latentes em todos nós, se quisermos desenvolvê-los. Quanto à percepção, a fisiologia do iogue não é diferente das demais. Não há um novo conjunto de nervos envolvidos. A percepção do iogue não é diferente da percepção comum, exceto que alguns se tornam hipersensíveis.

Isso só pode ser explicado no contexto do ioga. De acordo com a filosofia do iogue, os sentidos são muito mais poderosos do que normalmente os percebemos. O ser humano se desenvolveu e evoluiu como é hoje porque está sujeito a certos desejos. Seu aparato psicológico e fisiológico é condicionado para a satisfação de seus desejos; assim, ele faz um uso muito limitado e selecionado do poder de seus sentidos. Há coisas que ele não deseja ouvir, coisas que ele não deseja ver. Ele usa seus órgãos sensoriais apenas para satisfazer seus desejos.

A natureza é uma grande economista. Ela não dá o que não precisa ser usado. Na prática do ioga, há muitas restrições impostas ao praticante. Ele deve praticar uma estrita autodisciplina e subjugar seus desejos tanto quanto possível. Portanto, por meio de uma grande prática, e às vezes dolorosamente, ele pode, pouco a pouco, ganhar uso desses poderes sensoriais que jazem adormecidos pela falta de uso. Alguns de seus órgãos sensoriais se tornam hipersensíveis. Os poderes da visão e da audição voltam automaticamente com maior força. Não é como se eles estivessem mortos; eles estavam lá o tempo todo. Mas normalmente não são usados em sua capacidade máxima.

A pessoa que realmente domina esses poderes é o iogue. Mas os poderes que lhe chegam não são quaisquer poderes de percepção adicionais ou extrassensoriais, nem sexto ou sétimo sentido. São seus próprios poderes sensoriais normais desenvolvidos pela autodisciplina até estágios mais elevados de sensibilidade do que na maioria das pessoas.

Poderiam os poderes sensoriais altamente desenvolvidos do iogue ser aproveitados para uso prático, como a "comunicação biológica de longa distância" ou telepatia, como os russos esperam?

O belo rosto do Dr. Sampurnanda parecia refletir a austeridade e a sabedoria impenetrável de todos os tempos enquanto ele respondia gentilmente:

> A abordagem do iogue é, em grande parte, completamente diferente da abordagem de um pesquisador. A prática do ioga não é mantida para o desenvolvimento de poderes psíquicos, físicos ou qualquer outro tipo de poder. Esses poderes são apenas obstáculos para o progresso espiritual e podem ser usados para fins ruins. O discípulo iogue nunca é informado sobre quais poderes ele desenvolverá, nem está interessado em ajudar alguém a desenvolver poderes semelhantes. Pode-se afirmar definitivamente que o único objetivo do verdadeiro iogue é o progresso espiritual em direção à autorrealização.

É possível presumir que essa filosofia definitivamente poderia ser um obstáculo nos estudos russos sobre o ioga.

PARTE III

A RACHADURA NA BOLA DE CRISTAL

por Norma Lee Browning

CAPÍTULO 8
Os sensitivos que eu conheci

Pouco tem sido estabelecido cientificamente na área dos fenômenos psíquicos. Com o crescente interesse científico em telepatia, torna-se mais importante do que nunca saber como separar o verdadeiro do falso, o físico do metafísico, o natural do sobrenatural e o sensato do absurdo. O desafio do desconhecido às vezes obscurece essas fronteiras.

Na Universidade de Oxford, sede do aprendizado e das causas perdidas, estudantes de uma "unidade de pesquisa psicofísica" estão sendo subsidiados para "pesquisar" a projeção astral ou as "experiências extracorpóreas". Por muitos anos, ingenuamente presumi que a projeção astral havia desaparecido com Madame Blavatsky, cujo duplo espiritual flutuava frequentemente em um país enquanto ela, em carne e osso, estava em outro. Tais fenômenos foram associados no passado a alguns famosos médiuns e pacientes de instituições psiquiátricas.

Atualmente, fantasmas, antes tidos como vagantes apenas em cemitérios ou visões de leitos de morte, têm sido objeto de investigação por estudiosos dedicados às habilidades psíquicas em centros de aprendizado e cultura. Os *poltergeists*, pequenos espíritos barulhentos e travessos que supostamente derrubam lustres e louças, também estão experimentando um novo auge de popularidade.

Algumas das minhas melhores amizades são com "sensitivos". Um deles é psiquiatra em Nova York e participa regularmente de sessões de Ouija para se comunicar com o espírito de um falecido professor de psicologia de Harvard. Outro me disse recentemente: "Se pudéssemos convocar uma reunião com cerca de cinquenta dos melhores sensitivos do mundo em uma espécie de conferência de cúpula e todos eles se concentrassem por uma semana para ler a mente de Khrushchev, poderíamos interromper a marcha do comunismo". Educadamente concordei que talvez fosse uma ideia interessante a explorar. Conheço muitos sensitivos que me garantiram que para escrever um livro basta entrar em transe e deixar que as "inteligências superiores" assumam o controle, em um fenômeno conhecido como "escrita automática". Eles me disseram que muitos manuscritos maravilhosos foram feitos dessa forma, e sinto muita inveja disso.

Meu único problema com todos esses sensitivos, "médiuns" e "psíquicos" é que ou eles acabaram de perder seus "dons" ou simplesmente não estão conectados adequadamente ao espírito cósmico para demonstrá-los quando apareço.

Alguns dos médiuns mais amplamente divulgados dos tempos modernos incluem o falecido Edgar Cayce, de Virgínia, que supostamente podia prever o futuro ou diagnosticar e tratar doenças a distância enquanto em estado de transe hipnótico; Arthur Ford, um médium que entrava em transe e ganhou fama da noite para o dia por supostamente ter "quebrado" o código de Houdini em 1929; e dois famosos clarividentes holandeses, Peter Hurkos e Gerard Croiset.

Edgar Cayce, postumamente, é um dos médiuns mais influentes da história recente, com seguidores fiéis em todo o país e, segundo relatos, gerando um grande volume de negócios na venda de "leituras de vida", bem como diagnósticos psíquicos e curas por correspondência. As leituras de vida de Cayce abordam uma variedade de temas, desde terapia sem uso de drogas até a Atlântida perdida. Na crescente lenda de Cayce, não há dúvida sobre sua sinceridade, e ele criou uma teia indestrutível de encantamento até mesmo entre os céticos. Infelizmente, morreu antes de eu começar minha própria jornada cósmica. Só posso relatar que um importante sensitivo, que o conhecia bem, me disse: “Cayce quase me matou, pois diagnosticou erroneamente minha úlcera”. No entanto, é difícil abalar a fé de um crente de Cayce.

Muitos consideram Arthur Ford o maior médium vivo e afirmam que ele desvendou o famoso código de Houdini. Eu teria acreditado nisso também, se não fosse por um repórter, um dos últimos a entrevistar a Sra. Houdini antes de sua morte, em 1943.

Harry Houdini, o famoso mágico, foi um dos mais fervorosos “desmascaradores” de médiuns em sua época. Ele afirmava que todos os médiuns eram fraudulentos e usava sua incrível determinação e suas habilidades físicas e mentais para expor todo o movimento espiritualista. Antes de sua morte, em 1926, ele deixou uma mensagem amplamente divulgada de que, se houvesse algo no mundo espiritual, ele entraria em contato com sua esposa com uma mensagem em código que apenas ela seria capaz de decifrar. O último desejo de Houdini foi que sua esposa tentasse contatá-lo em uma sessão espírita. Se um médium pudesse fornecer as palavras do código, ele disse, então o espiritualismo seria comprovado.

Em 9 de janeiro de 1929, jornais em todo o país publicaram uma história que afirmava que o médium espiritualista Arthur Ford havia recebido uma mensagem em código do espírito de Houdini. No entanto, há evidências de que houve arranjos prévios entre a Sra. Houdini, Arthur Ford e a imprensa. Além disso, não era segredo que a Sra. Houdini e Arthur Ford eram bem conhecidos. Toda a questão foi discutida publicamente na imprensa nacional, e, anos depois, Beatrice Houdini admitiu em seu leito de morte que nunca havia entrado em contato com seu marido falecido. Essa informação também foi amplamente divulgada na época. Mas os anos que passam podem turvar as lembranças que temos das manchetes do passado.

E quanto aos dois famosos clarividentes holandeses? Bem, tive sessões esclarecedoras com ambos, Peter Hurkos e Gerard Croiset, mas, para interpretá-las corretamente, é importante primeiro entender o clima para habilidades psíquicas na Holanda.

O povo holandês manifesta grande interesse por fenômenos psíquicos e sobrenaturais. No início de 1919, um jovem alemão chamado Rubini fez algumas performances "telepáticas" em muitas cidades holandesas e despertou enorme interesse do público. Um jovem estudante da Universidade de Groningen estava presente em uma dessas apresentações e afirmou a seus colegas que poderia fazer o truque de telepatia tão bem quanto o alemão. E ele realmente fez.

O estudante foi posteriormente identificado como o melhor objeto de estudo sobre percepção extrassensorial da Holanda. Na verdade, foi o interesse público em telepatia e nesse estudante em particular que levou à fundação da Sociedade Holandesa de Pesquisa Psíquica. A sociedade foi criada com o objetivo expresso de conduzir experimentos com o estudante e outros indivíduos que alegavam ter habilidades psíquicas. Professores das principais universidades holandesas, psiquiatras e proeminentes espiritualistas foram convidados a fazer parte do conselho da organização, que seguiu o padrão da Sociedade de Pesquisa Psíquica Inglesa, fundada em 1882, e enfrentou os mesmos desafios psíquicos.

Havia discussões constantes entre os espiritualistas e não espiritualistas, um problema comum de muitos grupos de pesquisa psíquica, bem como brigas pessoais dentro do conselho. O falecido H. J. F. W. Brugmans, um dos pioneiros do grupo holandês e secretário do conselho da organização, ficou tão cansado das brigas que renunciou ao cargo em 1935. Curiosamente, ele também ficou em silêncio sobre suas experiências anteriores, cujos relatórios agora fazem parte da literatura clássica em pesquisa psíquica. Quando lhe foi apontado que o sucesso do estudante nos experimentos de percepção extrassensorial poderia ter sido devido ao "automatismo motor" ou a movimentos involuntários, Brugmans não respondeu.

O interesse público em habilidades psíquicas na Holanda continuava forte, mesmo que não houvesse um consenso acadêmico sobre o assunto. Além disso, havia artistas de palco que apresentavam truques notáveis e que atraíam a atenção da imprensa em toda a Europa. Nos anos 1940, um evento misterioso envolvendo telepatia foi amplamente divulgado.

A história veio à tona depois de um concerto de música clássica, durante o qual dois solistas sofreram colapsos lamentáveis no meio de suas apresentações, e a orquestra cambaleou em suas notas, o que atraiu críticas dos editores de música. A artista convidada parecia estar bem, até que de repente ela se levantou, estendeu os braços e gritou para a plateia: "Não consigo me lembrar de nada. O que há de errado comigo?".

Um dos outros solistas, cuja técnica geralmente era impecável, perdeu a memória no meio de uma parte; outro membro da orquestra ficou nervoso e tocou sua parte incorretamente porque, como ele relatou mais tarde, sentiu algo estranho no ar.

De alguma forma, espalhou-se a história de que o desastre musical foi causado por um telepata que teria ganhado uma aposta com três amigos, desafiando-se a interromper o concerto com seus poderes de concentração telepática. Segundo relatos, ele teria comparecido ao evento, sentado na plateia e simplesmente se concentrado – tendo sucesso em seu intento. Além disso, houve rumores em Roterdã de que esse mesmo indivíduo teria parado um trem usando telepatia, simplesmente colocando seus poderes psíquicos de concentração para atuar no homem que puxou a corda responsável pela parada.

As autoridades iniciaram uma busca pelo suposto telepata responsável por ter arruinado o concerto sinfônico e deixado toda a Holanda perplexa. A imprensa holandesa e britânica divulgou uma detalhada cobertura da busca, incluindo a informação de que um dos solistas havia sofrido torturas em um campo de concentração alemão e, como resultado, às vezes sofria de lapsos mentais, e que a artista convidada também periodicamente sofria perda de memória e havia sido tratada por problemas de saúde. No entanto, o grande mistério de telepatia que manteve o público holandês enfeitiçado por semanas provavelmente foi criado por um agente de imprensa clarividente e, como é comum nos casos psíquicos, nunca foi completamente "resolvido".

Agora vem a nova reviravolta – mistérios resolvidos pela clarividência.

O palco estava montado, a plateia ansiosa, quando Peter Hurkos e Gerard Croiset fizeram sua estreia como "clarividentes solucionadores de crimes".

Croiset foi bem-sucedido com a *intelligentsia* psíquica devido à sua colaboração com o professor W. H. C. Tenhaeff, que é extremamente respeitado em círculos sérios de fenômenos psíquicos como diretor do Laboratório de Parapsicologia da Universidade de Utrecht.

Por outro lado, Hurkos foi severamente criticado pelos parapsicólogos por seu "desvio dos caminhos cientificamente corretos da moderna pesquisa psíquica". Ele nunca submeteu sua psique a testes de cartas e dados de percepção extrassensorial na Universidade de Duke. Ele também foi criticado por seus "diversificados contatos com americanos".

No entanto, apesar dessa desvantagem, Hurkos tornou-se popular como ídolo da comunidade psíquica na América. Sua história de vida foi amplamente divulgada. Ele afirmava ter sido um pintor holandês que sofreu uma queda grave e bateu a cabeça, enquanto ainda vivia em sua terra natal, e a partir daí desenvolveu habilidades psíquicas. Assim, podia olhar intensamente nos olhos de uma pessoa e avisar: "Tenha cuidado com o seu carro. Você pode ter problemas". Essas afirmações deixavam as pessoas hesitantes.

Até mesmo parapsicólogos respeitáveis ficaram impressionados com a previsão que Hurkos fez em abril de 1959, na qual afirmou que o Los Angeles Dodgers venceria o Milwaukee Braves pelo título da Liga Nacional. As probabilidades contra essa previsão eram de 1.440:1, tornando-a altamente improvável. Quando a previsão se concretizou, os parapsicólogos consideraram isso uma das "melhores evidências de habilidades psíquicas que alguém poderia esperar". A precisão da previsão ajudou a garantir que Hurkos recebesse atenção dos intelectuais no campo da parapsicologia.

Como disse um desses intelectuais: "Hurkos provavelmente tem algum grau de habilidade espontânea extrassensorial, e ele faz um bom uso dela".

Li muito sobre Peter Hurkos e Gerard Croiset antes de conhecê-los pessoalmente. Meu primeiro encontro com Hurkos foi impressionante e quase me fez acreditar em habilidades psíquicas, se eu não tivesse tido uma experiência semelhante com o incrível mestre "mentalista", O Grande Dunninger. É preciso um Dunninger ou um Hurkos para converter os céticos mais resistentes – pelo menos aqueles que ainda não leram sobre os truques comuns utilizados pelos mágicos.

Embora Dunninger se autoproclame leitor de mentes, ele não reivindica nenhum poder sobrenatural e não tem nenhuma afiliação com grupos metafísicos, seja no nível acadêmico ou espiritual.

De fato, ele era regularmente expulso de reuniões espirituais por revelar os segredos dos truques que aprendeu frequentando lugares privilegiados. Como Houdini, ele se vangloriava de que todos os fenômenos espiritualistas produzidos por médiuns poderiam ser replicados usando truques. Ele inclusive anunciou uma oferta permanente de 10 mil dólares para qualquer pessoa que o desmentisse, mas nunca encontrou um desafiante.

No auge da carreira, Peter Hurkos parecia ter habilidades mentais que eram comparáveis às de Dunninger em seu efeito místico sobre a audiência, e muitos estavam convencidos - alguns ainda estão - de que ele tinha pelo menos uma pequena medida de percepção extrassensorial genuína. Com base em minhas próprias experiências, ele parecia tão hábil quanto Dunninger na arte de vasculhar a mente das pessoas. No entanto, se o que ele obteve foi resultado de sua habilidade como mágico ou de seus supostos poderes psíquicos, ainda permanece um mistério para muitos observadores.

Pessoalmente, mantenho uma abordagem cética em relação a fenômenos psíquicos e evito atribuir explicações sobrenaturais a eventos que podem ser explicados por meio de conhecimento especializado.

Hurkos alegou ter uma precisão de 85% em seus poderes psíquicos; no entanto, ao analisarmos mais a fundo, isso pode ser atribuído a uma combinação de adivinhação comum, boa leitura de psicologia e generalizações vagas. Por exemplo, ao olhar para o relógio de alguém, ele pode dizer: "Esse é um bom relógio, mas vejo que houve um reparo na mola".

Ao me encontrar com Peter Hurkos pela primeira vez, decidi levar um envelope de fotografias de vítimas de alguns dos casos de assassinato mais conhecidos em Chicago, uma cidade marcada por crimes não resolvidos. Ao examinar cada imagem, Hurkos esfregou delicadamente as pontas dos dedos, enquanto gotas de suor começaram a aparecer em seu rosto. Sua expressão de horror aumentou à medida que ele fez algumas surpreendentes suposições clarividentes, a maioria das quais já havia sido descrita em detalhes sangrentos na imprensa diária.

Um psiquiatra me disse: "Não há absolutamente nenhuma dúvida sobre os poderes incomuns de Peter Hurkos. Acho que com o tempo ele será reconhecido como um dos homens mais talentosos e dotados dos tempos modernos". No entanto, há muitos que acham que alguns psiquiatras deveriam examinar a própria cabeça.

Também conversei com o chefe do esquadrão de homicídios em uma cidade onde Hurkos já trabalhou em casos criminais. "Não acredito nessas coisas", ele me disse, "mas esse cara tem algo. Não posso dizer que ele realmente ajudou a resolver algum crime, mas ele apresenta coisas que fazem você tremer. E, por favor, não mencione meu nome. Vão pensar que eu sou louco."

Quem já ouviu falar de um policial que não quer que seu nome seja mencionado em uma história?

Mas algo sempre me intrigou: se todos os clarividentes são tão bons quanto afirmam ser – e como muitos os consideram –, por que eles não estão ricos investindo no mercado de ações?

Também me pergunto por que os holandeses parecem ter mais casos de pessoas com habilidades psíquicas do que outras culturas. E, o mais importante, por que tantos médiuns são incapazes de prever seus próprios problemas pessoais e exercer um controle melhor sobre a própria vida?

Com grande expectativa, apertei a campainha no número 21 da rua Willem de Zwygerlaan, em Utrecht. O nome na placa de latão brilhante à esquerda da porta era GERARD CROISET, que por muito tempo, confidencialmente, tinha sido meu ídolo no campo da percepção extrassensorial. Se alguém tivesse o "dom", deveria ser Gerard Croiset, pensei, inspirada em momentos de irracionalidade por tudo o que tinha ouvido e lido sobre ele.

Embora cética por natureza e treinamento, não sou exceção à regra de desejar mais do que usar a razão. Um impulso básico da humanidade (e também da feminilidade, é claro) é acreditar no místico, e algumas pessoas procuram realidades para apoiar suas crenças. Por vários anos, nutri um desejo secreto de conhecer Gerard Croiset. O momento havia chegado.

As luzes da mansão de Croiset estavam acesas, mas ninguém atendia a campainha, então resolvi entrar. Segui por um corredor, virando à esquerda por uma porta que dava para uma sala vazia. Na extremidade oposta, avistei outra porta de onde saíam luzes e vozes, e bati, primeiro de forma tímida e depois com mais força. Repentinamente, a porta foi aberta com certa impaciência por um homem esguio e musculoso, com cabelos castanho-avermelhados, olhos azuis sob sobrancelhas espessas e uma das mãos apoiadas na maçaneta enquanto conferia seu relógio de pulso. Era claro que minha chegada o interrompera em um negócio importante, e ele parecia bastante irritado. Embora não se encaixasse na imagem que eu havia criado de Gerard Croiset, instintivamente soube que era ele.

Ele rapidamente me levou a uma sala ampla, com cerca de cinquenta cadeiras de madeira com encosto reto ao redor das paredes, a maioria ocupada por mulheres. Indicando um assento vago, ele falou rapidamente em sua língua nativa para a plateia.

Uma mulher se aproximou e sentou-se ao meu lado. "Você fala inglês?", ela perguntou. "O doutor pediu que eu me sentasse ao seu lado. Ele disse que este é o horário das mulheres. Depois do jantar, será a vez dos homens."

No centro da sala havia uma grande cadeira revestida de couro verde-escuro com apoio para os pés, que parecia ser um equipamento médico para examinar pacientes. Croiset girou nos calcanhares e estalou os dedos para as mulheres em um gesto que aparentemente significava "quem é a próxima?". Uma mulher pálida e roliça avançou e se sentou na cadeira. Com os olhos fechados e a cabeça inclinada para cima, como em oração, Croiset começou a massagear as têmporas da mulher, depois o pescoço e os ombros, depois os quadris e as coxas, e assim por diante, até os tornozelos.

Minha intérprete se inclinou e sussurrou: "Poliomielite. Muito grave. Ela está muito melhor agora".

"Qual é o nome do doutor mesmo?", perguntei, apenas para ter certeza.

"Dr. Croiset", ela sussurrou. "Ele é maravilhoso."

Nesse momento, Croiset retirou a mulher da cadeira e a colocou de pé. Ele fez um rápido movimento ascendente na coluna dela, como se estivesse tocando um teclado de piano, culminando em um grande final no pescoço, deu um pequeno tapinha na parte posterior e depois balançou os braços em um arco, estalando os dedos novamente. "Próximo!", ele disse, dedicando cerca de dois minutos para cada paciente.

Em determinado momento, enquanto se agachava para tratar uma paciente, Croiset olhou para mim com um largo sorriso e piscou. Então, ele fez uma pergunta para a mulher sentada ao meu lado, que traduziu: "Ele quer saber o que você está pensando". Isso parecia um pouco peculiar vindo de um dos maiores clarividentes do mundo, mas murmurei educadamente, tentando mostrar entusiasmo: "Incrível!".

Croiset é conhecido por tratar um grande número de pacientes em sessões de "cura espiritual", o que aparentemente lhe rende muitos milhares de *guilders* (moeda da Holanda) por ano. Ele tem uma programação variada que inclui uma hora para crianças, uma hora para mulheres, uma noite para homens, bem como sessões especiais para grupos mistos, grupos empresariais e outras categorias diversas.

A mulher ao meu lado compartilhou que havia um ano vinha fazendo um tratamento com o Dr. Croiset e já se sentia completamente curada. Quando questionada sobre o problema que a afligia, ela respondeu:

"Eram meus nervos. Eu estava acabada e sofrendo com dores no rosto. Mas agora me sinto ótima."

Curiosa, perguntei: "Então por que ainda continua vindo para os tratamentos?".

"Eu sei que vou piorar se parar de vir", ela respondeu. "O Dr. Croiset é um médico maravilhoso, está tudo em suas mãos. Ele tem ondas eletromagnéticas nelas..."

Croiset tinha apenas alguns momentos antes de o próximo grupo chegar para a sessão de cura espiritual. Mas ele se dispôs a responder algumas perguntas. Quando perguntei sobre seu trabalho na solução de casos criminais, ele apontou para o telefone e o gravador e disse: "Isso é para o trabalho policial. Mas já não faço muito disso. Não há pagamento para esse tipo de trabalho." Ele piscou novamente para mim e acrescentou: "Agora faço curas, principalmente".

Enquanto isso, deixei meu grande envelope pardo na mesa dele de maneira deliberada e casual, contendo fotos de algumas das vítimas de assassinato mais conhecidas de Chicago – e outras menos conhecidas. Também o vi, de modo "casual e proposital", chegar perto e sentir o envelope. Quando estava prestes a sair, ele disse: "Você tem fotos de três meninos, não é?".

"*Como* você sabia?", perguntei admirada.

"O envelope. Você me viu tocá-lo? Eu posso sentir. É o poder psíquico. Você também tem a foto de uma menina."

Ele me deu alguns detalhes psíquicos sobre o caso Schuessler-Peterson em Chicago, no qual três meninos foram brutalmente assassinados, e sobre o caso amplamente divulgado do assassinato de Judith Anderson, que nunca foram resolvidos. Infelizmente, nem mesmo Croiset, com seus poderes psíquicos, conseguiu resolvê-los. Meu envelope continha realmente fotos dos meninos Schuessler e Peterson, de Judith Anderson, das irmãs Grimes e outros envolvidos nos mais conhecidos casos criminais de Chicago.

Certamente, qualquer pessoa na Holanda poderia acompanhar os casos mais famosos de assassinatos e desaparecimentos da América, especialmente quando os americanos pediam ajuda e forneciam detalhes. O envelope também continha fotos de pessoas envolvidas em alguns casos menos conhecidos, mas Croiset não fez nenhum comentário sobre isso. Perguntei a um dos clarividentes que solucionavam crimes se ele era membro da Sociedade Holandesa de Pesquisa Psíquica. Ele respondeu: "Oh, não. Sou apenas membro da Sociedade Gerard Croiset". Ele explicou que essa era a sociedade que "trabalhava" com o professor Tenhaeff. No entanto, ele próprio só se dedicava ao "trabalho policial", sem se envolver em cura.

O trabalho de cura de Croiset pode ser mais bem descrito em suas próprias palavras. Ele escreveu extensivamente sobre si mesmo, e a maioria dos seus trabalhos foi publicada em forma de panfleto e em uma revista holandesa chamada *The Paranormal Healer* (O Curador Paranormal). Consegui cópias dessas publicações e as mandei traduzir.

Segundo Croiset, um curandeiro espiritual ou paranormal é dotado de uma percepção extrassensorial especial que lhe permite se comunicar com os outros de forma paranormal. Ele afirma que sua personalidade está intimamente ligada aos seus poderes de percepção extrassensorial. Essas pessoas são chamadas de *diagnosticadores psicoscópicas*, capazes de perceber causas motivadoras sem precisar estudar formalmente a história passada e interligações. Se tais pessoas têm também o dom de reunir novamente as interligações deslocadas desses princípios, são chamadas de curandeiros paranormais ou espirituais, ou ainda, como dizemos hoje, mesmerizadores.

"Um curandeiro espiritual não está, de certa forma, aprisionado pela sua forma humana", escreveu Croiset. "Ele se eleva e, por vezes, consegue vivenciar um pouco do Amor Divino quando sua percepção está ativa. Quanto mais o curandeiro consegue transformar a inconsciência em consciência, mais ele pode auxiliar seus semelhantes."

No entanto, há alguns tópicos discutidos em suas publicações que não são sobre ele, como a radioatividade e a poluição do ar, além de assuntos diversos como "A erva do mês", a importância da vitamina D na dieta diária e "experiências visionárias em sonhos" – tudo embrulhado em uma linguagem obscura e atemporal que sempre atraiu as mentes crédulas.

Depois de deixar Croiset, dirigi-me à Universidade de Utrecht para encontrar o professor W. H. C. Tenhaeff. No entanto, não havia escritório ou laboratório listado em seu nome, e foi somente após uma busca minuciosa que encontrei suas salas em um prédio de escritórios a algumas quadras do campus. Depois de esperar na porta por algum tempo, uma secretária apareceu e me disse para voltar em uma hora.

O professor, um homem rechonchudo e elegante com barba e monóculo, me cumprimentou com o aviso de que não gostava de jornalistas e só me daria quinze minutos. No entanto, mesmo em tão pouco tempo, ele forneceu as respostas de que eu precisava. Quando perguntei sobre o trabalho de Croiset, ele o descreveu como “notável” e acrescentou que havia “descoberto” Croiset e desenvolvido suas habilidades de percepção extrassensorial. Ele também revelou que trabalhavam juntos em experimentos de laboratório.

Ele não se limitou a descrever a natureza exata de seus experimentos de laboratório, mas enfatizou que os testes de cartas PES eram antiquados e que ele agora estava focado principalmente na “cura”. Na Universidade de Utrecht, procurei pelo registro do professor e descobri que ele não lecionava parapsicologia ou qualquer outra disciplina na universidade. Além disso, soube que seu salário não era pago nem pela universidade nem pelo governo holandês, mas sim por um “patrocinador” – a Sociedade Holandesa de Curadores Espirituais.

Croiset e Tenhaeff não se saíram bem nos relatórios oficiais das organizações que investigaram suas atividades.

Uma delas é o Comitê Belga para Investigação Científica de Fenômenos Considerados Paranormais, uma organização notável e bem estruturada, composta por cerca de quarenta membros ativos e cem membros associados, incluindo cientistas, advogados, criminologistas, estudiosos, médicos, matemáticos e outros – e um chefe de polícia. Diferentemente de muitos pesquisadores psíquicos, o Comitê aborda o paranormal a partir do ponto de vista da ciência, e não como um estudo do sobrenatural. Seus esforços para investigar objetiva e cientificamente os fenômenos que emergem do ocultismo são notáveis e muitas vezes ignorados. O Comitê tem trabalhado para trazer a público os resultados dessas investigações, prestando um serviço importante na área de pesquisa paranormal.

Durante minha visita a Bruxelas, conversei com alguns dos membros do Comitê, incluindo S. Moulinasse, um coronel aposentado do Exército, e o Dr. M. J. Bessemans, professor de medicina e cirurgia, ex-reitor da Universidade de Ghent e professor na Escola de Criminologia e Detecção Científica de Bruxelas. A organização, que recebe apoio financeiro de fundações científicas, investigou mais de 1.500 experimentos, que variavam desde a mesa giratória até a clarividência, e os tipos dos experimentos foram adaptados aos diferentes casos em investigação. Qual foi o resultado total?

"Os resultados são sempre negativos", eles me disseram.

A declaração oficial em seu relatório afirma: "Até o presente momento, nenhum dos experimentos completos sob o controle do comitê mostrou evidência clara de fenômenos paranormais. Pelo contrário, todas as tentativas falharam... A única preocupação do comitê é reconhecer a verdade".

Infelizmente, essas conclusões raramente têm impacto sobre os crentes em fenômenos psíquicos. O impacto do trabalho de Tenhaeff e Croiset continua com entusiasmo. De fato, sua influência agora se estende até a África do Sul, onde parapsicólogos da Universidade de Rhodes estão estudando telepatia, psicometria e algo que chamam de "psicoscopia" – uma palavra que, admitidamente, pegaram de Croiset.

Ao que parece, enquanto um casal de pesquisadores psíquicos da África do Sul estava pesquisando com Tenhaeff e Croiset em Utrecht, Croiset demonstrou ainda outro de seus muitos talentos notáveis, analisando dramaticamente o conteúdo de um manuscrito do século 16 sem sequer abrir o livro. Ele apenas tocou nas laterais. Nesse experimento, ele se referiu a si mesmo como "psicoscopista", o que impressionou os sul-africanos – se acreditarmos em tudo o que é publicado nos jornais de pesquisa psíquica.

Caso ainda haja alguma dúvida sobre a eficácia dos clarividentes na solução de crimes, uma confirmação escrita do chefe de polícia de Amsterdã pode ajudar a esclarecer a questão:

Em resposta à sua carta, informo que a polícia de Amsterdã nunca cooperou com clarividentes e que não há tendência por parte da polícia holandesa de se conectar com eles. Além disso, não há casos conhecidos de crimes holandeses que tenham sido resolvidos com a ajuda de clarividentes.

CAPÍTULO 9
Em busca de fantasmas

Lamento profundamente nunca ter tido a oportunidade de encontrar um verdadeiro fantasma. Embora tenha ouvido dezenas de relatos fascinantes de aparições, contados por pesquisadores psíquicos como sendo fenômenos paranormais, nunca pude vivenciar uma experiência tão única. É frustrante ouvir as histórias maravilhosas dos sortudos que tiveram o prazer de se deparar com ao menos um, ou até mesmo vários fantasmas.

Por que sou tão azarada?

Fantasmas são, em geral, considerados inofensivos, e não há nada de errado em acreditar na sua existência. Aliás, em muitos círculos de contação de histórias, aqueles que nunca viram um fantasma são vistos como fracassados.

O renomado psiquiatra Carl Gustaf Jung considerava os fantasmas uma parte vital da existência humana. Em suas memórias, ele escreveu: "Por que não poderiam existir fantasmas? Como podemos saber o que é 'impossível'? Eu mesmo acho tais possibilidades extremamente interessantes e atraentes. Elas acrescentaram outra dimensão à minha vida; o mundo ganhou profundidade e contexto".

Os fantasmas que conheci em sessões espíritas foram bastante interessantes. Possivelmente, eles teriam adicionado outra dimensão à minha vida se, posteriormente, eu não tivesse descoberto que tais experiências eram forjadas com truques de lojas de mágica.

Busquei por fantasmas reais em todo lugar, desde a Torre de Londres até o Taj Mahal, sempre na esperança de ver pelo menos algo. Dormi em casas mal-assombradas, sentei-me em lápides há muito esquecidas em cemitérios e examinei solitários campos de batalha iluminados pela lua em busca de algum sinal de um fantasma. Infelizmente, não tive sucesso.

Mas mesmo sem ter conhecido um fantasma real, tive a oportunidade de ouvir histórias fantásticas contadas por amigos que tiveram contato pessoal com essas aparições.

Recentemente, fui convidada para almoçar no Fine Arts Club, em Londres, com uma encantadora senhora de cabelos brancos e grandes olhos azuis que me contou sobre seus fantasmas favoritos. Embora tenha ficado fascinada, em determinado momento não pude deixar de perguntar: "Você quer dizer que realmente viu todos esses fantasmas?".

"Minha querida", ela respondeu, "eu os vi à luz da lua, do dia, do lampião a gás e da lâmpada. Sou psíquica, sabe. Minha família é das Terras Altas da Ilha de Skye, e eu sou a sétima filha de uma sétima filha e recebi o dom de ver. Minha avó costumava ter sonhos e prever o futuro em claras de ovos". Apesar de sua longa associação com fantasmas, ela parecia perfeitamente normal. Era impossível não acreditar nela.

A Torre de Londres, onde ocorreram muitas execuções, é conhecida por ser lar de vários espectros lendários. Em um incidente recente, uma sentinela na posição número quatro relatou ter visto uma nuvem de fumaça branca sair da boca de um canhão antigo próximo a ele, pouco antes da meia-noite. A nuvem pairou por um momento antes de tomar a forma de um quadrado e depois avançar em direção à sentinela. Assustado, ele deixou sua cabine e chamou o guarda da posição número três, que também viu uma estranha forma de vapor tremendo e se movendo no lado dos degraus que levavam ao topo da parede, mas não parecia humano. Os dois guardas, alarmados, tocaram o sino de alerta, convocando o restante dos guardas, mas, quando eles chegaram, a aparição havia desaparecido.

Explorei a Torre de Londres por um tempo, na esperança de experimentar algo sobrenatural. Eu estava acompanhada pelo renomado especialista em fenômenos paranormais de Londres Guy Lambert e sua ferramenta de detecção de atividades fantasmagóricas.

Lambert é membro da Sociedade de Pesquisa Psíquica de Londres e passou muitos anos rastreando todos os famosos fantasmas que vagam pelos castelos mofados e casas antigas da Inglaterra, derrubando mesas, apagando velas e produzindo sons de batidas, gemidos e lamentos. Sua máquina de detecção de fenômenos paranormais é semelhante a um sismógrafo em uma pequena gaiola, capaz de registrar movimentos sinistros - abalos, tremores e choques - geralmente atribuídos a fantasmas e *poltergeists*.

Depois de todos esses anos procurando fantasmas em casas mal-assombradas, Guy Lambert admitiu com certa tristeza: "Nunca vi um fantasma, acho que não tenho esse tipo de sorte". Além disso, ele removeu a aura de mistério dos fantasmas e os desmistificou com uma hipótese mundana e terrena. Segundo ele, sua causa é estritamente geológica - resultado de rios subterrâneos, córregos e riachos e canos de drenagem entupidos.

Guy explica que existem forças abaixo do solo - não psíquicas - que causam tensão nas estruturas acima do solo. Essa tensão produz rangidos, gemidos, correntes de ar que apagam velas, pressões que abrem e fecham portas e vibrações que derrubam móveis.

Às vezes, a tensão sobre uma estrutura é tão pequena que não se manifesta em perturbações dramáticas, mas é suficiente para causar uma sensação vaga de desconforto em uma ou mais pessoas que vivem dentro da estrutura perturbada. Lambert acredita que essa sensação desconfortável, às vezes precedida por ruídos inexplicáveis, pode fazer com que as pessoas sonhem ou imaginem ver todo tipo de aparições.

Ele me contou sobre uma mulher de Londres que afirmou ter sido assombrada por um fantasma que tossia. Ela chamou seu clérigo, e juntos expulsaram o fantasma. Pelo menos foi o que eles pensaram. Lambert explicou a situação geologicamente. Ele verificou os registros e descobriu que, na data da intrusão fantasmagórica, uma inundação repentina havia perturbado o sistema de drenagem da área. Provavelmente foram os canos de esgoto, não um fantasma, que causaram o ruído semelhante à tosse sob a súbita tensão.

Os londrinos são conhecidos por sua fascinação por fantasmas, e a Sociedade de Pesquisa Psíquica de Londres tem se dedicado intensamente ao estudo desses fenômenos parapsíquicos. A cidade de Londres está situada em um vale com as alturas de Hampstead ao norte e as de Clapham ao sul. Abaixo do solo, há a argila de Londres, que é impermeável. Quando a água viaja subterraneamente pela cidade, ela não consegue percorrer longas distâncias, resultando em barulhos que às vezes são confundidos com sons de fantasmas, de acordo com Guy Lambert.

A Escócia também tem forças subterrâneas responsáveis por seus fantasmas, explicou ele, mas não são forças da água; é uma área com intensa atividade sísmica. Acrescente a isso o amor dos escoceses por fantasmas, que é igual ao dos britânicos, e o resultado são histórias de fantasmas suficientemente arrepiantes para preencher muitos livros.

Lambert é meticuloso em sua pesquisa sobre fenômenos paranormais. Além de sua máquina de detecção de atividades sobrenaturais, ele utiliza gráficos, mapas e dados meteorológicos, e é habilidoso em analisar as relações entre riachos, rios e córregos subterrâneos, por exemplo, com as casas da rua Upper Wimpole ou com o Palácio de Buckingham. Ele também fez estudos minuciosos sobre anos úmidos e secos, estações chuvosas e inundações, em relação a atividades paranormais, remontando a 1868, e descobriu que, quanto mais úmido está o tempo, mais atividades paranormais existem. Em Londres, esses fenômenos parecem preferir os meses chuvosos de outono e inverno, embora haja também um pico no verão em julho e agosto – a temporada de tempestades.

"Chegou a hora de buscar observações detalhadas no lugar mais provável, ou seja, no subsolo, e não mais concluir que todos os fenômenos fantasmagóricos são mentiras, truques ou 'agentes psíquicos'", diz Lambert.

Além disso, ele não concorda com a teoria amplamente aceita de que mortes violentas, como assassinato, suicídio ou alguma outra forma são as mais propensas a deixar uma casa assombrada por fantasmas. Lambert acredita que essa teoria requer uma análise cuidadosa e pode se desfazer sob uma inspeção minuciosa.

Por exemplo, uma das histórias de fantasmas mais famosas de Londres tem como cenário a casa de Sir Christopher Wren em Hampton Court Green, um antigo palácio. Sir Christopher construiu a casa, que fica perto do rio Tâmisa, e, de acordo com a história, morreu em agonia. Na noite de sua morte, as mulheres da casa ouviram barulhos no andar de baixo, que logo identificaram como caixões pulando. No aniversário de sua morte, os barulhos dos caixões surgiram novamente, e muitas pessoas juraram que os ouviram.

"Bobagem! Em primeiro lugar, Sir Christopher não morreu naquela casa, ele faleceu tranquilamente em sua carruagem a caminho do centro de Londres", diz Guy Lambert. "Em segundo, os registros mostram que na noite de sua morte ocorreram terríveis inundações ao longo do Tâmisa, o suficiente para colocar grande pressão nas antigas tubulações daquela casa. Você consegue imaginar os rangidos, gemidos e o barulho nas escadarias?"

Na tradição das histórias de fantasmas, apesar da visão de Guy Lambert, o papel da violência é tão enfatizado que muitas pessoas aceitam como verdade a teoria frequentemente difundida de que todos os fantasmas são de pessoas que tiveram fins trágicos.

O fantasma de Abraham Lincoln na Casa Branca talvez tenha oferecido mais credibilidade a essa teoria do que qualquer outro. A Sra. Eleanor Roosevelt, cujo quarto antigamente pertencera a Lincoln, relatou que muitas vezes sentia a presença de outra pessoa parada atrás dela, mas, quando se virava para olhar, não havia ninguém. O ex-presidente Harry Truman às vezes ouvia batidas na porta do seu quarto, no meio da noite. Elas eram frequentemente altas o suficiente para acordá-lo de um sono profundo, mas, quando ele abria a porta, não havia ninguém.

Uma tarde em 1934, Mary Eban, membro da equipe da Casa Branca, uma garota inteligente e equilibrada, foi enviada para realizar uma tarefa no segundo andar. Dois minutos depois, seu grito atravessou o ambiente tranquilo da Casa Branca e fez outros membros da equipe correrem até ela. Mary estava pálida e tremendo de medo. Ela alegou ter visto Abraham Lincoln sentado em sua cama calçando as botas. Outras empregadas e mordomos da Casa Branca também afirmaram ter visto Lincoln em várias ocasiões.

Lincoln não é o único presidente cujo fantasma retornou para assombrar a Casa Branca, embora seja o mais visto. Outros são Andrew Jackson, Ulysses S. Grant, William Howard Taft e Woodrow Wilson. Será que os cinco presidentes que ainda assombram a Casa Branca têm alguma qualidade especial que não é compartilhada por outros ex-presidentes? Possivelmente, de acordo com uma teoria aventada em 1893 por Thomas Jay Hudson, doutor em filosofia e letras, cujo livro *The Law of Psychic Phenomena* (A Lei dos Fenômenos Psíquicos) ainda é considerado um clássico em sua área.

A explicação de Hudson para a existência de fantasmas inclui três premissas básicas:

(1) O poder de criar fantasmas reside e é inerente à mente subjetiva ou à personalidade do homem.

(2) O poder se torna maior à medida que o corpo se aproxima do momento da morte.

(3) No momento da morte, ou quando as funções do corpo são completamente suspensas, o poder é maior.

"Por isso", ele conclui sucintamente, surgem os "fantasmas". Em uma análise posterior sobre fantasmas, ele declara:

> Não é verdade que todos os fantasmas sejam de pessoas que morreram de forma violenta. Pelo contrário, muitos dos fantasmas mais autênticos são de pessoas que morreram em idade avançada e naturalmente. Mas é verdade que aqueles que encontraram a morte de maneira violenta são muito mais numerosos.
>
> (...) O primeiro fato que parece ser universal e ter significado é que *todos os fantasmas são de pessoas que morreram em circunstâncias de grande estresse mental ou emocional.* [Grifos do Dr. Hudson.] Ninguém cuja morte foi pacífica e tranquila, ninguém que deixou esta vida sem nenhum anseio ou desejo insatisfeito presente na mente no momento da morte jamais projetou um fantasma no mundo dos vivos.
>
> (...) A força, persistência e objetividade do fantasma parecem estar em exata proporção com a intensidade da emoção experimentada no momento da morte.

Os fantasmas aparentemente têm uma variedade de formas e tamanhos. Em Londres, Guy Lambert, julgando-os apenas por relatos, os agruparia em dois tipos: aqueles que são tão realistas que não parecem fantasmas e aqueles que se vestem com lençóis. Já Arthur Conan Doyle, um grande crente em todos os fenômenos psíquicos, organizou os fantasmas em grupos de acordo com suas habilidades: aqueles que falam por meio de médiuns, aqueles que escrevem em lousas (um dom chamado de escrita automática), aqueles que operam tábuas Ouija e aqueles que só podem fazer barulhos no escuro.

Mas com base em inúmeros incidentes registrados, os fantasmas podem assumir outras formas: aqueles produzidos por uma mente sonolenta, e esse tipo de aparição pode se apresentar na forma de uma vaca, um cervo, uma casa ou algum objeto comum ou familiar que na verdade não está lá. Mais precisamente, a palavra para isso é alucinação, um estranho fenômeno mental que, por ocorrer no período transitório entre o estado de vigília e o sono, é chamado de sonho hipnagógico. Essas alucinações são tão reais que já causaram acidentes nas estradas e erros em plantas industriais.

Em um relatório para a Associação Americana de Psicologia, Alfred L. Moseley, da Escola de Saúde Pública de Harvard, falou sobre 33 motoristas de caminhão que viajavam longas distâncias e experimentaram tais alucinações. Um motorista capotou o veículo tentando evitar uma vaca que não estava lá. Outro viu manadas de mulas com arreios brilhantes cruzando a estrada, enquanto outro viu uma grande mansão colonial atravessando a estrada e tombou seu caminhão em um barranco de seis metros de profundidade para evitá-la. Outros viram gado, veados, troncos na estrada e milhões de aranhas vermelhas no para-brisa.

A explicação psicológica é que essas alucinações são criadas pelo desejo do motorista de parar porque está cansado – então ele vê coisas que o fazem parar.

Há outra explicação psicológica para os fantasmas, especialmente aqueles vistos na infância. É chamada de *imagem eidética* - uma capacidade rara de reter imagens mentais vívidas e detalhadas por um período prolongado de tempo e com vivacidade incomum, que muitas crianças podem projetar com uma clareza que se aproxima da alucinação visual. Está relacionada com a imagética da memória e da imaginação, e é comparativamente rara em adultos, embora seja bastante comum em crianças. No entanto, alguns adultos estão firmemente convencidos da realidade dos fantasmas - assim como de sua própria relação psíquica - por causa de aparições que viram na infância como resultado da imagem eidética.

Uma mulher em Milwaukee, Wisconsin, por exemplo, me enviou um relato detalhado sobre seus poderes psíquicos, que - como na maioria dos casos - começaram na infância. Em sua carta, ela escreveu:

> Por cerca de dez a quinze anos agora, meu receptor mental tem estado sintonizado clara e frequentemente. Vi meu próprio fantasma aos doze anos, depois de uma operação de amígdalas, e pensei que havia morrido. Meu fantasma estava pairando acima da porta do quarto do hospital, e, embora minha família estivesse parada em frente à porta enquanto eu estava me vendo, não os notei. Minha mãe perguntou: "Edna, você não nos reconhece?". Quando olhei de novo, meu fantasma havia desaparecido. A partir desse momento, nada mais me surpreendeu.

É provável que, apesar das tentativas científicas e pseudocientíficas esporádicas de atribuir aos fantasmas explicações terrenas e lógicas para a sua existência, nada destruirá a sua popularidade fenomenal. O fato é que os verdadeiros cientistas estão ocupados demais - ou pelo menos deveriam estar - para se preocupar em investigar assombrações, e eles não estão mais perto agora de uma explicação racional para esses fascinantes "fantasmas" do que estavam há cem anos. Os fantasmas já foram responsabilizados por tudo, desde truques, histeria e indigestão até neblina, correntes de ar, corujas e ratos. Mas aquele que realmente acredita em fantasmas não encontra nenhum fundamento nessas racionalizações, nem acredita em qualquer hipótese que sugira que fantasmas possam ser apenas alucinações, sonhos hipnagógicos, imagens eidéticas ou pressão da água subterrânea em encanamentos.

Nenhuma teoria, por mais convincente que seja, será capaz de substituir uma boa história de fantasma contada ao redor de uma fogueira. Um dos poderes indiscutíveis da mente humana é a crença em suas próprias ilusões. Por milênios, na busca eterna do homem pelo sobrenatural, os fantasmas ocupam um lugar de destaque e reinam supremos no reino dos desejos, superando a razão.

Os fantasmas são tão populares que, mesmo após séculos, ainda despertam interesse e fascinação, alcançando até mesmo o reconhecimento acadêmico em instituições renomadas, como a Universidade de Cambridge, na Inglaterra. Lá, pesquisadores dedicam-se a investigar o "fator psíquico sutil" daqueles que acreditam em fantasmas, demonstrando que esse fenômeno ainda é objeto de estudo e reflexão para muitos.

Os não iniciados que viajam pelo mundo dos fenômenos psíquicos devem pisar na selva alfabética lentamente, um passo de cada vez.

Sabemos que PES significa percepção extrassensorial e PK é usado para se referir à psicocinese – a suposta movimentação de objetos apenas pela força de vontade ou de outra forma sem meios físicos.

Chegamos agora ao RSPK, na sigla em inglês para "psicocinese espontânea recorrente", um termo sinônimo de *poltergeist* na mente de pesquisadores sérios de fenômenos psíquicos. *Poltergeists* eram muito mais divertidos antes dos parapsicólogos começarem a chamá-los de RSPK.

Os dicionários Webster ainda definem *poltergeist* como uma palavra alemã derivada de *polter* (ruído) e *geist* (fantasma) – ou seja, "um fantasma barulhento; um espírito que surge como explicação para barulhos de batidas e outros ruídos inexplicáveis".

Um *poltergeist* é um espírito barulhento que permanece invisível, mas manifesta sua presença lançando objetos, virando coisas de cabeça para baixo, girando lustres, louças e até caixões, fazendo travessuras e causando confusão.

Não há nada mais emocionante para um editor de jornal do que receber uma história sobre *poltergeists*. Eles são tão populares nos dias de hoje quanto eram há 1.600 anos, quando os moradores da vila de Bingenam-Rhein, na Alemanha, no ano de 355, foram aterrorizados por uma manifestação repentina de pedras lançadas, batidas e golpes dados por uma "força invisível". Muitos relataram ter sido puxados de suas camas à noite pela mesma "força".

A causa do distúrbio, nunca determinada, por fim foi atribuída ao demônio e seus seguidores. É o mais antigo caso de RSPK registrado no mundo, embora no ano 355 ainda fossem conhecidos como *poltergeists*.

Em 1962, ocorreu o caso amplamente divulgado dos objetos voadores em Portsmouth, Virgínia, na casa do Sr. e da Sra. Charles Daughtery. Um pequeno vaso em uma prateleira chocou-se contra uma parede no corredor depois de contornar uma esquina aparentemente por conta própria. Outro vaso, sobre uma máquina de costura no corredor, caiu no chão três ou quatro vezes, e uma garrafa de loção capilar voou pelo ar e atingiu a Sra. Daughtery na parte de trás da cabeça.

Pesquisadores de parapsicologia foram enviados para investigar e consideraram os fenômenos "típicos das atividades de *poltergeists*", com objetos flutuando sem motivo aparente e a presença de um adolescente na casa (neto).

Poltergeists, assim como crianças, são travessos e barulhentos, e sua ocorrência quase sempre envolve um adolescente, embora pesquisadores psíquicos insistam que o RSPK é um fenômeno paranormal.

O *poltergeist* não é um fantasma comum. Dentro de certos limites, não há quase nada que essa entidade espiritual não possa fazer. Ele tem um padrão de comportamento peculiar: fogos são misteriosamente acesos, músicas são tocadas, sinos soam, janelas são quebradas, pratos são estilhaçados, móveis são derrubados, roupas de cama são arrancadas do colchão, e há muita levitação.

Até mesmo as habilidades de dança de Nijinski foram atribuídas à levitação do RSPK. Nijinski, considerado o maior dançarino da história, tinha a capacidade de voar pelo ar com facilidade, além de parecer permanecer no ar por mais tempo do que qualquer outro dançarino. O famoso historiador inglês Sacheverell Sitwell, cujo livro *Poltergeist* é um dos clássicos da vasta literatura sobre o assunto, cita os feitos de Nijinski como evidência de *poltergeists*. Ele aponta que Nijinski parecia ficar imóvel no ar por uma fração de segundo no auge do seu salto, como se desafiasse as leis da gravidade, e depois descia em uma trajetória lenta e atrasada. Quando questionado sobre isso, o único comentário de Nijinski foi dizer que "era simples". Não há evidências de que Nijinski considerasse seu ato paranormal.

Relatos recentes de *poltergeists* incluem o de uma família de Baltimore que escapou de tigelas de açúcar voando e garrafas explodindo, um casal de Iowa que encontrou seu sofá e geladeira virados, uma família de Louisville cujo álbum de fotos flutuou pelo ar e uma família em Wilmington, Illinois, cuja filha foi atingida por um repolho que voou. Em todos os casos, havia um adolescente vivendo na casa.

O Dr. Nandor Fodor, psicanalista e pesquisador psíquico, define o *poltergeist* como um "pacote de repressões projetadas". Ele aventou várias teorias interessantes sobre o assunto. Uma delas é que o *poltergeist* difere do verdadeiro fantasma: o fantasma assombra uma casa, e o *poltergeist* assombra uma pessoa - geralmente uma menina ou menino na idade púbere. O *porquê* e o *como* desse distúrbio "psicobiológico", o Dr. Fodor admite, ainda são desconhecidos, mas ele o rotulou como "psicose *poltergeist*" e considera uma "perturbação mental episódica de caráter esquizofrênico".

Pesquisadores psíquicos frequentemente citam o famoso caso das perturbações em Newark como "um dos casos de *poltergeist* mais bem documentados dos últimos anos". O caso é tão importante, na verdade, que assumiu o papel de possível evidência de vida após a morte.

W. G. Roll, diretor da Fundação de Pesquisa Psíquica, uma organização dedicada exclusivamente à pesquisa sobre a vida após a morte e que funciona dentro do Laboratório de Parapsicologia da Universidade de Duke, afirmou, em estudo sobre o caso de Newark: "Assumindo que alguns dos distúrbios foram parapsicológicos, este estudo aborda duas áreas de pesquisa sobre vida pós-morte. Os eventos são semelhantes às ocorrências de PK (psicocinese) espontânea que às vezes estão associadas à morte".

As perturbações de Newark foram investigadas por Roll e outros pesquisadores, e não há dúvida de que forneceram um dos casos de *poltergeist* "mais bem documentados" dos últimos anos. O caso foi tão minuciosamente investigado e registrado, de fato, que parece resolver de uma vez por todas a questão de se o *poltergeist* pertence adequadamente à categoria de fenômenos psíquicos ou patológicos.

As perturbações ocorriam em torno de Ernest Rivers, um garoto negro de 14 anos que vivia com sua avó, a Sra. Mabelle Clark, em um conjunto habitacional em Newark, Nova Jersey. O caso teve um duplo significado para os pesquisadores psíquicos: foi a primeira vez que *poltergeists* foram relatados em um conjunto habitacional.

As atividades de *poltergeists* são frequentemente explicadas como sendo causadas por correntes subterrâneas de água, campos magnéticos, distúrbios sismológicos ou outras causas naturais não identificadas. "Uma vez que a atividade (em Newark) se concentra apenas em um pequeno apartamento em um prédio grande, tal explicação parece ser automaticamente eliminada", disseram os pesquisadores de fenômenos psíquicos, que não puderam, no entanto, eliminar automaticamente o garoto como a causa das perturbações. Não havia atividade de *poltergeist* quando Ernest não estava no apartamento.

O caso estourou em maio de 1961 e foi destaque em muitos jornais. Os repórteres que cobriam as perturbações parecem ter sido atraídos tanto pelas supostas assombrações quanto pelas manifestações de destruição.

Pratos voavam pelo apartamento, garrafas eram arremessadas pelas quinas, lâmpadas caíam, luminárias inclinavam-se em um ângulo de 45 graus, açucareiros e saleiros flutuavam pelo quarto e um vidro de mostarda passou girando sobre a cabeça de um investigador (e por pouco não o acertou) e se espatifou contra uma parede.

Autoridades, policiais, especialistas psíquicos e psiquiatras correram para o cenário dos *poltergeists*. Durante uma semana inteira, de 6 a 12 de maio, o público observava de perto. Mas mesmo *poltergeists*, não importa o quão fascinantes sejam, eventualmente precisam abrir mão das primeiras páginas para outras notícias. Portanto, para os leitores, as perturbações de Newark terminaram, como a maioria dos casos de *poltergeist*, exatamente onde começaram - no ar. O mistério ficou "sem solução", mas foi muito divertido enquanto durou.

A sequência da história, que não tem o mesmo apelo para o entretenimento, pode ser encontrada nos arquivos sobre RSPK em Duke.

O jovem assombrado pelo *poltergeist* e sua avó foram levados ao Laboratório de Parapsicologia para observação e testes. As perturbações os seguiram até Durham, até mesmo no hotel, onde as coisas começaram a estourar assim que Ernest chegou. Ele entrou no banheiro e logo se ouviu um estrondo. O dispositivo de iluminação tinha saído da parede. Um copo de água no banheiro também levitou e se partiu em pedaços (o hotel agora usa copos de plástico no banheiro). Até mesmo o Laboratório de Parapsicologia falhou ao tentar impedir as manifestações do *poltergeist*.

Por fim, no entanto, foi criada uma situação de teste na qual os pesquisadores puderam observar Ernest através de um espelho unidirecional, e o que eles observaram, em suas próprias palavras, foram "eventos indicativos de fraude". Ernest foi visto escondendo objetos sob sua camisa e depois jogando-os em sua avó.

Com base nisso, a conclusão parapsicológica foi de que "a fase posterior (em Durham) pode ser explicada normalmente; as primeiras (em Newark) ainda permanecem difíceis de explicar". O exame psiquiátrico revelou uma intensa raiva subjacente dentro do menino em relação à avó; ele estava em um estado de "dissociação mental" quando os fatos aconteceram. As primeiras fases dos distúrbios de Newark, no entanto, ainda são consideradas importantes para a pesquisa sobre vida após a morte, uma vez que nunca foram explicadas.

Assim, parece que PK e RSPK podem continuar sendo os pequenos e animados *poltergeists* diabólicos desde que ninguém os observe através de um espelho unidirecional.

CAPÍTULO 10
Uma mistura de Ouija e afins

Na linha dos entretenimentos mentais, a moda do tabuleiro Ouija é perene. Embora sua origem remonte aos dias em que era interpretado como um oráculo dos deuses, os cultos da metafísica moderna e do espiritualismo o adotaram como um meio de produzir informações oraculares modernas. Mas, como de costume, eles confundem seus anúncios com um discurso obscuro e confuso.

> *Mente subconsciente ou vozes dos espíritos? Quem fala por meio do MÍSTICO TABULEIRO OUIJA? Seja o que for, as respostas são de outro mundo. Investigadores psíquicos renomados reconheceram há muito tempo que o tabuleiro Ouija fornece respostas incríveis - quase inacreditáveis - e verdadeiras.*

Esse tipo de anúncio é comum em revistas destinadas ao público interessado em fenômenos psíquicos, e o preço do tabuleiro Ouija é acessível, custando apenas pouco mais de 5 dólares ("Presenteie um amigo"). De acordo com os anúncios, as respostas fornecidas pelo Ouija são realmente de outro mundo. A questão crucial é se esses "milagres" são produzidos pela mente subconsciente ou pelas vozes dos espíritos. Se os escritores de anúncios psíquicos sabem ou não, essa é a questão crucial.

O verdadeiro fenômeno por trás do Ouija é explicado na psicologia como "automatismo", uma resposta fisiológica automática sob atenção expectante (fenômeno em que a pessoa se concentra intensamente em determinado evento ou objeto esperando ansiosamente que algo aconteça). Esse automatismo pode ser visto na forma de movimentos involuntários e pode explicar muitos dos fenômenos geralmente atribuídos a poderes psíquicos ou espíritos dos mortos. O princípio por trás do Ouija é o mesmo do pêndulo, e, de fato, nos casos em que a fraude pode ser descartada, os efeitos produzidos pelo balanço do pêndulo, pela mesa girante e pelo tabuleiro Ouija dependem todos de movimentos musculares inconscientes. Na psicologia, eles são conhecidos como "movimentos ideomotores".

Qualquer pessoa pode testar a existência de movimentos ideomotores por si mesma, suspendendo um anel ou qualquer outro objeto de peso similar na extremidade de um fio fino com cerca de 25 centímetros de comprimento. Será impossível manter o anel completamente imóvel nessa posição. Não importa o quanto se tente, sempre haverá um leve movimento devido aos movimentos involuntários da mão. Os movimentos ideomotores são responsáveis pelo "sucesso" reivindicado em muitos experimentos de telepatia e clarividência; e o truque popular de leitura da mente, às vezes, é apenas a habilidade altamente desenvolvida de percepção de pequenos movimentos musculares.

Embora a popularidade da tábua Ouija e do pêndulo possa ser explicada por meio da psicologia e fisiologia modernas, suas raízes estão no ocultismo. O ocultismo é a base de todas as práticas psíquicas, tanto antigas quanto modernas. Quando uma pessoa tem uma mente preconcebida e acredita em uma teoria, ela geralmente encontra o que procura no caminho. Para aqueles que acreditam na comunicação espiritual, o tabuleiro Ouija se tornou uma ferramenta útil.

Homens da Ilha de Beqa, em Fiji, preparam o lovo, ou fogueira, para a sua famosa caminhada sobre o fogo. A caminhada sobre brasas incandescentes é praticada na Índia e em outros países, mas apenas os fijianos de Beqa caminham sobre pedras incandescentes.

Aqui os fijianos caminham descalços sobre as pedras incandescentes. Os cientistas atribuem sua imunidade a queimaduras à autossugestão ou auto-hipnose induzida pela fé.

Norma Lee Browning em Western Arnhem Land, Austrália, com um grupo de aborígenes pintados para um corroboree, *ou cerimônia. Os aborígenes são mestres na arte da comunicação silenciosa ou não verbal, e se comunicam por meio de bastões de mensagens, linguagem de sinais, sinais de fumaça e, aparentemente, telepatia.*

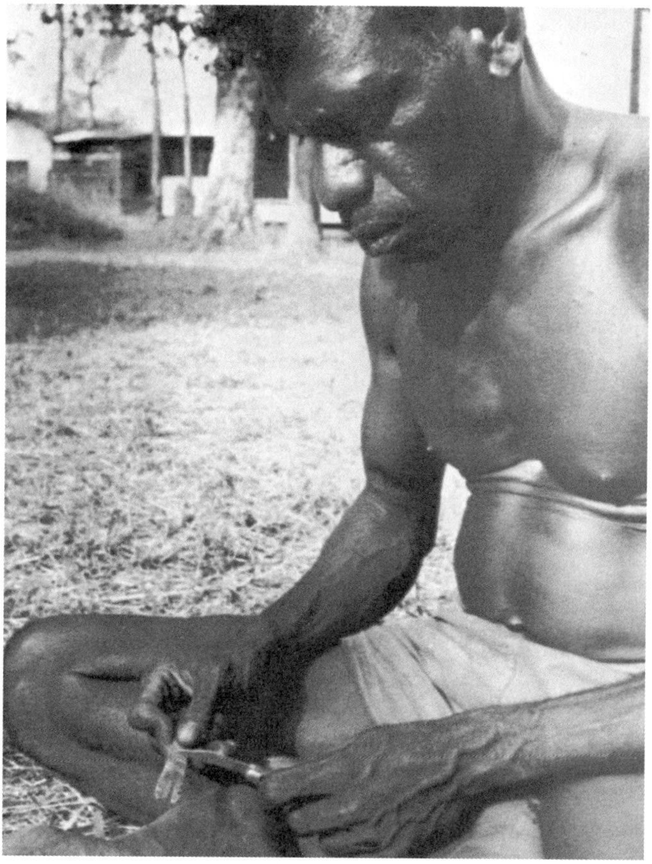

Michael, um líder Kunapipi em Nourlangie, um campo de búfalos no rio Alligator, em Western Arnhem Land, Austrália, esculpe um bastão de mensagens para Norma Lee Browning entregar ao cunhado dele, Johnny, em Manangrida, a cerca de 240 quilômetros de distância.

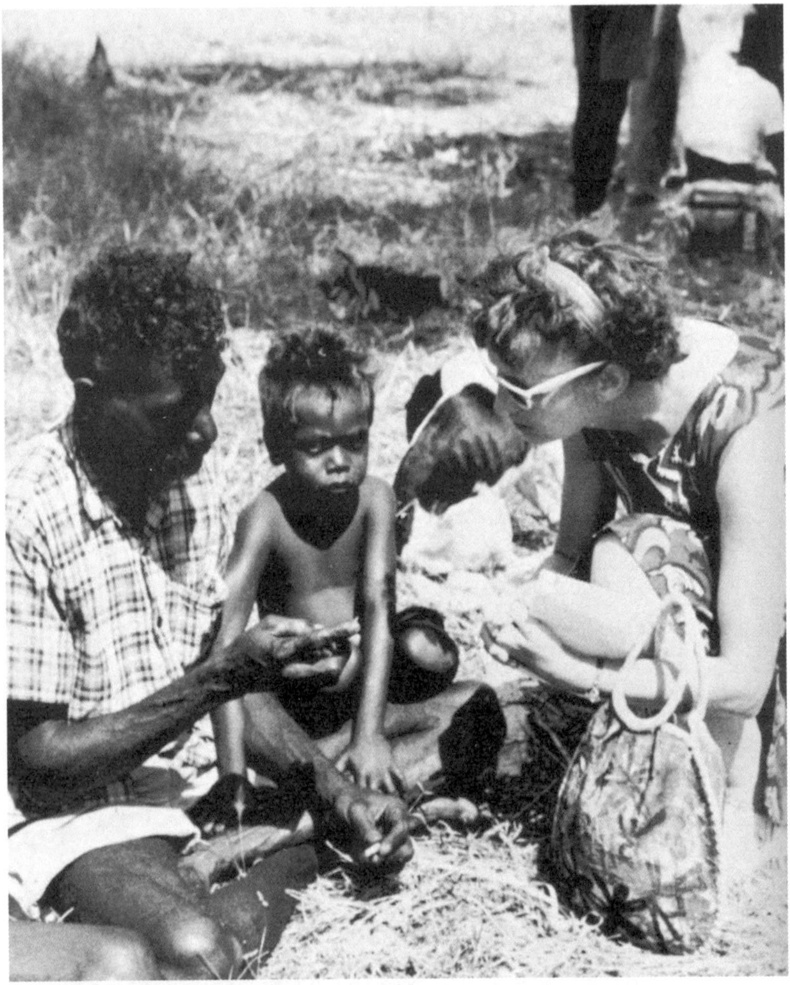

Aqui Johnny lê o bastão de mensagens trazido por Norma Lee Browning, enviado por Michael. Os bastões de mensagens são um mistério para os não nativos, mas os aborígenes conseguem ler as linhas e seus entalhes como se fossem letras.

O tabuleiro Ouija ou seu ancestral pêndulo têm uma longa história e foram usados ao longo dos tempos desde a Europa até a China. Uma das primeiras referências registradas ao pêndulo foi feita pelo historiador bizantino Marcellus, que relatou que, na época do imperador Valens, vários homens foram condenados à morte por tentarem adivinhar o nome do sucessor do imperador usando um método que envolvia suspender um anel sobre as letras do alfabeto em um círculo, semelhante ao layout do tabuleiro Ouija moderno. Esse método, utilizado pelos antigos romanos, era lento e raramente é usado atualmente. Em círculos espiritualistas, um método semelhante, e popular, era suspender por um fio um pêndulo ou um anel sobre um copo vazio e fazer perguntas aos espíritos – uma batida no lado do copo significava "não", e duas batidas significavam "sim".

As alegações feitas sobre o pêndulo eram tão grandes e variadas quanto aquelas feitas sobre o ímã. De fato, o pêndulo, sob a moderna roupagem de "radiestesia", tornou-se ainda mais popular do que a tábua Ouija como instrumento de significado psíquico.

A história do Ouija é repleta de eventos interessantes. Do anel balançando lentamente no círculo do alfabeto dos antigos romanos, o Ouija evoluiu para a cidade de Hydesville, Nova York, onde as famosas irmãs Fox, Margaret, Katharine e Leah estavam criando a nova onda psíquica – conhecida como espiritualismo – com seus "*rappings*" (batidas ou pancadas). As brincadeiras das irmãs Fox não apenas inauguraram o grande movimento americano do espiritualismo (em 1848), mas também iniciaram os ruídos de batidas que eram ouvidos por toda parte. As reuniões para ouvir os "*raps*" se tornaram populares em Londres e Paris, além da América, e médiuns prosperavam produzindo mensagens codificadas de espíritos falecidos para clientes crédulos. As irmãs Fox estabeleceram um código de comunicação com o espírito batendo uma vez para "não" e três vezes para "sim". No entanto, quarenta anos depois, elas confessaram publicamente que as batidas eram produzidas pelas articulações de seus joelhos e dedos dos pés. As irmãs Fox não foram as únicas a se envolver em fraudes no mundo da mediunidade. Outros médiuns famosos da história também foram desmascarados por suas artimanhas. Em 1867, Margaret Fox causou sensação ao afirmar que era a esposa de Elisha Kent Kane, que havia morrido uma década antes.

Mas elas criaram um mercado para as tábuas Ouija.

Na maravilhosa tradição do estranho mundo espiritual, um eminente cientista sucumbiu ao feitiço de uma das irmãs Fox e desenvolveu uma comunicação com espíritos usando uma combinação engenhosa de tábua e mostrador, que viria a ser conhecida como Ouija moderna. Seu nome era Robert Hare, professor de química da Universidade da Pensilvânia, e ele geralmente é creditado como o inventor do primeiro tabuleiro Ouija – uma palavra derivada do francês *oui* e do alemão *ja*, ambos significando "sim". A credulidade do professor Hare era evidente em seus experimentos de comunicação espiritual, considerados por ele os mais importantes de sua vida.

Apesar de ter sido ridicularizado por seus amigos e colegas, ele insistiu que seus experimentos eram feitos em condições de "testes", e sua fé em médiuns nunca foi abalada. A forma de Ouija desenvolvida por Hare passou por vários refinamentos. Um deles foi o chamado "espiritoscópio", e outro é a *planchette* ("prancheta"), ainda amplamente usada em círculos espirituais para escrita automática.

Na verdade, não há nada de extraordinário ou psiquicamente fenomenal sobre a "escrita automática". Uma datilógrafa, por exemplo, que concentra toda a atenção em transcrever suas anotações ou em decifrar uma caligrafia ruim opera sua máquina de escrever automaticamente. O pianista que toca uma melodia enquanto canta ou conversa com outra pessoa toca automaticamente.

O termo "escrita automática" implica a habilidade de escrever de forma inteligível sem a direção da atenção consciente. Alguns *automatistas* versáteis são capazes de manter uma conversa enquanto escrevem prosa ou mesmo poesia, aparentemente sem perceber o que estão escrevendo.

Os psicólogos afirmam que o verdadeiro automatismo psicológico não é incomum e pode, na verdade, ser desenvolvido pela maioria das pessoas que têm tempo e paciência para praticar. Testes realizados pela Dra. Anita Muhl, uma experiente psiquiatra, comprovaram, por exemplo, que é possível treinar a maioria das pessoas "normais" e equilibradas para escrever automaticamente em condições adequadas. A Dra. Muhl usou a escrita automática como forma de terapia para seus pacientes, embora seus testes não se limitassem a eles. Um de seus pacientes foi capaz de compor músicas automaticamente.

A relação entre a escrita automática e os estados hipnóticos de consciência tem sido observada pela maioria das autoridades no campo da psicologia anormal.

Na mesma categoria e intimamente relacionado à escrita automática está algo que os psicólogos denominam como automatismo verbal e os especialistas em fenômenos psíquicos chamam de glossolalia. A palavra foi criada para descrever o fenômeno de "falar em muitas línguas", supostamente realizado durante um transe mediúnico ou em casos de pessoas histéricas. O automatismo verbal incontrolável é um fenômeno comum entre os psicóticos e pode ser observado em casos de distúrbios neurológicos e psiquiátricos. De fato, a fronteira entre os chamados fenômenos psíquicos e os fenômenos associados aos psicóticos parece, às vezes, ser desconcertantemente tênue.

Um exemplo disso é a personalidade múltipla (ou transtorno dissociativo de identidade, como em *As Três Faces de Eva*), que se estabeleceu como uma categoria na psicologia anormal moderna e popular. Na mediunidade, psicografia, glossolalia ou qualquer coisa semelhante, a outra metade de uma "personalidade dividida" assume a forma de um "controle" ou "guia" espiritual - uma reminiscência dos dias de possessão demoníaca e bruxaria. O fenômeno tem suas manifestações psicológicas modernas em transtornos dissociativos e alucinações, frequentemente encontrados em instituições de saúde mental. Não é de se surpreender que as pessoas às vezes fiquem confusas entre o mundo das habilidades psíquicas e o da psicologia.

O pêndulo, que abriu caminho para a era dourada dos fenômenos sobrenaturais, teve muito mais aceitação do que a tábua Ouija entre os crédulos do século 20. Isso se deve em parte às várias teorias "científicas" e jargões peculiares associados a ele. Afinal, quem além do professor Hare consideraria científica uma tábua Ouija? No entanto, quando o pêndulo é usado para radiestesia, quase tudo pode acontecer. A radiestesia é a versão moderna, inspirada pelo pêndulo, de antigas crenças ocultas, e seu culto é difundido e floreado. Os adeptos afirmam ser capazes de adivinhar praticamente qualquer coisa por meio do pêndulo, e suas previsões variam desde diagnósticos médicos até caça ao tesouro e resolução de crimes. Uma escola da radiestesia atribui as oscilações de seus pêndulos e varinhas de adivinhação a uma variedade de misteriosas "ondas", "radiações" e "campos" que emanam dos objetos de adivinhação. Outra escola afirma que todas essas adivinhações se devem ao exercício de forças e faculdades psíquicas como telepatia, clarividência e profecia. A maioria dos adivinhadores que utilizam a água se apega à teoria física de raios e emissões.

De todos os parentes místicos do "clã Ouija", a vareta de rabdomancia tem de longe a maior representação na literatura. A superstição pitoresca da busca de água, representada por séculos na figura de um homem com um galho bifurcado e poderes sobrenaturais, persistiu e ainda é amplamente praticada em uma era considerada científica e racional.

Foi o ilustre químico francês Michel Eugene Chevreul que descobriu pela primeira vez (em 1833) que o movimento do pêndulo mágico dependia de movimentos involuntários, e foi ele quem relacionou o pêndulo, a vareta de rabdomancia e a mesa girante sob a mesma lei psicológica.

Experimentos rigorosamente controlados com supostos radiestesistas têm apresentado resultados quase unanimemente negativos, e suas teorias continuam sem suporte da ciência física moderna. Investigadores cuidadosos deixaram poucas dúvidas de que movimentos ideomotores involuntários são responsáveis por uma ampla variedade de fenômenos psíquicos que vão desde a busca de água com varetas a "Clever Hans" e "Lady Wonder", os cavalos "telepáticos" que *aparentemente* reagiam a movimentos musculares involuntários (ou voluntários?), conscientes (ou inconscientes?) e dicas de seus manipuladores.

O princípio do pêndulo mágico, no entanto, tem sido a base para incontáveis teorias, todas variações do mesmo tema e inspiradas no desejo de acreditar em um "dom especial" – e prontas para enganar o público crédulo.

Um dos melhores exemplos disso nos tempos modernos foi o incrível caso dos radiestesistas holandeses e a epidemia mortal de raios terrestres na Holanda, que ficou tão fora de controle que o governo holandês pediu que uma investigação fosse feita pela Academia Real de Ciências dos Países Baixos.

Começou quando um grupo de radiestesistas holandeses criou uma espécie de propaganda sem sentido sobre a existência de misteriosos raios terrestres. Esses raios terrestres, segundo os radiestesistas, causavam câncer e vários tipos de doenças reumáticas, entre outras. A única maneira de detectar os raios terrestres era por meio de uma vara de adivinhação (um fio metálico fino usado para esse fim), e, se alguém quisesse se manter saudável, a primeira coisa que a pessoa deveria saber era se estava vivendo em cima de um raio terrestre.

É claro que essa informação só poderia ser obtida por um radiestesista, que cobrava altos valores para visitar a casa do cliente com seu dispositivo. Se os raios terrestres fossem detectados (e eles eram encontrados invariavelmente nos quartos, debaixo das camas ou das cadeiras onde os clientes passavam várias horas diariamente - mas nunca nos banheiros), as potenciais vítimas poderiam escapar de doenças como câncer e reumatismo, comprando aparelhos de tela de raios fornecidos pelos próprios radiestesistas, que custavam até cem dólares (sendo que o custo do radiestesista geralmente era de apenas um dólar).

Tudo isso logo se tornou uma fraude generalizada e teve grande influência no público em geral e nas autoridades de alto escalão, levando as pessoas a protegerem suas casas para evitar o risco de desenvolver doenças graves. Edifícios governamentais foram equipados com aparelhos antirraios terrestres a um alto custo, e até mesmo a família real holandesa contratou radiestesistas para detectar os tais raios danosos e buscou proteger-se instalando vários aparelhos. Agricultores, criadores de gado e fazendeiros estavam gastando grandes quantias de dinheiro para evitar problemas nas colheitas e doenças em animais, que os radiestesistas afirmavam ser causados pelos raios. O público holandês, ameaçado por todos os lados pelos misteriosos e mortais raios, começou a entrar em pânico. Foi então que o governo holandês interveio e pediu à Academia Real de Ciências dos Países Baixos que nomeasse um comitê para investigar as alegações dos radiestesistas. Os radiestesistas afirmavam até que podiam dizer quais tipos especiais de doenças os raios produziam contando as voltas que as hastes davam. Os experimentos do comitê não produziram nada além de resultados negativos. Na opinião do comitê, os raios não existiam, eram apenas fruto da imaginação dos radiestesistas.

Após esse veredicto, a epidemia dos raios-terrestres na Holanda diminuiu, deixando mais de cinco mil radiestesistas holandeses chorando por terem sido privados de um negócio muito lucrativo. Mas isso não durou muito tempo. O princípio da haste de adivinhação, o pêndulo, o *doodlebug* (instrumento improvisado para a detecção de metais) e outros dispositivos dependentes da ação motora involuntária poderiam ser usados em outras formas de radiestesia (às vezes chamada de detecção e percepção de rádio) para os que acreditam no sobrenatural e no metafísico.

Em 5 de maio de 1961, na Sala de Palestras do Museu da Universidade de Oxford, na Inglaterra, George W. de la Warr leu um artigo para a Sociedade Científica da Universidade. O assunto de seu tratado científico era "O Poder do Pensamento". No início da leitura, ele alertou seu público: "É bastante evidente que uma ciência inteiramente nova, ainda sem nome, está surgindo, mas ainda sem um lugar para se estabelecer".

De la Warr prosseguiu afirmando que essa nova ciência deveria ser classificada como "parafísica aplicada", e ainda especulou que um dia ela seria reconhecida como "física subatômica".

Ele explicou em detalhes como a parafísica surgiu da combinação entre a radiestesia e a haste de adivinhação, com variações posteriores baseadas nos fenômenos eletrônicos descobertos pelo Dr. Albert Abrams.

As caixinhas pretas de De la Warr são famosas por toda a Europa e são assunto de relatórios de pesquisadores psíquicos e da Associação Médica Americana. De alguma forma, parece ridículo que elas estejam tão solidamente e respeitavelmente estabelecidas em Oxford.

Eu tinha ouvido falar das famosas caixinhas pretas em círculos de pesquisa psíquica por toda a Europa. Ouvi um relato de que os russos tinham roubado uma das caixas para estudar os "princípios da radiônica" para uso em seus experimentos em telepatia de longa distância. Isso me intrigou. Decidi ir a Oxford e verificar tanto o rumor quanto as caixas.

De la Warr e sua esposa contaram-me que um cientista russo os visitara havia algum tempo e, pouco depois de sua partida, eles perceberam que uma de suas caixas pretas havia desaparecido. Ainda que russos a estivessem usando em seus experimentos de telepatia, pode levar muito tempo até que eles façam contato telepático com astronautas ou comandantes de submarinos. Em 1957, a alfândega americana apreendeu um carregamento dessas caixas de De la Warr, e, de acordo com a imprensa, os cientistas que as desmontaram descobriram que estavam cheias de serragem.

Assim como alguns de seus colegas praticantes de radiestesia, radiônica e cura psíquica, o Sr. e a Sra. De la Warr parecem sinceros, e muitos investigadores saíram do laboratório convencidos de que eles realmente acreditam em suas próprias práticas. Eles foram corteses e cordiais comigo, e prontamente me guiaram pelos seus laboratórios, localizados em uma propriedade na periferia da cidade. Os laboratórios consistem em quatro edifícios modernos, decorados com bom gosto e bem equipados com as caixas – centenas delas.

Desde o momento em que entrei no primeiro laboratório, senti-me em casa – depois de me recuperar do choque inicial. As paredes estavam cobertas de pequenas caixas pretas, todas equipadas com botões e mostradores, e estavam, supostamente, emitindo ondas curativas para pessoas a centenas de quilômetros de distância. Eu não esperava vir até Oxford para descobrir que as famosas caixas pretas não eram nada além da famosa "máquina Abrams-Drown", que na América foi denunciada por oficiais do governo por não ter qualquer valor terapêutico. Durante minhas próprias investigações em Chicago, vi várias dessas caixas pretas, mas nunca em um número tão grande quanto em Oxford.

Como as caixas chegaram à parafísica em Oxford pode parecer misterioso para alguns, mas não requer nenhum sexto ou sétimo sentido para descobrir. A senha mágica é o prefixo de quatro letras – *para*. Ele significa: *ao lado, acima, além, à parte, contra*, de acordo com o dicionário, e com uma escolha como essa, "*para*-qualquer coisa" pode incluir praticamente tudo, e, no sentido metafísico, geralmente o faz. O prefixo *meta* significa quase a mesma coisa (*além, transcendendo, superior*), mas saiu de moda; e *para* é um substituto feito sob medida para a abordagem "capelo e toga" do misticismo. Ou seja, *parafísica* e assim por diante.

Quando visitei os laboratórios em Oxford, as caixas estavam de fato sintonizadas em pacientes desde a Suécia até Tanganica, irradiando tratamentos para uma variedade de condições, desde calvície até esquizofrenia e "dor na virilha".

Era fácil ver quem estava sendo tratado e para que, já que o nome e a doença do paciente estavam escritos em um pequeno cartão posto em cima de cada máquina. Fiquei um pouco surpresa, no entanto, ao encontrar um cartão que dizia: "Tangy. Reumatismo nas patas traseiras".

"Oh, tratamos muitos cães, cavalos e gatos", disse Stanley Channon, o diretor do laboratório. "Com os animais, não temos interferência de padrões de pensamento."

Budgy, um periquito, estava recebendo tratamento para letargia. Um cachorro, Angus, estava recebendo ondas de cura a distância para evitar convulsões. Tratamentos a distância eram frequentemente usados para tratar elefantes e tigres doentes em zoológicos, segundo me disseram.

Não é segredo que a caixa preta, com apenas uma gota de sangue, supostamente curou o pequinês de Lady Y da asma, e que um cavalo de corrida pertencente a uma pessoa famosa foi curado de problemas hepáticos a tempo de vencer duas corridas. O proprietário admitiu que todos os cavalos do estábulo haviam sido tratados pela caixa mágica com terapia radiônica a distância. Para curar cavalos de corrida doentes, a caixa milagrosa nem precisa de uma gota de sangue. Ela pode fazer isso com um único fio do rabo do cavalo. Essas revelações foram feitas em um julgamento de fraude contra De la Warr, em 1960, que, segundo relatos de jornais, foi arquivado devido à sinceridade do casal De la Warr e de 36 testemunhas. Uma testemunha contou que a caixa preta havia diagnosticado "hipocondria afetando a área psíquica visual do cérebro de um cavalo de corrida". O cavalo estava com problemas de saúde após vencer uma corrida cujo prêmio era de cinco mil libras, mas melhorou após receber o tratamento da caixa.

Esse caso teve início em outubro de 1958, quando o Sr. e a Sra. De la Warr foram processados por uma mulher que alegou representação fraudulenta. Ela foi descrita como uma mulher solteira com poucos recursos financeiros que, após pagar 110 libras pela caixa e seis guinéus por duas aulas, concluiu que havia sido enganada. Ela esperava estabelecer uma clínica utilizando a caixa preta para tratar os "povos atrasados da Europa e do Oriente Médio", mas não conseguiu fazer a caixa funcionar. Durante o julgamento, foi revelado que uma mulher na África do Sul comprou sete caixas e estava tratando humanos e animais com sucesso. Outra praticante da terapia radiônica de Oxford testemunhou que transmitia tratamento para um tigre e um elefante em um zoológico utilizando pelos de seus rabos. Ela admitiu que o tigre morreu, mas o elefante se recuperou após as transmissões – e após receber tratamento veterinário por dois anos.

O arquivamento do caso contra os De la Warr, envolvendo a sinceridade das pessoas, é semelhante a julgamentos nos Estados Unidos que lidam com práticas médicas não autorizadas. O sucesso dos réus é uma combinação da credulidade humana e do fenômeno genuinamente miraculoso da sugestão. O poder da sugestão é psicológico, podendo criar ou curar doenças humanas, e é a base da medicina psicossomática.

O verdadeiro poder da sugestão pode trazer recuperações dramáticas, portanto, é pouco relevante se pequenas caixas pretas mágicas de múltiplas personalidades estão transmitindo ondas de cura por meio de radiestesia, radiônica ou simples telepatia, desde que a mente que acredita encontre o que busca.

CAPÍTULO 11
Fraude no escuro

Existem muitas razões para o contínuo sucesso e popularidade de falsos espiritualistas e médiuns. Uma delas, é claro, é o desejo humano de acreditar em comunicação com os mortos. Na maioria dos casos, os participantes que são continuamente enganados pelas performances dos médiuns são caracterizados por um desejo básico ou subconsciente de ser enganados – o que decorre de sua intensa vontade de acreditar na vida após a morte.

O espiritualismo pode ser uma fonte valiosa de conforto e consolo para muitas pessoas, ajudando-as a lidar com a morte e o sofrimento de forma mais leve e equilibrada. No entanto, é importante distinguir os excessos que ocorrem em sessões espíritas dos verdadeiros valores do espiritualismo religioso ou cristão. O espiritualismo autêntico pode oferecer uma visão mais profunda da vida e ajudar a pessoa a se adaptar melhor aos desafios que enfrenta.

Mas isso está longe do pântano espiritualista de fraudes e trapaças deliberadas.

Alguns pesquisadores psíquicos ainda argumentam que a comprovação de uma fraude não é necessariamente a prova da inexistência do sobrenatural ou da faculdade psíquica. Eles querem que consideremos que, embora um médium seja detectado em diversas ocasiões praticando truques, os poderes sobrenaturais podem ter sido exibidos em outras ocasiões em que os investigadores falharam em ver como os fenômenos foram produzidos. Em outras palavras, se um médium é bom o suficiente para enganar os investigadores, isso significa que ele tem habilidades paranormais ou psíquicas.

Não é de surpreender que milhares de mentes crédulas continuem a acreditar no sobrenatural quando alguns dos mais inteligentes pesquisadores psíquicos ainda se entregam a interpretações fantasiosas das declarações mediúnicas.

A questão da vida após a morte, da qual a mediunidade é parte integrante, ainda é assunto de pesquisas sérias dentro de universidades modernas. Atualmente, no entanto, ela atingiu um impasse graças a argumentos entre várias correntes de pesquisadores psíquicos quanto à possibilidade de alguns fenômenos sugerindo a vida após a morte poderem ser explicados por clarividência ou telepatia.

Parece óbvio, para qualquer um que tenha participado de uma sessão espírita, que o nível de inteligência dos supostos espíritos é deprimentemente baixo. Pelo menos aquele com quem conversei deveria fornecer a qualquer pessoa razoável um bom argumento contra o suicídio. No entanto, volumes foram escritos tentando estabelecer a prova da sua realidade e da vida após a morte. Esse fato – a concessão de atenção séria e erudita – provavelmente contribuiu tanto quanto qualquer outra coisa para a perpetuação e popularidade das sessões espíritas.

Embora os pesquisadores psíquicos não gostem de admitir, existe um forte paralelo entre o espiritualismo moderno e a bruxaria medieval. As bruxas estavam sujeitas a delírios, alucinações e êxtases frenéticos, que mais tarde se tornaram conhecidos como transe mediúnico. A bruxaria ainda floresce em sociedades primitivas, e seu principal ingrediente ainda é a crença em espíritos e no sobrenatural. Nas Índias Ocidentais, o maior destaque do vodu é sua suposta habilidade de trazer os mortos de volta à vida. Os feiticeiros africanos também são habilidosos em adquirir informações com os espíritos dos mortos. Os aborígenes australianos – como já dissemos antes – são particularmente suscetíveis à magia do feiticeiro. Todas essas práticas têm raízes no xamanismo, um termo genérico que abrange muitos cultos primitivos que envolvem a crença em espíritos e no poder de certos indivíduos de influenciá-los ou comunicar-se com eles.

O termo deriva de xamã, um médico ou "homem de mistérios" da Sibéria, conhecido por suas práticas mediúnicas. Hoje em dia, os antropólogos usam a palavra xamã para designar quase qualquer classe de feiticeiro tribal cuja magia é atribuída, de alguma forma, a práticas destinadas a controlar, aplacar ou de alguma forma influenciar espíritos desencarnados.

Além dos falsos, há outro tipo de médium que muitas vezes é sincero no sentido de que seu transe mediúnico é genuíno. Tais médiuns são geralmente conhecidos como "médiuns histéricos" e normalmente são encontrados mais nos anais da psicologia anormal do que nas sessões espíritas.

Alguns psicólogos afirmam que o chamado "médium histérico" é aquele que apresenta uma maior predisposição para estados de consciência nos quais seus processos mentais normais se desintegram, produzindo um estado mental conhecido como "dissociação histérica". Nesse estado, delírios desconexos e fantasiosos podem tomar conta do indivíduo. Essas também são características de pacientes mentais diagnosticados com esquizofrenia. O médium histérico é, de fato, mentalmente desequilibrado e não mais clarividente ou psíquico do que um esquizofrênico.

Pode-se argumentar que muitos médiuns não histéricos também estão mentalmente desequilibrados. Mas alguns são espertos o suficiente para saber como combinar a destreza e a psicologia do ilusionista e do batedor de carteiras nas sutis artes da fraude e da enganação; e muitos devem agora estar rindo à toa no mundo espiritual com o rastro de imortalidade que construíram para si próprios enganando alguns dos homens mais inteligentes de seu tempo.

Vamos analisar, por exemplo, D. D. Home, cujos clientes incluíam personalidades como Napoleão III, a imperatriz Eugênia da França e Alexandre II da Rússia.

Home afirmou ter descoberto o dom de lidar com espíritos aos 13 anos de idade e, de 1850 até sua morte, em 1886, teve uma carreira triunfante como médium. Embora não recebesse pagamentos em espécie, foi presenteado por clientes em toda a Europa e América. Durante as sessões espíritas, móveis se moviam sem causa aparente, mãos fantasmagóricas apareciam e tanto os móveis quanto o próprio Home flutuavam no ar. As manifestações altamente físicas dos espíritos de Home geraram muita controvérsia em relação à sua validade e autenticidade.

O periódico *Proceedings of the Society for Psychical Research* de março de 1930 é amplamente dedicado a desmascarar as fraudes de Home, que por muito tempo foi conhecido como o alicerce – o começo e o fim – da mediunidade física, com quem o espiritualismo moderno deveria ser comprovado ou fracassar por completo. Durante as sessões de Home, geralmente em salas escuras, membros de sua audiência sentavam-se ao redor de uma mesa com as mãos abaixadas e, frequentemente, segurando objetos – como lenços. Logo um deles sentiria o toque ou puxão de outra mão, supostamente a de um espírito falecido, agarrando o objeto que segurava. Se o objeto fosse um lenço, o membro geralmente encontraria um nó nele durante a sessão.

Pelo menos dois membros da equipe da imperatriz Eugênia descobriram que Home utilizava não só truques manuais, mas também truques com os pés. Seu método era bastante simples. Um relato assinado afirma:

> O Sr. Home usava sapatos finos e fáceis de tirar e colocar, além de meias cortadas que permitiam que seus dedos se movessem livremente. No momento apropriado, ele tirava um dos sapatos e usava seu pé para puxar um vestido aqui, outro ali, tocar um sino, bater de um lado para o outro, e, quando terminava, rapidamente calçava o sapato de volta.

Outra pessoa que pegou Home em flagrante relatou que viu o médium abrindo a sola do seu sapato direito, deixando o pé descalço no chão de mármore por um tempo antes de, com um movimento rápido e surpreendentemente ágil, tocar com os dedos dos pés a mão da imperatriz Eugênia. Ela gritou: “A mão de uma criança morta tocou em mim!”.

Nunca ficou claro se a fraude do lenço era feita com truques manuais ou com os pés. Dando-lhe o benefício da dúvida, ele merece algum crédito até mesmo por seus truques, pois amarrar um lenço com os dedos dos pés não é uma tarefa fácil.

Os investigadores também descobriram que, no *modus operandi* de Home, ele poderia ter tido um cúmplice na sala, se quisesse – e provavelmente o fez. Os únicos fenômenos que ele foi capaz de produzir sem truques ou trapaças foram, talvez, suas performances com brasas ardentes. Mas isso pode ser explicado com base em princípios físicos semelhantes aos envolvidos na caminhada sobre brasas.

É curioso como as aventuras psíquicas dos médiuns mais famosos da história seguem o mesmo padrão.

Pode levar muito tempo até que o mundo da parapsicologia se recupere completamente do golpe traumático causado pelo escândalo de Sir William Crookes e Katie King, que gerou rumores, mas não foi exposto publicamente até 1962, com a publicação do livro de Trevor H. Hall *The Spiritualists*. Este é um relato minuciosamente documentado e detalhado, bem como chocante, da aliança espiritualista mais celebrada e significativa de todos os tempos.

As sessões de materialização estavam em alta na Inglaterra, com fantasmas completamente formados deslizando pelos quartos em luzes suaves; mas Florence Cook, uma jovem de Hackney, estava destinada a se tornar a médium de materialização mais famosa de todas. Isso se deve em grande parte ao fato de que ela foi apoiada e patrocinada pelo próprio Sir William Crookes, um cientista brilhante e distinto que declarou publicamente, sem qualificação, que seus fenômenos eram genuínos. O respaldo de um cientista de renome fez com que as sessões de materialização de Florence Cook se tornassem muito populares, e sua fama cresceu rapidamente.

Florence Cook, fiel à tradição espiritualista, iniciou a carreira como médium infantil, produzindo fenômenos amadores como inclinações de mesa. Em pouco tempo, ela se desenvolveu como médium de materialização, começando com "rostos de espíritos" – que se assemelhavam muito com ela –, e finalmente tornando-se capaz de "materializar" uma forma completa de espírito, que se chamava Katie King.

A forma de espírito chamada Katie King parecia tão sólida quanto um ser humano. Ela era capaz de sair do armário onde Florence estava em transe e caminhar livremente entre os presentes na sessão. Katie King foi fotografada em várias ocasiões, podia conversar com os presentes e até ser abraçada.

A ativa promoção de Florence Cook por parte de Crookes foi o que a elevou aos patamares da fama; do mesmo modo, o testemunho científico corroborativo de Crookes trouxe proeminência a D. D. Home como médium.

Na verdade, ao se posicionar como crente e emprestar sua reputação, Crookes provavelmente contribuiu mais do que qualquer outra pessoa para a aceitação do sobrenatural. Isso foi um verdadeiro golpe para os espiritualistas e defensores da ciência psíquica. Na vasta literatura sobre pesquisa psíquica, é registrado que Crookes, o celebrado físico e químico, foi o primeiro cientista notável a testar a influência do mundo espiritual por meio de experimentos.

Infelizmente, a confiança no mundo dos fenômenos psíquicos foi abalada. Aqueles que acreditavam ainda estão tentando recuperar a reputação manchada de um cientista tão renomado. Sir William, embora fosse um grande cientista, também era humano, assim como a forma espiritual de Katie King. Ela não apenas o enganou, mas também o seduziu, transformando-o em seu cúmplice na fraude.

Os pesquisadores psíquicos relutam em acreditar nas acusações de fraude e no envolvimento sexual no caso Crookes-Cook, mas continuam investigando todas as possibilidades para esclarecer os fatos. Alguns defensores da causa argumentam que os cientistas, como qualquer outra pessoa, podem cometer delitos sexuais e ser enganados por falsos médiuns. Em um artigo publicado em junho de 1963 no *Journal of Parapsychology*, foi citado: "Os cientistas são menos propensos a ser enganados por falsos médiuns, mas isso não é uma garantia absoluta".

Não há dúvida de que Sir William cometeu um dos maiores erros da história do mundo psíquico ao endossar publicamente como genuínos os fenômenos de uma bela jovem médium.

Havia também a notória Madame Blavatsky, que afirmava ser a reencarnação de Pitágoras e cuja forma "astral" supostamente flutuava em um país enquanto ela estava em outro. No entanto, ela foi amplamente criticada por seu envolvimento em uma série de fraudes e trapaças, e é frequentemente chamada de "a maior mentirosa de toda a história". A Sociedade de Pesquisa Psíquica de Londres concluiu seu relatório de duzentas páginas sobre Madame

Blavatsky com estas palavras: "Acreditamos que ela será lembrada permanentemente como uma das impostoras mais habilidosas, engenhosas e interessantes da história".

A própria confissão de Madame Blavatsky é uma acusação das fraquezas humanas: "O que fazer quando, para governar homens, é necessário enganá-los? Pois quase sempre, quanto mais simples, tolo e grosseiro for o fenômeno, mais provável é que ele tenha sucesso".

Muitos consideram Eusapia Palladino, uma camponesa napolitana analfabeta, como uma das mais astutas médiuns "físicas" de todos os tempos. Durante muitos anos, a carreira espetacular da grande Palladino foi vista por espiritualistas e pesquisadores psíquicos como um caso de estudo para a existência de faculdades sobrenaturais. Ela foi objeto de investigação por eminentes cientistas e estudiosos da Europa e América, e converteu muitos à crença em seus supostos poderes sobrenaturais. Palladino era especialista em um tipo de mobiliário psíquico conhecido como "mesa flutuante", e seus curiosos giros transcendiam o comportamento creditado a outras mesas sem *pedigree*. O famoso ato da "mesa flutuante" de Palladino foi desmascarado como nada mais que um elaborado truque de ilusionismo. No entanto, apesar de ter sido exposta como uma fraude, milhares de fiéis ainda consideram Palladino como um dos grandes enigmas do passado.

Existem várias maneiras enganosas pelas quais alguns médiuns modernos afirmam obter informações do "mundo espiritual" para passar aos seus clientes durante sessões espíritas. Aqueles que duvidam disso podem se interessar pelo divertido livro de Harry Houdini *Um mágico entre os espíritos*. Como mencionamos anteriormente, Houdini era conhecido tanto por expor médiuns fraudulentos quanto por sua habilidade como mágico. O verdadeiro nome de Houdini era Erich Weiss, e ele adotou o nome artístico em homenagem ao célebre ilusionista e mágico francês Jean Eugene Robert Houdin, que também ficou famoso por afirmar publicamente que sua mágica era baseada em meios naturais, e não sobrenaturais.

Houdini foi implacável em sua exposição de médiuns fraudulentos. Ele os considerava "abutres humanos", "chantagistas clarividentes" e muito piores do que ladrões. Entre os métodos mais comuns que ele atribuía à "fraternidade fraudulenta" psíquica estavam as escutas telefônicas, a busca de registros judiciais e caixas de correio (as cartas eram abertas a vapor e copiadas), a utilização de batedores de carteira e "espiões" plantados em todo tipo de reunião pública – desde funerais até banhos turcos – onde informações pudessem ser obtidas para ser usadas em sessões. Além disso, subornar funcionários de hotéis, telefonistas, mensageiros, motoristas e vendedores para coletar dados de clientes também era um método comum utilizado por esses charlatões.

Também pode ser uma decepção saber que muitos dos espíritos que flutuam pelas salas de sessões espíritas são produzidos em uma fábrica em Columbus, Ohio.

"O mundo deseja ser enganado, então eu o engano", afirmou o empresário Robert A. Nelson, que produz fantasmas, rostos espirituais, ectoplasmas, batidas de espíritos, entre outras coisas, sob encomenda, e os envia para todo o mundo. Seus principais clientes incluem médiuns espiritualistas e renomados faquires da Índia.

Entre as criações mais bem-sucedidas de Nelson está uma face de espírito flutuante e falante que assustou centenas de pessoas em sessões espíritas. É a face do espírito de Don Pedrito, um famoso curandeiro conhecido em toda a América do Sul, que prometeu voltar depois da morte. Ele não apenas voltou, ele fala e até pisca para as moças bonitas, tudo por 16,50 dólares.

Nelson uma vez vendeu a uma médium o fantasma do falecido marido de uma de suas clientes. Ele próprio participou da sessão e mais tarde relatou à viúva que o suposto fantasma de seu marido parecia muito com uma gaze luminosa.

"Bem, é claro", murmurou ela; "isso porque você não é um médium psíquico".

Em outra ocasião, ele se infiltrou em uma sessão, observou o amadorismo da médium e, de repente, na escuridão da sala, retirou um dos fantasmas que havia produzido. Os participantes gritaram e a médium desmaiou. Pouco tempo depois, ela fechou seu negócio.

Alguns anos atrás, Nelson visitou o acampamento espiritualista de Lily Dale, em Nova York, que se tornou famoso pelas batidas do fantasma de um vendedor ambulante assassinado cujo corpo foi enterrado em um porão. Uma médium ofereceu-se para trazer de volta o espírito do vendedor para Nelson – por uma taxa.

Nelson pagou e ouviu as pequenas batidas do vendedor ambulante. De repente, houve um forte barulho de batidas por toda a casa.

"O que é isso?", gritou a médium aterrorizada. "Não é o vendedor ambulante."

"Certamente não", disse Nelson. "Isso, senhora, é meu 'Espírito Batedor Little Wonder', vendido por 3,50 dólares. É muito superior às batidas produzidas pelos espíritos." Ele vendeu dois kits do "Espírito Batedor Little Wonder" para ela e seguiu para o próximo cliente.

Foi o interesse público pelo mundo sobrenatural que levou Nelson a entrar nesse negócio. Ele criou seu primeiro fantasma aos 9 anos de idade, usando um velho lençol, para se livrar de um valentão do bairro. Aos 11 anos, juntamente com seu irmão Larry, ele estava realizando shows profissionais de leitura de mentes. Eles criaram um código secreto de comunicação, rotulado como "vibrações cósmicas" e protegido por alguns truques de mágica. Essa prática lhes permitiu ganhar até 250 dólares por noite, enquanto ainda eram adolescentes.

Acreditando que seus poderes ocultos necessitavam, de tempos em tempos, de novos dispositivos mecânicos para ser aprimorados, eles fundaram seu próprio negócio e, assim, passaram a receber inúmeros pedidos de mesas flutuantes, lousas que escrevem sozinhas, ectoplasmas, bolas de cristal, ervas "mágicas" como a raiz de Adão e Eva e tábuas Ouija.

Depois de um tempo, o irmão de Nelson decidiu deixar o negócio para seguir caminho como *swami* – título honorífico dado a um mestre espiritual – e tornou-se um famoso mágico infantil na Califórnia.

Robert Nelson tornou-se um dos principais mágicos dos Estados Unidos e chegou a ser presidente da Associação Americana de Mentalistas e da Associação de Comerciantes de Magia. No entanto, seu melhor truque foi a fabricação de fantasmas por encomenda.

Os fantasmas de Nelson variam desde um modelo que dança, oscila, é inquebrável e instantâneo, de quinze dólares – que funciona como uma persiana de rolo –, até um esqueleto luminoso e surpreendente em tamanho real, por 75 dólares. Ele também conta com uma ampla variedade de zumbis e máscaras assustadoras.

Você pode comprar um show de fantasmas completo por 165 dólares, mas os realmente bons custam entre dois mil e três mil dólares.

Os itens mais procurados pelos médiuns são os ectoplasmas de três dólares (apenas um pedaço de seda ou papel luminoso), luzes astrais por dois dólares cada, rostos de espíritos flutuantes com valores entre quinze e vinte dólares e vozes, beijos, batidas, quadros-negros e outros adereços assustadores a preços menores.

Esses artefatos do mundo dos espíritos criados por Nelson compõem a maior parte de seu negócio. Além disso, ele também trabalha com bolas de cristal feitas na Checoslováquia, tábuas

Ouija, cartas de leitura da sorte, livros de sonhos e outros dispositivos de magia que o público norte-americano demanda ou exige.

Nelson, um homem alto, gentil e distinto, com cabelos grisalhos e olhos afiados, disse-me que o público americano gasta cerca de 125 milhões de dólares por ano buscando informações sobre o futuro – por meio de videntes, médiuns, quiromantes e outros tipos de adivinhos. Seus principais interesses são dinheiro, amor e saúde, nessa ordem, e, por alguma razão desconhecida, eles acreditam que os fantasmas são a melhor fonte para obter as respostas corretas. Há mais médiuns por metro quadrado em Washington, D.C., a capital da nação, do que em qualquer outro lugar.

Nos últimos anos, Nelson tem oferecido um serviço de "casa assombrada". Ele afirmou que a demanda por esse tipo de serviço provavelmente surgiu devido à escassez de casas realmente assombradas e à aglomeração em nossa sociedade. A maioria de seus pedidos vem de pessoas que desejam assustar suas sogras ou outros convidados indesejados que prolongaram suas visitas.

Nelson prefere assombrar casas novas, especialmente aquelas que ainda estão sendo construídas, projetadas para ser "assombradas". Ele trabalha com um arquiteto para analisar os planos da casa e decidir os melhores locais para incorporar os fantasmas, batidas e gritos. Alguns desses efeitos requerem dispositivos mecânicos especiais para funcionar corretamente, que são mantidos em locais seguros e específicos nos cômodos da casa.

"A mente humana é engraçada", disse Nelson, "e acreditará em qualquer coisa, até em fantasmas. E, nos dias de hoje, encontrar fantasmas reais é uma tarefa bastante difícil."

CAPÍTULO 12
Quanto disso é trapaça?

Uma pergunta inevitável em qualquer investigação de fenômenos psíquicos é: até que ponto a fraude consciente e deliberada pode explicar os resultados?

Uma abordagem adequada para essa questão implica uma busca exaustiva na extensa literatura sobre todas as fases da experiência psíquica, pois, surpreendentemente, ninguém parece ter dedicado um trabalho completo às técnicas usadas nas fraudes psíquicas. Qualquer pessoa que tente realizar tal estudo imediatamente percebe um fato inevitável: a fraude é tão extensa que se faz necessário um treinamento especial para detectá-la.

Constantemente, especialistas têm alertado que a competência intelectual, por si só, não é suficiente para uma detecção infalível da fraude psíquica. Harry Houdini, o maior ilusionista da história moderna, expressou essa ideia da seguinte maneira:

> A mente científica é geralmente impotente contra um trapaceiro treinado. Porque dominar a complexidade da química ou da física não qualifica alguém para descobrir como os anéis chineses, por exemplo, parecem fundir-se um ao outro, passando metal sólido por metal sólido. Somente o conhecimento dos próprios anéis pode revelar o segredo. A mente científica é treinada para buscar a verdade que está oculta nos mistérios da natureza, não na engenhosidade de outro cérebro humano.

John Mulholland, outro mágico e estudante de fenômenos psíquicos, afirmou: "É necessário extenso conhecimento e treinamento especial para observar corretamente uma exposição mediúnica".

Edward Saint, outro ilusionista, usou uma simples demonstração de "poder" psíquico para provar a cientistas que eles não estavam qualificados para ser investigadores psíquicos. Uma balança de precisão foi colocada em uma mesa sob uma cobertura de vidro. Saint anunciou que, usando o poder de sua mente, faria com que a balança se desequilibrasse (psicocinese). Depois que os cientistas examinaram o aparelho, Saint concentrou-se – e claro que a balança se desequilibrou repentinamente. Impressionados, os cientistas pensaram em todas as possíveis soluções: pressão atmosférica, vibrações, aparelhos pré-ajustados, e assim por diante. Finalmente, Saint explicou: pouco antes de colocar a cúpula de vidro sobre a balança, ele soltou no espaço uma porção de pulgas pela ponta oca de um lápis falso. Presas pela tampa de vidro, as pulgas, invisíveis até mesmo a poucos metros de distância, pulavam sobre a balança, desequilibrando-a, enquanto Saint estava se concentrando. Os cientistas que testemunharam essa demonstração voltaram para casa mais sábios e humildes.

A maioria dos truques psíquicos usados atualmente tem raízes em truques que foram praticados cinquenta, cem, duzentos e até mil anos atrás. Cada truque é composto por duas partes: a mecânica e a apresentação. Embora a mecânica possa permanecer a mesma ou mudar ligeiramente ao longo do tempo, a apresentação pode sofrer uma variedade infinita de alterações, modificando completamente o efeito do truque. Como afirmou Julien Proskauer, um mágico proeminente e expositor de charlatães: "Há apenas cerca de quinze métodos básicos usados por adivinhos, médiuns fraudulentos e vigaristas, mas existem mil ou mais variações".

Um mesmo truque pode ser executado por um mágico como um truque de ilusionismo, por um espiritualista como prova de comunicação com os espíritos e por um "sensitivo" como prova de clarividência. As primeiras mágicas de Houdini, por exemplo, foram truques que ele adaptou de um livro sobre espiritualismo chamado *Revelações de um médium*. Esses truques envolviam amarras que eram usadas como método de controle do médium, mas que Houdini adaptou para algumas de suas famosas apresentações de escapismo.

É interessante notar que os fenômenos espiritualistas, muitas vezes realizados sob a proteção da escuridão ou com luz muito fraca, costumam ter um caráter mais sensacionalista do que aqueles realizados por sensitivos sob luz plena. Tomemos como exemplo a levitação de mesas: quando executada por médiuns espíritas, frequentemente envolve levantamentos abruptos, atingindo alturas surpreendentes, e até mesmo um salto final para uma nova posição. No entanto, quando realizada por um sensitivo sob a luz, assume a forma mais suave de uma mesa "flutuando" sob a mão estendida do sensitivo. A diferença entre as duas abordagens é notável. A escuridão permite que o médium utilize métodos mais elaborados, como a presilha mão-pé (dedos dos pés sob a perna da mesa, mãos na parte superior da mesa), arneses especiais que se agarram na parte superior da mesa, falsas mãos que substituem as verdadeiras sob a borda da mesa, alavancas que se projetam por baixo da borda da mesa a partir da manga do médium etc. O sensitivo, por outro lado, trabalhando sob a luz, é restrito a aparelhos simples e sutis, como um pequeno prego na parte superior da mesa – que se eleva menos de cinco centímetros – que ele segura por um pequeno entalhe em seu anel, quase imperceptível. E, mesmo assim, o sensitivo só pode usar esse truque sob certas condições favoráveis.

É indubitável que o espiritualismo recorre a outras formas de aparentar fenômenos físicos, tais como os corpos ectoplásmicos (feitos com claras de ovos e até gaze); mãos espirituais (o espírito mergulha a mão em parafina derretida, deixando um molde misterioso para todos verem; contudo, o molde é feito, na maioria das vezes, por uma luva inflável de borracha); luzes espirituais (cartões pretos com insígnias luminosas, presos em hastes); entre outros. Contudo, é importante notar que todas essas supostas manifestações, em algum momento ou outro, foram desmascaradas como resultado de trapaça.

De uma vasta quantidade de testemunhos, talvez seja suficiente citar os seguintes exemplos:

1. Em 1887, a The Seybert Commission, que recebeu bolsas de estudo da Universidade da Pensilvânia, publicou um relatório que afirmava que todos os médiuns que se submeteram a exames durante um período de três anos foram rejeitados por serem fraudulentos ou ineficazes (não produziram fenômenos). Esse foi o primeiro esforço objetivo em larga escala para avaliar as alegações do espiritualismo, e é importante notar que a comissão estudou toda a literatura disponível sobre o assunto e registros de investigações anteriores antes de iniciar o trabalho.
2. Harry Price, um investigador de fenômenos psíquicos que acreditava na possibilidade de sua existência, mas que também expôs muitas fraudes ao longo de cinquenta anos de pesquisa, concluiu que a história do espiritualismo foi "um longo rastro de fraude, loucura e credulidade".
3. Julien Proskauer, um mágico treinado que estudou amplamente o espiritualismo e as possibilidades psíquicas, afirmou claramente que "para qualquer um que tenha feito um estudo exaustivo da ciência da ilusão, como eu, a produção

de manifestações psíquicas[...] simplesmente constitui uma forma de mágica degradada ou mal utilizada". Proskauer, portanto, argumentou que a maioria dos fenômenos espiritualistas pode ser explicada por truques de mágica, em vez de habilidades psíquicas verdadeiras.

4. Em uma carta endereçada a Houdini, Francis Martinka, proeminente fabricante e varejista de acessórios para mágicos durante o auge do espiritualismo, expôs sua visão sobre o assunto ao dizer: "Como posso acreditar em algo como o espiritualismo quando, por mais de duas décadas, forneci quase todos os truques e aparelhos conhecidos – e milhares de truques desconhecidos – para a grande maioria dos mágicos e, indiretamente, para médiuns conhecidos? Sempre me divertiu ver como é fácil enganar seres humanos que se aprofundam em mistérios dos quais não sabem nada".
5. Harry Houdini, crítico ferrenho do espiritismo, dedicou três décadas da vida para investigar e expor as fraudes por trás do movimento. Ele afirmou que o espiritismo era uma forma de intoxicação mental em que palavras, sentimentos e crenças eram sugeridos para as pessoas. Para ele, essa prática deveria ser abolida, e as múltiplas exposições e investigações racionais deveriam ser suficientes para justificar a necessidade de legislação para acabar com esse culto construído sobre falsas pretensões e evidências frágeis. Ele acreditava que a aceitação de uma ilusão ótica como fato era absurda e que a sociedade deveria ser protegida dessas práticas enganosas.

Com base nas evidências, não há tribunal no mundo que hesitaria em condenar os fenômenos físicos do espiritismo mediúnico como quase inteiramente baseados em truques. Mas e quanto à versão mais moderna praticada por psíquicos e sensitivos sob o intrigante rótulo de psicocinese?

Este conceito não foi investigado tão intensamente quanto o espiritualismo do ponto de vista da fraude, mas o suficiente foi feito para tornar bastante óbvio que grande parte do que é considerado como psicocinese é uma continuação direta de práticas desacreditadas do passado.

Harry Price, por exemplo, registrou sua investigação de um sensitivo que alegava ter poder psicocinético. O homem demonstrou sua capacidade de influenciar uma agulha em um tabuleiro especialmente construído. O homem não tocou no tabuleiro, mas Price observou que suas mãos tocaram a mesa. Ao colocar uma tigela de mercúrio na mesa entre as mãos do homem e o tabuleiro, Price descobriu que vibrações sutis, mas muito físicas, eram a força motriz que movia a agulha. O sensitivo confessou que havia desenvolvido uma técnica de tensão muscular que transferia vibrações de seus braços para a mesa e, em seguida, para o tabuleiro.

Para a produção de fenômenos físicos é necessária grande quantidade de preparação e prática. Um exemplo disso é o relato de Harry Houdini, que mencionou que Mina Crandon, a médium de Boston conhecida como "Margery", praticava por horas todos os dias, como se fosse uma mágica profissional. É compreensível que Margery tenha se tornado a médium mais versátil da história, dada a sua dedicação. No entanto, é importante lembrar que a aparente complexidade ou elaboração dos fenômenos nunca deve ser aceita como suporte para sua autenticidade. A pessoa comum raramente se dedica tanto para aperfeiçoar um "truque", mas o fraudador psíquico irá praticar mês após mês e ano após ano para aprender sua arte. De fato, ele está trilhando seu próprio caminho, assim como um bom médico, advogado ou atleta que se dedica ao aperfeiçoamento de suas habilidades.

Nos círculos psíquicos contemporâneos, os fenômenos mentais são considerados mais importantes do que os fenômenos físicos. Em muitos aspectos, os fenômenos mentais são mais suscetíveis à fraude do que os fenômenos físicos, e há um denominador comum entre todos os fenômenos mentais: a produção de "informação psíquica". Essa informação é definida operacionalmente como fatos específicos ou gerais que aparentemente não poderiam ser conhecidos pelo sensitivo por meios convencionais e que se aplicam a um indivíduo em maior ou menor grau.

Como e onde o fraudador psíquico obtém suas informações não sensoriais ou extrassensoriais?

Aqui estão algumas das fontes mais comuns, reunidas a partir de relatos de investigações de fraudes psíquicas:

1. *Jornais* são uma fonte valiosa de informações para os médiuns e psíquicos enquanto eles "trabalham" uma cidade. Eles podem coletar dados sobre nascimentos, mortes, noivados e casamentos ao longo de um período considerável de tempo, além de pesquisar as colunas de notícias em busca de informações pertinentes. As bibliotecas contêm arquivos de jornais que são verdadeiras minas de ouro de informações utilizáveis. O médium pode registrar e catalogar as informações relevantes para seu trabalho.
2. *Registros judiciais* de propriedade e hipotecas, empresas e processos judiciais, entre outros. Por lei, eles estão disponíveis ao público ou a advogados. Sensitivos são conhecidos por pagar funcionários de cartórios e outras instituições desse tipo para obter informações. Esse tipo de coisa acontece em todos os ramos dos sistemas de registros públicos.
3. *Cúmplices*. Jovens, por exemplo, são enviados para eventos sociais para se misturarem com os convidados, especialmente mulheres. Mulheres mais velhas, aparentemente

inofensivas, são pagas para sentar em salas de recepção e observar cuidadosamente tudo o que acontece. Esses cúmplices também podem questionar crianças na rua ou até mesmo entrar em casas sob algum pretexto. Alguém em luto em um funeral pode estar mais interessado no que os parentes estão dizendo sobre o falecido do que em lamentar a morte dele. Revisores de jornais transmitem as notícias do dia seguinte a um "médium", permitindo que ele faça uma "previsão" brilhante. A extensão lógica desse tipo de operação é óbvia: restaurantes, clubes e salões de beleza também podem ser explorados. Alguns indivíduos que se dizem sensitivos consideram salões de beleza e saunas tão cheios de informações úteis que acabaram abrindo seus próprios estabelecimentos.

4. *Correspondência.* As cartas não são tão seguras como muitos pensam. Funcionários de hotéis e residências podem facilmente descobrir o conteúdo dos envelopes, abrindo-os com vapor e fazendo cópias. Além disso, cartas antigas frequentemente são vendidas por grandes empresas como papel velho, o que significa que elas podem chegar às mãos de médiuns e sensitivos.

5. *Ascensoristas, zeladores* e *empregados domésticos* veem e ouvem várias coisas que podem ser valiosas para um médium. O dinheiro muitas vezes pode fazer com que essas pessoas soltem informações, especialmente se elas não sabem para onde as informações estão indo, por que são desejadas ou para que serão usadas.

6. *Escutas telefônicas* e gravadores ocultos são óbvios.

7. *Coleções pessoais permanentes* de arquivos antigos de cidades, anuários, mapas e outros compêndios são equipamentos padrão de alguns médiuns e sensitivos.

8. *O Livro Azul.* É uma lista que, supostamente, contém o nome das pessoas que procuram médiuns e consultores psíquicos. Acredita-se que isso garanta ao profissional psíquico que ele está lidando com pessoas confiáveis e sinceras. Geralmente, esse livro só pode ser obtido por pessoas que trabalham na mesma profissão.
9. *Documentos pessoais.* Todo mundo carrega consigo uma grande quantidade de informações sobre si mesmo. Para um batedor de carteira profissional, é fácil obter esses documentos, fazer um registro deles (pequenas câmeras?), e devolvê-los sem que a "vítima" perceba a transação.

Os itens detalhados acima são apenas uma amostra da variedade de possíveis fontes que podem ser utilizadas. As informações coletadas a partir delas constituem a "matéria-prima" essencial para o trabalho do trapaceiro. A habilidade com que ele usa essas informações pode determinar a diferença entre o sucesso e o fracasso de sua empreitada. Todas as informações são cuidadosamente registradas, indexadas e, em alguns casos, até cruzadas, para garantir sua veracidade. Elas são meticulosamente reunidas para produzir uma imagem ou efeito desejado. A partir da combinação de fatos, rumores, suposições e probabilidades que foram coletados, o trapaceiro experiente pode fazer inferências surpreendentes e engenhosas.

Além dos itens detalhados acima, é importante reconhecer duas verdades psicológicas amplamente reconhecidas: 1) a maioria das pessoas, se falar tempo suficiente, acaba revelando involuntariamente informações pessoais; 2) a maioria das pessoas diz e faz coisas ao longo do dia que podem ser facilmente esquecidas. Com o tempo, essas informações podem ser distorcidas ou até negadas pelos indivíduos, mas permanecem como sementes de informações "psíquicas" que foram descuidadamente plantadas e esquecidas.

Um dos desenvolvimentos mais engenhosos na fraude psíquica é conhecido como "leitura fria". Trata-se de uma arte sutil e prática baseada em um estudo próximo da natureza humana e dos assuntos humanos. Embora as pessoas possam diferir em muitos aspectos, os fundamentos da vida permanecem os mesmos para todos. Ao dar uma leitura fria, o médium se guia por uma dúzia de categorias predeterminadas com tanta habilidade que o cliente acredita que a informação é espontânea e que o médium está "recebendo" a informação por meio de algum poder psíquico. Embora cada médium desenvolva seu próprio sistema, a maioria trabalha com dez ou doze categorias principais, como tempo e suas relações, magnetismo pessoal, investimentos, parcerias e associações empresariais, melhores amigos, obstáculos, doenças, inimigos, casamentos, condições financeiras, mudanças nos negócios, viagens, surpresas e alertas.

O médium "prospecta" dentro dessas categorias e adapta os detalhes de acordo com a idade, o sexo e a aparência do alvo. Ele se torna extremamente sensível aos "acertos" e "erros". Mesmo que o cliente tente esconder sua reação à leitura, o médium experiente pode detectar sinais sutis que indicam se está no caminho certo ou errado. Essa sensibilidade é adquirida com muita prática e observação, permitindo que o médium ajuste sua abordagem para maximizar os acertos e minimizar os erros.

Como Julien Proskauer aponta em *The Dead Don't Talk* (Os mortos não falam): "O leitor frio é capaz de detectar acertos e erros a tempo de corrigi-los ou capitalizá-los, e de se livrar de situações complicadas, revertendo-as completamente. No final, pode convencer até mesmo empresários teimosos e mulheres bem informadas de que 'há alguma coisa ali'."

O potencial da leitura fria nas mãos de um praticante astuto, especialmente se combinada com algumas informações reais, é ilimitado. Após a leitura fria, quando o cliente já está envolvido, há tempo suficiente para coletar informações adicionais antes de um segundo encontro. Essas informações podem ser usadas para aprimorar ainda mais a "leitura" do médium e aumentar a probabilidade de sucesso na manipulação do cliente.

Um aspecto que faz parte dos negócios psíquicos e da mágica de palco há mais de duzentos anos são os códigos falados e silenciosos. Pelo uso de códigos, informações podem ser transmitidas de uma pessoa para outra diante dos olhos e ouvidos de uma audiência desavisada. Eles são extremamente difíceis de detectar, pois são arbitrários e podem ser variados de forma ilimitada.

Em um código falado, as palavras ou sílabas em uma frase são usadas para representar números, letras, objetos, cores, metais, frases, símbolos ou qualquer outro item que os usuários desejem. A habilidade envolvida em criar e utilizar um código falado está em incorporar palavras ou sílabas que revelam o código em uma frase simples e inofensiva. A facilidade de uso é um elemento essencial e só pode ser alcançada após um longo treinamento. Resumindo, um código pode parecer-se com isto:

por favor	*metal*
mão	*papel*
segurar	*couro*
segurando	*madeira*
ter	*relógio*
esperando	*nota de dólar*
diga	*caixa pequena*
diga-me	*caixa grande*
agora	*cachecol/lenço*
rapidamente	*vermelho*
sem	*branco*
tocar	*chapéu*

Assim, a frase "Diga-me, sem hesitação, qual objeto eu toco" significaria "uma grande caixa de chapéu branca".

Esse é um exemplo simplificado. Na prática, os códigos são muito mais complexos e muitas vezes dependem em grande parte da sequência, da pronúncia e da ênfase.

Os códigos silenciosos são uma variante dos códigos falados e dependem de sinais corporais, que são praticados e ensaiados até o ponto em que se tornam invisíveis para o público ou parecem naturalmente inquestionáveis. Além disso, os códigos silenciosos também fazem uso de objetos para transmitir informações. Um pequeno truque usado por "médiuns", às vezes, pode ser assim:

Duas pessoas afirmam ter poderes telepáticos. A primeira pessoa sai da sala e a segunda convida alguém a escolher um número de um a 10.000. Ele escreve o número escolhido em um cartão e o coloca virado para baixo em uma mesa. A segunda pessoa retorna à sala e anuncia corretamente o número escolhido.

O segredo: os dois artistas imaginam em cima da mesa um tabuleiro numerado dividido em doze quadrados. De acordo com o quadrado no qual o cartão é colocado, bem como o ângulo em que é posicionado, o psíquico saberá a qual número isso corresponde. Para números grandes, a posição do lápis também é um sinal.

A imaginação, obviamente, pode fornecer infinitas variações apenas nesse truque.

A leitura "psíquica" de mensagens seladas (ou queimadas ou destruídas) é um dos truques mais antigos do meio. Embora os procedimentos possam variar, a ideia básica é que o cliente escreva uma pergunta ou declaração em um pedaço de papel que é então selado em um envelope e guardado pelo cliente ou queimado, rasgado, amassado e mantido na mão do médium etc. O médium então declara corretamente a pergunta ou faz algum comentário apropriado.

Existem muitas maneiras conhecidas pelas quais mensagens seladas podem ser lidas. Algumas estão disponíveis em livros comuns de mágica; outras podem ser coletadas a partir de confissões de vários médiuns e mentalistas que se apresentam em palcos, bem como da literatura psíquica em geral. Aqui estão alguns exemplos:

1. Uma mensagem é escrita em um pedaço de papel. O médium dobra o papel e o rasga em quatro partes. Em seguida, ele pode queimá-lo ou jogá-lo fora. O que ele fez foi dobrar e rasgar o papel de tal forma que ele possa manter, na palma de sua mão, o pequeno canto dobrado onde a mensagem aparece. Uma distração momentânea da atenção da audiência permite que ele leia a mensagem sem ser detectado.
2. Uma mensagem é escrita, amassada e colocada em um envelope. O médium coloca o envelope em uma pinça e o segura no fogo até que seja totalmente consumido. O que ele fez foi garantir que a mensagem amassada caísse em um canto do envelope e que esse canto fosse a parte pela qual a pinça segura o envelope. Assim, a mensagem não queima, mas o envelope, sim. Durante um momento de distração momentânea da audiência, o médium pode ler a mensagem escondida no canto não queimado do envelope.
3. Uma mensagem é escrita em um pedaço de papel e imediatamente colocada no bolso do cliente ou destruída pelo cliente. Nesse caso, a superfície em que o cliente escreveu era previamente preparada, contendo papel carbono disfarçado. Isso pode ser feito em uma mesa, prancheta, braço de uma cadeira etc. O médium ou seu assistente observa o movimento do cliente e, assim que a mensagem é escrita, eles recuperam a cópia de carbono e a leem em particular.

4. Há um método de adivinhação com uma técnica ousada e simples, mas que só pode ser utilizada em condições específicas. Nesse truque, várias perguntas escritas pelo público são colocadas em envelopes e dispostas na frente do médium. Ele seleciona um envelope aleatoriamente, segura-o em sua cabeça para obter as "vibrações" e, em seguida, cita corretamente a pergunta contida no cartão dentro do envelope. Um membro da plateia identifica a pergunta, e o sensitivo retira o cartão para citá-lo em voz alta, permitindo que a plateia verifique a precisão de sua resposta. Em seguida, ele responde à pergunta e repete o procedimento com o próximo envelope.

Nessa técnica, o médium anuncia uma pergunta fictícia com o primeiro envelope, que é identificado por um cúmplice na plateia. Em seguida, ele retira a mensagem do envelope e a *lê* mentalmente, enquanto supostamente cita a primeira pergunta em voz alta. Quando ele pega o segundo envelope, anuncia a pergunta que realmente apareceu no primeiro envelope. Ele pode continuar passando por toda a sequência de envelopes, não importando quantos sejam. O último envelope, que é marcado, contém a pergunta fictícia do cúmplice.

Depois de pesquisar diversas técnicas de leitura de mensagens seladas, a única conclusão possível é que, quando um cliente é solicitado a escrever uma mensagem, *independentemente do que aconteça com a mensagem depois*, há sempre um truque envolvido.

Em algumas ocasiões, habilidades psíquicas são usadas para encontrar objetos escondidos ou identificar um objeto específico dentre muitos. Por exemplo, um médium pode descrever corretamente um cartão que apenas os investigadores conhecem, enquanto outro pode encontrar um objeto cuidadosamente escondido em uma sala pelos investigadores. Essas demonstrações são rotuladas como telepatia, clarividência, entre outras, dependendo dos métodos utilizados. A explicação comum para esses efeitos é a hiperestesia ou leitura muscular.

Hiperestesia é uma capacidade incomum de percepção sensorial, que pode ser desenvolvida no tato ou na visão. Um indivíduo com essa habilidade pode, por exemplo, tocar uma carta de baralho no escuro, supostamente magnetizando-a, e depois identificá-la por toque ou visão na luz. Além disso, o sensitivo pode encontrar objetos escondidos usando sua capacidade de "ler" as reações inconscientes ou subconscientes das pessoas que os esconderam.

Se o método incluir tocar o braço ou pulso de alguém, então o sensitivo provavelmente é, na realidade, um leitor de músculos, capaz de seguir a vontade quase imperceptível e inconsciente de uma pessoa que está pensando em alguma ação que deseja que seja realizada.

A partir disso, pode-se perceber que a informação psíquica fraudulenta é composta por duas partes: a informação que o médium realmente tem e a informação que ele aparenta ter.

A mente crédula pode ser seduzida por ideias e crenças que carecem de fundamentos sólidos. William James, Aldous Huxley, Maurice Maeterlinck e muitos outros acreditavam em várias formas de magia mental e poderes psíquicos. Thomas Edison, por sua vez, acreditava em sonhos proféticos, enquanto Mark Twain acreditava em telepatia. Até Carl Jung, o renomado psicanalista suíço, acreditava em fantasmas. Sir Arthur Conan Doyle, cuja mente crédula estava disposta a acreditar em quase tudo, fundou a Sociedade para o Estudo de Fotografias Sobrenaturais (S.S.S.P. – *Society for the Study of Supernormal Photographs*) e aceitou fotos fraudulentas de "espíritos" como prova da realidade concreta de fadas. Posteriormente, Dr. W. F. Prince, diretor de pesquisa da Sociedade Americana para Pesquisas Psíquicas, demonstrou que tanto as fadas quanto as fotografias eram fraudes, mas Sir Arthur permaneceu fiel às suas crenças, considerando suas contribuições para o conhecimento da realidade do "além" como o ápice de sua vida memorável.

É incrível que, considerando o quão detalhadamente as fotografias de espíritos tenham sido desmascaradas durante o último século, atualmente, nesta era de suposta iluminação, elas tenham voltado e estejam sendo levadas a sério em círculos psíquicos em muitas partes dos Estados Unidos e do Canadá. O interesse ressurgente nessa fraude é em grande parte resultado de reivindicações recentes amplamente divulgadas. As chamadas fotografias de "espírito" ou "pensamento" têm mistificado pessoas de inteligência sofisticada, que foram levadas a acreditar que alguns médiuns podem apontar uma câmera para suas cabeças e obter fotos de lugares distantes.

Alguns dos principais e mais respeitáveis jornais dos Estados Unidos dedicaram muito espaço a tais imagens "psíquicas", aparentemente sem saber a quantidade de fraude envolvida na longa história das fotografias de espíritos.

A literatura sobre o assunto contém explicações detalhadas de dezenas de métodos e indica que o número total de técnicas fraudulentas provavelmente chega a centenas. Uma divisão arbitrária de técnicas passadas incluiria substituição e manipulação de placas e vários tipos de dupla exposição. Harry Price apontou, em *Confessions of a Ghost-Hunter* (Confissões de um caçador de fantasmas), que, a menos que uma pessoa tenha o conhecimento de um químico, fotógrafo, óptico, eletricista, anatomista, físico e ilusionista, "ela não tem nenhuma chance contra um médium fotográfico". Ele faz a seguinte declaração categórica: "Toda fotografia de espíritos que investiguei é uma fraude, e a história da mediunidade fotográfica em todo o mundo é uma história triste de impostura, fraude, exposição, aprisionamento e surpreendente credulidade".

Como em todas as fraudes psíquicas, a fotografia de espíritos gerou uma série de variações. Durante a Segunda Guerra Mundial, surgiram as chamadas "escotografias". Era um truque inteligente em que o médium olhava para um pedaço em branco de papel e fazia aparecer a imagem de um parente falecido do cliente. Quando investigado, descobriu-se que esse truque era realizado com um brinquedo infantil. Os "Futuroscopes" eram vendidos para crianças havia anos e consistiam em papel sensível que revelava uma imagem quando uma gota de hipoclorito era aplicada nele. Os médiuns usavam esse princípio para obter algumas fotos reais, modificavam o papel sensível e apresentavam suas imagens espirituais usando o *hocus-pocus* apropriado.

Existem outras técnicas que também são usadas para fraudar fotografias de espíritos. Uma delas é o embaçamento deliberado de placas ainda não expostas, muitas vezes ainda na embalagem original. Outra é preparar a câmera com um substituto de papel encerado para capturar a "essência do espírito". Além disso, alguns médiuns usam microfotografias, que são fotos minúsculas, com menos de um milímetro quadrado e que não podem ser vistas a olho nu. Essas microfotografias podem ser colocadas dentro dos componentes da lente da câmera ou fixadas com um alfinete nos foles. Outra possibilidade é que essas microfotografias sejam anexadas ao próprio fotógrafo, permitindo que ele use qualquer câmera disponível.

Depois de coletar informações sobre as técnicas de fotografia de espíritos, meu marido, que é fotógrafo profissional, decidiu tentar as "fotos psíquicas" e conseguiu uma na primeira tentativa. Ele não usou nenhum truque de palco, nem alegou ter poderes "psíquicos". Em vez disso, praticou inclinar a câmera em vários ângulos e direcionar seus movimentos para capturar reflexos de vários objetos na sala. Em apenas uma hora, obteve várias imagens, incluindo "fotos psíquicas" dele mesmo, da Catedral de São Basílio, em Moscou, e do nosso poodle Gogi.

Obviamente, com um pouco de prática em truques de prestidigitação, quase qualquer pessoa poderia se tornar um fotógrafo "psíquico" experiente.

PARTE IV

INTERLÚDIO: DEIXE SUA MENTE SE CONECTAR

por W. Clement Stone

CAPÍTULO 13
O poder da mente, você e o futuro

O que você leu nas primeiras três partes deste livro – por mais fascinante, emocionante e informativo que seja – pode ser ainda mais significativo se conseguir relacionar e assimilar não só os fatos incontestáveis, mas também os princípios subjacentes. E se você identificar esses princípios, quais poderá aplicar em sua vida de forma prática? Embora somente você possa responder plenamente a essa pergunta, gostaria de compartilhar algumas ideias que me ocorreram.

A porta para a mente interior

Émile Coué e Sigmund Freud iniciaram suas carreiras utilizando a hipnose como método para curar doenças mentais e físicas. Contudo, ambos acabaram abandonando a hipnose, mas utilizaram técnicas empregadas pelos hipnotizadores, em especial o uso da *sugestão*. A partir dessas experiências, desenvolveram novos métodos que utilizavam a sugestão e a autossugestão, não mais a hipnose.

Entretanto, a hipnose teve papel fundamental ao abrir a porta para a exploração da mente interior. Até que alguns psiquiatras se dediquem a explorar cientificamente a mente inconsciente em profundidade, por meio da hipnose, muitas das forças invisíveis da mente permanecerão desconhecidas.

No entanto, não precisamos esperar por essas descobertas para usar sugestão e autossugestão no cotidiano. Na verdade, já fazemos isso, porém nem todos sabem como usá-las de maneira vantajosa. Antes de discutirmos sua aplicação prática, é importante esclarecer o termo *sugestão*.

Motivar os outros por meio da sugestão

Qualquer estímulo que afete um dos nossos cinco sentidos – visão, audição, olfato, paladar e tato – pode ser considerado uma forma de sugestão. Essa sugestão pode ser transmitida diretamente ao nosso subconsciente ou pode ser comunicada por meio da mente consciente. Um exemplo de sugestão verbal é uma palavra ou afirmação, como "preste atenção". Já a autossugestão é um pensamento consciente em qualquer forma, mas que também afeta o subconsciente. Essa é considerada a forma mais poderosa de sugestão.

A autossugestão pode se manifestar de diferentes maneiras, com palavras-chave, ideias, imagens, sons, odores ou contatos físicos que imaginamos. O uso da imaginação é um dos maiores poderes que temos. Enquanto a pessoa média tende a pensar em palavras-chave com mais frequência do que em outras formas, as imagens são mais utilizadas por pensadores criativos, como inventores e artistas. Além disso, há um uso ainda mais desenvolvido de símbolos sonoros por compositores, poetas ou pessoas cegas do que pelo indivíduo comum.

A aplicação prática da sugestão

Você motiva os outros à ação por meio da sugestão. A forma mais rápida e efetiva de sugestão verbal é dar um comando... comece com um verbo de ação, como pare, pense, tente, vá.

Além disso, use declarações positivas com palavras-chave ou gatilhos desejáveis se quiser resultados positivos, em vez de negativos. Tome como exemplo a afirmação positiva "Você *consegue* aprender" em contraste com "Você *não consegue* aprender".

Aqui estão alguns exemplos de sugestões positivas ou negativas que acontecem no dia a dia. As palavras-chave ou gatilhos que impulsionam alguém à ação estão sublinhados:

Mãe: Você é uma boa criança. Todos os dias você tenta melhorar!

Mãe: Você é uma criança malcriada! Você não consegue se manter longe de problemas!

Esposa: Os Browns jantarão conosco hoje, querido... tente chegar em casa até as seis.

Esposa: Os Smiths jantarão conosco... eu imagino que você se atrasará, como sempre.

Professor: Que dia maravilhoso para estar aqui! Agora vamos começar um assunto emocionante... a história da luz elétrica!

Professor: Que dia péssimo, deprimente e chuvoso!

Amigo: Você parece estar muito melhor do que da última vez que o vi! Você está se sentindo melhor, não está?

Amigo: Você não parece estar muito bem hoje. Como você se sente?

Esses exemplos são simples, mas lembre-se: *as verdades universais são simples*. Você pode observar como a aplicação prática desses símbolos verbais é capaz de motivar multidões, assim como indivíduos, seja para o bem ou para o mal. Ao compreender isso, poderá entender mais facilmente como os comunistas conseguiram motivar indivíduos bem-intencionados a adotar uma filosofia contrária aos seus próprios interesses, levando-os a se tornarem criminosos e traidores da própria nação. No entanto, mais importante ainda, você poderá ver como podemos utilizar o poder da sugestão para ajudar nosso próprio povo e também os de outras nações a vencer a Guerra Fria de maneira mais eficaz.

Mas, antes de ser motivado a usar sugestões positivas de forma intencional e evitar abordagens negativas, você deve acreditar no que acabou de ler. Portanto, antes de continuar, vamos nos referir novamente à hipnose.

O hipnotizador usa símbolos verbais para colocar o indivíduo em estado de hipnose. Primeiramente, ele pode condicionar a mente do indivíduo para que ele queira ou até tema ser hipnotizado. Em seguida, o hipnotizador utiliza *palavras-gatilho* comuns como "relaxado", "tranquilo", "sereno", "sono", "dormir", e *declarações positivas*, como "agora suas pálpebras estão ficando pesadas", "você está com sono", "você vai dormir" e "você vai ouvir minha voz". Ele pode *repetir* essas declarações positivas ou mesmo as palavras-chave para reforçar o estado de hipnose. Por fim, no momento apropriado, ele dá *comandos diretos*. Durante o estado de hipnose, o indivíduo *literalmente* responde aos comandos, agindo segundo as declarações, independentemente de serem verdadeiras ou falsas. No entanto, o indivíduo não seguirá um comando que contrarie seus padrões invioláveis, a menos que seja *ludibriado* para isso. Felizmente, mesmo que uma pessoa seja altamente sugestionável, ninguém pode hipnotizá-la se ela não quiser ser hipnotizada, desde que saiba como neutralizar a tentativa; pois ela tem um poder que afeta e controla sua mente subconsciente - o *poder da autossugestão*.

A aplicação prática da autossugestão

Descobri como aplicar a autossugestão de forma saudável e benéfica quando li o livro de Émile Coué intitulado *Self-Mastery Through Conscious Autosuggestion* (Autodomínio por meio da autossugestão consciente). Foi incrível como pude compreender e assimilar os princípios descobertos por esse grande médico. Ele encontrou a resposta para duas questões importantes:

Questão n. 1: É a sugestão do médico ou a sugestão que se forma na mente do paciente que tem o maior efeito na cura?

Resposta: Coué provou conclusivamente que é a mente do paciente que consciente ou subconscientemente faz a sugestão à qual sua própria mente e corpo reagem. Sem a autossugestão (inconsciente) ou a autossugestão consciente, as sugestões externas não são eficazes. Em outras palavras, se sua mente não aceita uma sugestão externa, ela não o motivará a fazer algo contra sua vontade.

Questão n. 2: Se a sugestão do médico é capaz de estimular a sugestão interna do paciente, então por que o paciente não pode usar sugestões saudáveis e positivas em si mesmo? E por que ele não pode se abster de sugestões negativas prejudiciais?

Resposta: Qualquer pessoa, independentemente da idade, pode aprender a usar a sugestão e a autossugestão de forma adequada. Um método eficaz é repetir afirmações positivas, que eu chamo de "automotivadoras", como: "*Dia após dia, de todas as formas, estou melhorando cada vez mais, pela graça de Deus*".

É importante notar que a sugestão não deve ser confundida com o *hipnotismo*, e a *autossugestão* não deve ser confundida com a *auto-hipnose*. No entanto, a sugestão e a autossugestão são ferramentas poderosas para produzir um estado de hipnose ou auto-hipnose. Na verdade, você está constantemente recebendo sugestões de várias formas – seja pelo que vê, lê, ouve, prova ou cheira –, e essas sugestões influenciam a sua mente e seu corpo de maneiras sutis e significativas. Além disso, é importante lembrar que você também está constantemente fazendo sugestões a si mesmo. Cada pensamento que você tem é uma sugestão que pode afetar sua vida de maneira positiva ou negativa, por exemplo.

Esse conhecimento é crucial porque permite que você utilize a sugestão e a autossugestão para melhorar sua vida. Você pode escolher conscientemente o ambiente em que vive e neutralizar o efeito de sugestões negativas por meio do poder do pensamento positivo.

E é aqui que a mente consciente desempenha um papel fundamental. Agora deixe-me repetir aqui uma conclusão à qual cheguei:

Você é o produto de sua hereditariedade, ambiente, corpo físico, mentes consciente e subconsciente, experiências, posição e direção particulares no tempo e no espaço – e algo mais, incluindo poderes conhecidos e desconhecidos. Você tem o poder de afetar, usar, controlar ou harmonizar-se com todos esses aspectos do ser. E você pode direcionar seus pensamentos, controlar suas emoções e ordenar seu destino. Pois você é uma mente com um corpo. E sua mente é composta de poderes duplos, invisíveis e gigantescos: o consciente e o subconsciente. Quando os dois trabalham em harmonia, podem afetar, usar, controlar ou harmonizar-se com todos os poderes conhecidos e desconhecidos.

Os mestres do engano

Na guerra psicológica contra os comunistas, todos nós podemos fazer nossa parte. Tentei, de forma modesta, fazer a minha apontando que o poder da sugestão, como qualquer outro, pode ser usado para o bem ou para o mal, tanto aqui quanto em países estrangeiros. Os comunistas usam a enganação e operam sob a premissa de que os fins justificam os meios, independentemente de quão desonestos possam ser. Um dos fenômenos mais surpreendentes da nossa era é que, por meio da propaganda (sugestão verbal e escrita), eles enganaram bons homens e mulheres – muitas vezes idealistas – a dedicarem-se com esmero a uma ideologia contrária às suas crenças religiosas, princípios morais e instintos patrióticos. Eles roubam insidiosamente a mente e a alma das pessoas.

Acredito sinceramente que poderíamos ter enfrentado a Guerra Fria de maneira mais eficaz se o governo tivesse adotado técnicas de marketing, vendas e publicidade utilizadas pelos homens de negócios, que são especialistas em motivação. Porém, como vendedores, não estamos cumprindo nosso papel se não conseguimos vender algo tão bom quanto Deus, o amor pela família ou a liberdade individual.

Ao ler sobre experimentos de telepatia com indivíduos hipnotizados utilizando a "*sugestão de longa distância*", de Vasiliev, lembrei-me de que poderíamos treinar nossos jovens americanos para aumentar sua resistência à lavagem cerebral. Poderíamos ensiná-los a usar o poder da sugestão e da autossugestão para repelir sugestões prejudiciais de um inimigo – potencial ou não.

Para motivar uma pessoa, é preciso apelar para sua imaginação, suas emoções e sua razão, não apenas na lógica e no que já é conhecido. É importante lembrar que sempre há um elemento desconhecido no raciocínio, e considerá-lo pode levar a grandes descobertas e avanços. Há poucos anos, parecia improvável que o átomo pudesse ser quebrado ou que satélites artificiais pudessem orbitar a Terra, mas a ciência e a imaginação trouxeram essas ideias para a realidade. Portanto, ao raciocinar, é fundamental buscar os fatos e a verdade, mesmo que possam parecer improváveis. Tenha a coragem de aceitá-los e de explorar o desconhecido, pois é lá que muitas descobertas valiosas podem ser encontradas.

O desafio dos recursos humanos soviéticos

Norma Lee Browning e eu adquirimos conhecimentos que muitos podem considerar incômodos. Constatamos que a pesquisa realizada atrás da Cortina de Ferro representa um grande desafio para a América, mas, lamentavelmente, poucos cidadãos americanos estão cientes dessa ameaça.

A pesquisa sobre telepatia humana em dezenas de centros em toda a URSS é uma descoberta notável e desafiadora para a América. Infelizmente, poucos americanos estão cientes desse desafio. Alguns funcionários do governo estão cientes dessa pesquisa e estão tentando transmitir essa mensagem, mas muitos não querem acreditar que os russos possam estar à nossa frente em qualquer coisa.

Durante um jantar em Washington com Oliver J. Caldwell, comissário interino de Educação Internacional do Departamento de Saúde, Educação e Bem-Estar, tivemos a oportunidade de discutir as atividades de pesquisa por trás da Cortina de Ferro. Caldwell é uma das pessoas mais bem-informadas em nosso governo sobre as pesquisas que estão sendo conduzidas na URSS em educação e ciência. Ele e seus associados fizeram várias viagens à URSS e têm uma compreensão profunda dessas questões.

Oliver Caldwell disse:

> Fico surpreso com o ceticismo e, às vezes, com a hostilidade que encontro quando tento contar aos americanos sobre algumas das experiências que estão sendo realizadas na URSS em parapsicologia e campos relacionados. Acho isso estranho porque há documentação traduzida disponível que confirma a maioria das coisas que vi na URSS. Estou realmente preocupado, porque, se os Estados Unidos não fizerem um esforço sério para avançar nesta nova fronteira, em dez anos pode ser tarde demais.

Ele confirmou nossa impressão de que, embora seja impossível para um estrangeiro ver claramente o que está acontecendo em uma sociedade comunista secreta e fechada, existem razões suficientes para acreditar que a União Soviética está envolvida em experimentos importantes no desenvolvimento e na exploração da mente humana. E ainda disse:

> É crucial que os americanos compreendam o que está ocorrendo em termos de cibernética, psicologia, neurologia e educação na URSS, uma vez que essas áreas são as ferramentas pelas quais o comunismo está capacitando seus recursos humanos para enfrentar os desafios futuros. Se os americanos não estiverem dispostos a se sacrificar hoje em prol da segurança de seus filhos, é possível que a próxima geração os culpe pela indiferença e estupidez. Eu considero uma tragédia nacional que essa indiferença persista por muito tempo.

* * *

Agora chegamos ao assunto da cibernética. Temos um capítulo inteiro sobre cibernética na próxima seção deste livro. Mas Oliver Caldwell também confirmou nossas descobertas sobre como a cibernética é importante na ciência soviética:

> A cibernética é hoje quase uma religião para alguns cientistas soviéticos, mas parece ser vista com suspeita por certos líderes do Partido Comunista.
>
> Berg é considerado o principal expoente soviético da cibernética e afirmou que o processo pelo qual o Estado desaparecerá em uma sociedade verdadeiramente comunista é, em si, um processo cibernético. Além disso, ele previu que a cibernética tornaria o professor obsoleto, o que gerou entre os professores soviéticos a mesma ira que uma previsão semelhante provocou nos Estados Unidos.
>
> Quando o livro de Norbert Wiener sobre cibernética foi lançado nos EUA, a liderança comunista em Moscou o denunciou como uma aberração burguesa. No entanto, dois anos depois, os comunistas mudaram de posição, e tanto a

cibernética quanto Wiener têm um prestígio extraordinário na União Soviética atualmente.

O próprio termo parece ter uma conotação mais ampla na URSS do que nos Estados Unidos, englobando qualquer máquina que responda a um estímulo específico com uma retroalimentação apropriada.

Assim, o termo parece abranger uma variedade de máquinas, como máquinas de venda automática, dispositivos de aprendizagem programada, telefones, automação na indústria e até mesmo a especulações sobre a relação entre homem e máquina.

* * *

Oliver Caldwell teve a oportunidade de conversar com alguns dos principais cientistas soviéticos, incluindo linguistas, matemáticos, biólogos, neurologistas e físicos, e foi gentilmente convidado para visitar vários de seus institutos e laboratórios, incluindo o Instituto de Energética. Uma das informações impressionantes que ele compartilhou conosco foi que existem cerca de 18 mil estudantes matriculados no Instituto, a maioria envolvida em programas relacionados à cibernética. Além disso, foi interessante descobrir que muitos jovens estudantes russos estão aprendendo inglês. Em contrapartida, quantos estudantes americanos estão se dedicando ao estudo da língua russa?

Usamos os nossos neurônios em sua totalidade?

Talvez a informação mais perturbadora que recebemos de Oliver Caldwell tenha sido a respeito da pesquisa soviética sobre a mente humana.

"*Um indivíduo normalmente não usa mais do que 10% de seus neurônios durante a vida.* Os cientistas concordam com essa afirmação. A função mais importante da mente humana é criar; e a diferença básica entre a mente humana e uma máquina é a criatividade", ele disse.

Portanto, de acordo com Caldwell, a solução soviética para esse problema reside no desenvolvimento de um pequeno dispositivo eletrônico do tamanho de um rádio transistor capaz de armazenar os fatos necessários para uma mente criativa. Esse dispositivo seria utilizado pelo criador em qualquer campo do empreendimento humano, assim como um engenheiro usa uma régua de cálculo. O dispositivo poderia ser programado com os fatos básicos necessários pelo criador, permitindo que ele libere sua mente do fardo de ter que memorizar informações. A pessoa criativa então recorreria ao dispositivo para obter fórmulas químicas, contrapontos, dados históricos ou econômicos, ou qualquer outro fato necessário para desenvolver e implementar novas teorias criativas.

Um protótipo dessa máquina já foi desenvolvido por cientistas soviéticos. Além de ser usada na educação de crianças, ela também poderia ser usada por criadores em qualquer campo de empreendimento humano, permitindo-lhes armazenar informações e fatos necessários para suas criações. No entanto, um grande obstáculo para tornar a máquina viável é a redução de seu tamanho, para torná-la portátil.

Segundo um especialista em pesquisa neurológica, outra abordagem para o problema é eliminar qualquer barreira física que possa impedir o cérebro humano de utilizar sua capacidade total. Ele disse que um "mecanismo de defesa" foi identificado no cérebro e que cientistas soviéticos estão agora criando modelos do cérebro na tentativa de encontrar uma maneira pela qual a mente do indivíduo possa superar essa barreira e fazer uso pleno de suas capacidades intelectuais.

Quando Oliver Caldwell perguntou por que eles não removiam a barreira se a tinham identificado, os cientistas explicaram que, se o mecanismo de defesa for removido do cérebro humano, o indivíduo poderá ter uma vida imensamente plena e perceptiva por 24 horas, e após esse período todas as células cerebrais terão sido utilizadas. A partir desse momento, o indivíduo não poderia esquecer nada do seu passado nem aprender nada de novo no futuro.

Mas há uma terceira maneira de aumentar a capacidade do indivíduo de usar seu potencial intelectual, e isso é feito por meio do desenvolvimento da percepção extrassensorial, um campo no qual os principais cientistas soviéticos estão trabalhando, conhecido como PES. Um dos principais físicos da União Soviética, Landau, explicou a Oliver Caldwell: “Agora é evidente que cada mente viva emite várias ondas curtas de rádio, e que pode ser possível para um indivíduo, em algum momento, controlar suas próprias ondas cerebrais e sintonizá-las a outras mentes. Quando isso acontecer, o professor poderá ensinar um aluno além da capacidade normal de sua mente, transmitindo por cima do mecanismo de defesa para os 90% do cérebro normalmente inativos”.

É tão absurdo, então, acreditar que, em breve, pode haver uma descoberta na área da telepatia?

Podemos ignorar a pesquisa soviética que caminha nessa direção?

Será que estamos sendo ingênuos ao não reconhecer os experimentos ousados que os russos estão realizando no desenvolvimento de seus recursos humanos?

É crucial que o povo americano aceite o fato de que os Estados Unidos e a URSS estão em uma competição acirrada no desenvolvimento de seus respectivos recursos humanos. Se não enfrentarmos essa realidade e não nos dedicarmos, juntamente com nossos recursos materiais, ao desenvolvimento total das capacidades intelectuais e espirituais de nossas crianças, corremos o risco de perder essa competição.

A ciência se move lentamente

A ciência frequentemente parece ignorar as experiências mais profundas e fundamentais da humanidade. Como William James observou, nada foi tratado com mais desrespeito científico do que o conjunto de fenômenos geralmente chamados de experiências místicas ou psíquicas. A psicologia ortodoxa, a fisiologia e a medicina se afastaram desses fenômenos que estão presentes em nossa vida – lampejos de criatividade, inspiração, intuição, sonhos premonitórios e telepáticos e curas milagrosas.

Alguns cientistas têm sido intolerantes com fenômenos psíquicos. Eles negam a existência e a importância de muitas experiências humanas que são universais e significativas.

Como o patriarca da parapsicologia, Dr. J. B. Rhine, uma vez disse: "A ciência avança lentamente, progredindo ponto a ponto... Aqueles que estão familiarizados com a forma hesitante e deficiente como foram feitos os avanços científicos radicais no passado compreendem as dificuldades e os atrasos envolvidos no processo científico".

* * *

Acredito que a resistência de muitos cientistas em aceitar a telepatia e outras formas de percepção extrassensorial é mais emocional do que racional. No entanto, os russos estão explorando novas fronteiras da mente, e não podemos ficar para trás.

Quando os primeiros relatórios surpreendentes do Dr. Rhine sobre percepção extrassensorial surgiram, no início da década de 1930, e atraíram ampla atenção pública para o tema, eles foram recebidos com críticas por outros psicólogos. No entanto, a evidência para a percepção extrassensorial tem sido convincente para um grande grupo de pessoas, incluindo filósofos proeminentes tanto na América quanto na Inglaterra. Os pioneiros em novos ramos da ciência estão sujeitos a ataques daqueles que são céticos e seguem uma abordagem "rigorosamente científica", mas a verdade não pode ser derrubada apenas porque a ciência ortodoxa a rejeita.

É necessário ter grande coragem e dedicação para continuar trabalhando com algo em que se acredita, apesar das críticas dos céticos. Ninguém questionará que pertence ao Dr. J. B. Rhine o mérito de ter quebrado o tabu de um assunto controverso, levando-o para o laboratório de experimentos e adotando uma abordagem científica.

O mundo científico, que havia se conformado com a suposição de que a percepção extrassensorial era impossível, foi abalado pelos relatórios do programa de pesquisas russo.

Talvez este seja o ponto de virada para os parapsicólogos – para aqueles pesquisadores pacientes que continuaram trabalhando na questão apesar da intolerância de alguns. A ignorância é tão comum na ciência quanto em outras áreas do empreendimento humano.

Ao começar a explorar novas teorias, fatos e verdades, é natural encontrar-se envolvido em controvérsias, uma vez que as pessoas frequentemente incorporam seus egos em suas próprias teorias e fatos. No entanto, a controvérsia também pode ser saudável e construtiva, levando a uma melhor compreensão e avanço do conhecimento.

Como a parapsicologia norte-americana começou

Ainda que a expressão percepção extrassensorial (PES) seja amplamente conhecida, o campo acadêmico ao qual pertence, a parapsicologia, ainda é pouco conhecido. Isso se deve, em parte, ao fato de que a parapsicologia é uma disciplina relativamente nova. Embora a PES e outras habilidades paranormais tenham sido relatadas e estudadas ao longo da história, foi em meados da década de 1930, na Universidade de Duke, que um estudo sistemático desses fenômenos foi conduzido e formalizado sob a denominação de "parapsicologia". Antes disso, as pesquisas eram esporádicas e desorganizadas. O Dr. J. B. Rhine, então professor assistente de psicologia na Universidade de Duke, foi o responsável pela consolidação dos estudos sobre a parapsicologia, bem como pela introdução dos termos "parapsicologia" e "percepção extrassensorial" no campo científico.

O livro do Dr. Rhine, intitulado *Extrasensory Perception* (Percepção Extrassensorial), causou grande impacto no mundo da psicologia acadêmica, superando todas as publicações anteriores sobre o assunto.

Trata-se de um relato de sete anos de experimentos sobre telepatia e clarividência, realizados pelo Dr. Rhine e seus colegas e alunos no departamento de Duke, apresentando o caso para a ocorrência de percepção extrassensorial, especialmente do tipo clarividente. Os psicólogos, preocupados com esses achados experimentais, responderam vigorosamente com ataques clínicos. Foram feitas pequenas modificações nos métodos utilizados para enfrentar as críticas. O primeiro ponto de ataque foram os métodos estatísticos utilizados na avaliação dos sucessos.

Em dezembro de 1937, o Instituto de Estatística Matemática de Indianápolis emitiu um comunicado afirmando: "Se os experimentos de Rhine forem criticados, terá que ser por outros motivos além do campo matemático".

O Dr. Rhine acreditava que as críticas eram importantes apenas se viessem de fontes confiáveis e científicas. Ele e sua equipe continuaram a trabalhar incansavelmente, apesar da oposição, e em 1950 o laboratório de Duke era reconhecido internacionalmente como um centro de pesquisa líder em parapsicologia. A reputação do laboratório atraiu estudiosos do mundo todo, ansiosos para visitar e colaborar com os pesquisadores de Duke.

O laboratório de Duke tinha como um dos objetivos apoiar financeiramente pesquisadores que se destacassem em suas áreas, quando necessário. Embora o esforço fosse feito para trazer esses pesquisadores para Duke, nem sempre era possível ou desejável. Em alguns casos, eles eram mantidos em suas próprias localidades, em países como Índia e Checoslováquia, e recebiam bolsas de pesquisa.

O laboratório de Duke foi capaz de conduzir uma série de projetos que não teriam sido possíveis individualmente com pesquisadores em centros isolados. Entre esses projetos estava a investigação de reivindicações de mediunidade. Uma equipe de pesquisadores foi necessária para investigar as performances de médiuns, sob controle adequado, e vários anos foram dedicados a essa investigação durante a década de 1930, levando a esclarecimentos nessa área problemática. Durante a série de investigações sobre mediunidade, uma pesquisa em particular revelou que, embora a médium sob investigação tenha fornecido informações relevantes para os participantes que nem sequer estavam na mesma sala ou dentro do alcance da audição, as informações transmitidas não foram superiores às informações que a médium foi capaz de obter dos cartões-alvo e dos enviadores, também presentes na sala adjacente, nos testes de percepção extrassensorial de rotina aos quais ela foi submetida. Embora essa investigação tenha contribuído para esclarecer a questão da mediunidade, o problema permaneceu sem uma interpretação definitiva, exceto em termos de PES. A fonte das informações transmitidas, se eram de origem desencarnada ou viva, permaneceu um mistério não solucionado.

Outro ramo importante de pesquisa foi a busca por percepção extrassensorial em animais. Gatos, cães e pombos foram submetidos a investigações sobre esse tipo de habilidade após a coleta de grandes números de registros de casos que indicavam fortemente a presença dessa capacidade.

No laboratório de Duke, foram realizadas investigações para examinar a possível relação entre a capacidade psíquica e transtornos mentais, por meio de uma combinação de estudos. Para isso, foram visitados hospitais psiquiátricos a fim de obter material de pesquisa e foram usados inventários neuróticos (avaliações mentais) em conexão com as investigações de percepção extrassensorial com estudantes universitários. A habilidade psíquica foi completamente aprovada.

A Dra. Louisa E. Rhine, com base em seus estudos de casos espontâneos, identificou os canais mais comuns de mensagens de percepção extrassensorial como sendo, em primeiro lugar, sonhos, que podem ser realistas ou fotográficos, bem como simbólicos ou fantasiosos; em segundo lugar, alucinações no estado de vigília; e em terceiro lugar, intuição ou conhecimento simples sem qualquer indicação de fonte. A maioria dos indivíduos nos testes de percepção extrassensorial usa a intuição simples; eles escolhem o símbolo que sentem ser o correto ou simplesmente adivinham sem nenhum motivo especial ao escolher um alvo em detrimento de outro.

O apoio financeiro ao Laboratório de Parapsicologia da Duke deve ser creditado principalmente à Universidade Duke. Ao longo dos anos, a universidade tem sido responsável pela manutenção do laboratório, pelo pagamento dos funcionários da secretaria e do diretor. Contribuições adicionais para membros da equipe e algumas despesas operacionais foram fornecidas por organizações como a Fundação Rockefeller, a Fundação de Parapsicologia de Nova York, a Fundação W. Clement e Jessie V. Stone de Chicago, entre outras. Charles E. Ozanne, a Sra. Frances P. Bolton e Alfred P. Sloan Jr. foram os principais doadores particulares, enquanto outros preferiram permanecer anônimos.

Embora a pesquisa em parapsicologia esteja avançando e ganhando status em muitos aspectos, ainda há uma diminuição da disposição por parte do mundo universitário, tanto na Europa Ocidental quanto nos Estados Unidos, para reconhecer o campo. Isso se deve, em grande parte, à lenta aceitação por parte dos psicólogos profissionais e acadêmicos. Como resultado, a parapsicologia tem se deparado com uma recepção fria das grandes universidades, e tem encontrado seu lugar em novas instituições.

Uma nova organização, chamada Fundação para Pesquisa sobre a Natureza do Homem, foi criada para dar continuidade em uma escala mais ampla ao tipo de coordenação que foi exercido em certa medida pela unidade menor dentro da Universidade Duke. Com uma equipe expandida, recursos e um programa mais ambicioso, a parapsicologia pode receber ajuda em uma escala nunca antes vista, superando rapidamente muitas das dificuldades que prejudicaram seus esforços ao longo dos anos.

Eles enganam, iludem e seduzem

É comum que, em algum momento, todos sejam enganados, iludidos e até seduzidos por alguém em quem confiavam. Isso ocorre porque a tendência é presumir que a outra pessoa é honesta, a menos que haja motivos para pensar o contrário. Como a maioria das pessoas é, de fato, honesta por natureza, é difícil para elas conceber que outras pessoas deliberadamente tentariam enganá-las.

Mas agora é hora de lembrar:

A verdade será verdade, independentemente de crença, ignorância, negligência ou incompreensão de qualquer pessoa, ou, ainda, do fracasso de provas científicas. Não deixe que aqueles que enganam abalem sua fé na humanidade. Da mesma forma, não permita que a falta de compreensão ou a incredulidade em relação às experiências psíquicas verdadeiras afetem sua crença nelas.

Tenhamos maturidade para buscar a verdade, mesmo que ela possa estar envolvida em circunstâncias indesejáveis. Pois o "sensitivo" pode ser moralmente corrupto e, em sua ganância por dinheiro, pode se tornar um trapaceiro. No entanto, isso não é motivo para assumir que todos os sensitivos são trapaceiros.

Norma Lee Browning e eu concordamos que, ao ler relatos de fenômenos psíquicos supostamente legítimos, é importante verificar os erros clássicos comuns a esse tipo de literatura. Você pode se perguntar o seguinte:

- O autor indica uma fonte primária confiável?
- Ele aceita fontes materiais sem análise crítica?
- Ele indica informações sobre fraude e trapaça?
- Suas histórias são baseadas em relatos não comprovados, de segunda ou terceira mão, dados por pessoas que são preconceituosas ou tendenciosas?
- A verdade está oculta em sua escrita?
- Quais são seus motivos?

Algumas ideias sobre experiências físicas e psíquicas

Com os avanços tecnológicos, a ciência tem conseguido detectar algumas das forças físicas invisíveis e desconhecidas. No entanto, ainda não existem instrumentos capazes de registrar muitas das ondas de diferentes comprimentos que estão presentes em seu ambiente, incluindo o local em que você está lendo este livro. Cada onda carrega energia e informação, mas, mesmo quando são registradas, a interpretação correta da informação contida nas ondas é fundamental. É preciso transcrevê-las ou convertê-las para que se tornem significativas.

Com o avanço da tecnologia, temos ferramentas para converter informações de diversas ondas em formatos acessíveis, como gravadores ou fonógrafos para fitas magnéticas e discos, e rádios ou televisões para ondas eletromagnéticas. No entanto, ainda não existe um instrumento capaz de converter diretamente as informações contidas em ondas cerebrais em um formato acessível. Dessa forma, não podemos afirmar com certeza se as ondas cerebrais e as ondas de pensamento são a mesma coisa.

No entanto, embora não tenha sido inventado um instrumento que possa converter diretamente a informação contida na onda cerebral em pensamento, é possível amplificar as ondas cerebrais por meio de um fio telefônico e transmiti-las por rádio ao redor do mundo. Um exemplo disso ocorreu em 25 de abril de 1963, quando ondas cerebrais foram enviadas do Instituto Neurológico Burden, em Bristol, Inglaterra, por linha terrestre, para a estação de transmissão britânica em Goodhilly Downs, e depois transmitidas por satélite de comunicações para a estação receptora em Nutley, Nova Jersey, nos Estados Unidos. De lá, foram enviadas por linha telefônica para Mineápolis.

As ondas cerebrais têm uma amplitude muito baixa, o que as torna incapazes de viajar grandes distâncias por conta própria. Por isso, foram anexadas a um sinal de onda portadora com uma frequência de 1.750 ciclos por segundo, para que pudessem ser transmitidas a longas distâncias. Em Mineápolis, elas foram separadas da onda portadora e registradas em um gráfico para posterior análise.

Agora, por que uma onda de pensamento (mesmo que seja de uma frequência diferente da onda cerebral) não poderia ser carregada por alguma outra onda? Humanos, animais e plantas são afetados por ondas do espaço sideral. A distância entre um indivíduo e outro é relativamente pequena. Além disso, as ondas são transmitidas através da Terra. Algum dia, esse fato poderá ser importante na comunicação de longa distância.

Podemos conceber a possibilidade de existirem ondas que carregam uma nova forma de energia, ainda desconhecida pela ciência, bem como forças invisíveis que afetam a mente de maneiras que não compreendemos completamente. Tais energias podem não agir como estímulos para os nossos cinco sentidos, mas ainda assim afetar o nosso subconsciente. É por meio do subconsciente que a nossa mente consciente recebe imagens, ideias, sons, sabores ou sensações físicas, que podem parecer tão vívidas como se tivessem sido causadas por estímulos do ambiente físico.

Outra ideia: não é lógico supor que experiências psíquicas devam ser causadas por algum tipo de influência externa ou interna, ou ambas? No entanto, se isso for verdade, é razoável questionar se uma pessoa que sempre foi cega pode ter a experiência física de ver uma aparição. Afinal, mesmo que as energias necessárias para a aparição existam, a falta de experiência visual prévia da pessoa cega pode tornar difícil para ela visualizá-la em sua mente, já que a capacidade de ver é uma habilidade adquirida. Como sempre, é importante lembrar que, para ser significativa, a informação precisa ser transformada em algo que possa ser interpretado.

Telepatia... sim ou não?

Se alguém me perguntasse "Você acredita em telepatia?", minha resposta seria: "Definitivamente, sim!".

Acredito na telepatia, independentemente da necessidade de provas científicas para sua existência. Se uma causa produz um efeito repetidamente, isso é suficiente para mim, mesmo que eu não possa explicar cientificamente os meios pelos quais isso ocorre. A maioria dos cientistas com quem conversei indica que acredita na existência da telepatia espontânea, mesmo que não possa provar a telepatia controlada em laboratório. É importante lembrar, no entanto, que muitos cientistas renomados chegaram a conclusões erradas sobre determinadas causas e seus efeitos. Embora eu não seja cientista, me sinto em boa companhia ao acreditar na telepatia.

Não sei se a telepatia é um fenômeno físico ou psíquico. Minha sensação é que pode ser ambos. Mas aqui estão algumas sugestões simples que você pode usar para investigar a existência do fenômeno da transmissão de pensamento:

Você consegue se lembrar de alguma experiência pessoal que sente que foi uma transmissão de pensamento?

Uma técnica que costuma funcionar para mim em conversas com amigos é introduzir o assunto de telepatia e percepção extrassensorial de forma sutil, por exemplo, mencionando que estou lendo um livro sobre o assunto, como *O outro lado da mente*. Em seguida, faço perguntas do tipo "Você já teve alguma experiência desse tipo? Ou alguém em sua família já teve?". Fico sempre surpreso com as histórias que ouço, muitas vezes de pessoas que nunca mencionariam essas experiências se eu não tivesse abordado o assunto. Claro, é importante avaliar a confiabilidade dessas histórias e das pessoas envolvidas.

Se você estiver interessado em testar a transmissão de pensamento, a melhor maneira de fazê-lo é experimentando por si mesmo. Não há nada a perder e muito a ganhar com a experiência. No entanto, é importante lembrar que as experiências espontâneas geralmente ocorrem quando há uma forte carga emocional envolvida. Portanto, ao conduzir seu experimento, evite ser sarcástico e certifique-se de que os pensamentos ou informações que você está tentando enviar ou receber sejam de grande importância para você ou para a outra pessoa envolvida. Por exemplo, pode ser sobre um ente querido.

Uma opção para aqueles que preferem se concentrar em encontrar uma pessoa específica ou se comunicar com ela é praticar a arte da concentração. No entanto, se você não estiver acostumado a concentrar seus pensamentos, pode ser desafiador no começo. Nesse caso, uma abordagem mais fácil é usar a sua imaginação: visualize a pessoa ou o evento que você deseja que aconteça. Tente isso várias vezes durante o dia por alguns dias e observe o que acontece. Os resultados falarão por si mesmos.

A telepatia pode ser usada para transmitir pensamentos positivos que podem afetar positivamente as pessoas. Por outro lado, pensamentos negativos podem prejudicar tanto o emissor quanto o receptor. Em minhas entrevistas, descobri que muitos casais têm experiências telepáticas. Fico pensando se, em casos de conflito, os pensamentos negativos de um dos parceiros podem afetar a saúde mental e física do outro. É uma reflexão interessante a se fazer.

Isso simplesmente aconteceu

Earl Forte, um dos meus representantes de vendas, contou uma experiência incomum. Ele compartilhou a história em uma reunião de vendas alguns dias depois de ter tido a experiência:

> Eu estava em California, Missouri, vendendo uma apólice de seguro contra acidentes para uma senhora. Enquanto eu estava anotando as respostas dela em um formulário, ela tocou nervosamente meu braço. Quando olhei para cima, percebi que ela estava alarmada. Estava pálida e parecia um pouco assustada.
>
> "Você percebeu o que acabou de fazer, jovem?", ela perguntou.
>
> "Não", eu respondi.
>
> "Você preencheu o nome e o grau de parentesco do meu beneficiário. Eu não lhe dei essas informações. Como você sabia?"
>
> Olhei para o formulário e vi que havia escrito as informações. Eu estava particularmente confuso porque o sobrenome era diferente do dela, o beneficiário era o seu irmão. Eu nem sabia que ela tinha um irmão. Então, em resposta à pergunta que ela me fez, eu disse: "Eu não sei... isso simplesmente aconteceu".

Após relatar essa experiência, o vendedor de seguros deu a seguinte explicação:

> Acredito que minha cliente estava lendo o formulário enquanto eu o preenchia. Quando ela viu as palavras "beneficiário" e "relacionamento", pensou em seu irmão. Por alguma razão que não entendo, captei seu pensamento no exato momento em que cheguei a essa pergunta específica no formulário.

Sei, por experiência em vendas, que muitas vezes consigo captar o pensamento de um cliente no decorrer de uma venda antes mesmo que ele o expresse – simplesmente acontece. Mas agora deixe-me falar sobre um experimento que fiz em que conseguimos comunicar pensamentos a uma distância superior a 5.400 quilômetros.

Pensamentos através do espaço

Norma Lee Browning e eu tivemos o privilégio de passar um dia inteiro entrevistando o Sr. Harold Sherman e sua esposa. Harold é autor renomado de muitos livros, incluindo *TNT, The Power Within* (TNT, o poder interior), um livro de autoajuda que há anos tenho recomendado para meus vendedores. No entanto, a nossa entrevista foi sobre outro assunto: telepatia e outras formas de percepção extrassensorial (PES).

"Conte-nos sobre suas experiências com telepatia", pedi.

Com grande entusiasmo, Harold Sherman compartilhou conosco a incrível história de como pensamentos foram comunicados com sucesso por uma distância superior a 5.400 quilômetros. Após a entrevista, li seu livro *Thoughts Through Space* (Pensamentos através do espaço), que detalha os 68 testes em transmissão de pensamento realizados entre ele e o explorador ártico Sir Hubert Wilkins. A história é fascinante e inspiradora, e vou resumi-la brevemente.

Em 1937, Sigismund Levanevsky e cinco companheiros partiram de avião de Moscou em direção aos Estados Unidos, com uma escala em Fairbanks, Alasca. Perto do Polo Norte, o avião desapareceu. O governo russo encarregou Sir Hubert Wilkins de liderar a busca pelos homens e o avião desaparecidos.

Antes de Sir Hubert partir de Nova York para o Ártico, ele e Harold Sherman combinaram de tentar se comunicar através de transmissão de pensamento regularmente em horários pré-determinados durante a expedição.

"E quão bem-sucedidos foram os experimentos?", perguntei curiosamente.

"Mais de 70%", respondeu Harold com confiança. Ele, então, compartilhou vários exemplos, e um deles foi particularmente interessante.

"No Dia do Armistício, em 1937, registrei uma impressão do avião do Sir Hubert sendo forçado a pousar em uma nevasca, e vi Sir Hubert comparecendo a um baile vestido com um terno de gala", disse Harold.

Ele explicou mais detalhes sobre o que viu, e continuou: "Minha mente consciente me disse que Sir Hubert não levaria um terno de gala em uma missão de resgate tão séria. Mesmo assim, registrei exatamente o que vi".

O que Harold viu estava correto em praticamente todos os detalhes. O terno de gala havia sido emprestado para Sir Hubert para que ele pudesse comparecer a um compromisso importante na cidade de Regina.

"Pode nos contar como você recebe essas impressões?", perguntei a Harold.

Ele tentou explicar exatamente o que aconteceu. "Eu me concentrei e vi imagens se movendo rapidamente como se fossem exibidas em uma grande tela de cinema. As imagens passavam pela minha mente tão rapidamente que muitas vezes tive dificuldade de acompanhá-las enquanto as registrava."

Pessoalmente, estou convencido de que essas experiências são mais comuns do que muitos de nós percebemos. De qualquer forma, independentemente do que tenha ou não sido cientificamente estabelecido ou aceito, nunca subestime os verdadeiros poderes ocultos da mente humana.

CAPÍTULO 14
Seus maiores poderes

黄大仙 se pronuncia *Wong Tai Shim*, que é o nome de um famoso templo budista em Hong Kong. Ao passar pelos portões do pátio que levam ao templo, olhei ao redor. À minha direita, não muito longe da trilha, havia uma construção aberta, que pode, por falta de um termo melhor, ser descrita como um pagode (tipo de torre com múltiplas beiradas) de um andar. Vi uma multidão de chineses ao redor de um monge budista. Era fácil vê-lo, pois sua cabeça e ombros estavam acima da multidão.

Ao meu lado esquerdo, a uma distância semelhante, havia uma árvore de porte generoso com uma grande quantidade de galhos. Essa árvore chamou minha atenção, pois, em vez de folhas, havia centenas de pequenos objetos que não consegui identificar pendurados em seus ramos. Alguns homens pareciam estar amarrando esses objetos na árvore, e o semblante deles refletia grande tristeza ou preocupação.

Eu me apressei para me juntar à multidão que estava à minha direita, onde um sacerdote budista estava em uma plataforma elevada, cerca de sessenta centímetros acima do solo. Ele estava ocupado girando um instrumento que parecia um grande carretel de madeira ou cilindro, com lados de setenta centímetros de diâmetro e um comprimento horizontal de um metro e meio. Depois de uma inspeção mais próxima, percebi que o instrumento era, na verdade, constituído por uma série de rodas de madeira, cada uma com menos de três centímetros de espessura e capaz de girar independentemente em seu próprio eixo.

Pequenos rolos de pergaminho saíam de buracos nas bordas de cada roda. Esses pequenos bolsos estavam distantes um do outro cerca de um centímetro, o que sugeria que o instrumento continha centenas desses pergaminhos.

Na multidão, encontrei um morador local que falava inglês e perguntei: "Você pode me explicar o que significa tudo isso?". Ele respondeu prontamente: "Claro, ficarei feliz em explicar. Eles leem a sua sorte. Se você não gostar da previsão, pode ir até aquela árvore e prender sua sorte a um galho. Assim, ela não se realizará".

Agradeci ao nativo, voltei a atenção para o sacerdote budista e paguei o yen necessário. O sacerdote girou as rodas da fortuna e logo escolheu um pergaminho bem enrolado para me entregar. Quando li a mensagem, descobri que dizia: "Você será bem-sucedido. Experimentará felicidade, riqueza, boa saúde e boa sorte". A previsão era boa o suficiente para mim, então não amarrei meu pergaminho na árvore. Na época, não achei estranho que a mensagem estivesse escrita em inglês. Gosto de ser supersticioso, e acredito que, se você o é, deve ser prático e fazer valer a pena. E isso tem funcionado bem para mim.

Durante o meu tempo no ensino médio, cheguei à conclusão de que a boa ou má sorte dependia da minha mentalidade. Eu queria ter boa sorte e, por isso, decidi não insultar minha inteligência acreditando em símbolos de má sorte. Na verdade, se outras pessoas tivessem atitudes mentais negativas em relação a um objeto ou evento específico, eu deliberadamente transformava essa superstição em algo positivo para que ela me trouxesse boa sorte. É por isso que considero o número 13 um número de sorte, e a sexta-feira 13 um dia incrível.

Não hesito em passar por baixo de uma escada, desde que eu veja que não há uma lata de tinta no topo. Se eu quebrar um espelho por acidente, sei que terei sete anos de sorte.

Além disso, em vendas, aprendi a usar a superstição em benefício mútuo. Por exemplo, houve momentos em que alguns clientes compraram um seguro contra acidentes comigo graças a uma pequena ideia que plantei na mente deles. Eu dizia: "O presidente da nossa empresa garante que, desde que você tenha uma apólice como essa, nunca sofrerá um desses acidentes" (eu era o presidente, mas o cliente não sabia disso). Então eu ria. O cliente ria. Ríamos juntos, e eu continuava: "Na verdade, oferecemos uma garantia. Se ele estiver errado, pagamos em dinheiro".

Até hoje, há segurados que, quando os concorrentes tentam deturpar nossa política, dizem: "Há muitos anos, um jovem vendedor me disse que, desde que eu tivesse a apólice dele, nunca sofreria um acidente. Nunca sofri. Então vou manter a apólice que já tenho. Nunca desistirei dela".

Sim, vale a pena ser supersticioso, se você for prático e fizer suas superstições renderem a seu favor. Também é uma boa maneira de aprender a superar o medo. Atraia a boa – não a má sorte; use a superstição a seu favor de maneira saudável.

Nós acreditamos no que queremos acreditar

Essa história me faz refletir sobre como acreditamos no que queremos acreditar e como essas crenças afetam nossa mente, nossas ações e nosso cotidiano. Além disso, nossas crenças têm um efeito significativo em nossos ambientes, especialmente nas reações das outras pessoas. Ao reler este livro, você perceberá como isso fica evidente em cada capítulo. Aqui estão alguns exemplos:

Os russos acreditaram no relatório falso sobre o *Nautilus* e tomaram medidas. E nós, nos Estados Unidos, assim como pessoas em posições elevadas em outras potências ocidentais, acreditamos em relatórios vindos da Rússia de que eles estavam envolvidos em pesquisas sérias sobre telepatia, e acreditamos que esses relatórios fossem verdadeiros. Eu estava especialmente interessado em saber até que ponto o governo dos Estados Unidos estava participando de pesquisas sobre telepatia.

Após a publicação dos oito artigos semanais de Norma Lee Browning no *The Chicago Sunday Tribune* sobre sua viagem ao redor do mundo em busca de fenômenos mentais, a partir de 2 de junho de 1963, ela recebeu inúmeras cartas e telefonemas que forneceram pistas específicas. Ela me pediu para investigar uma dessas histórias, que se referia à localização de submarinos inimigos por meio do uso de percepção extrassensorial. Ao ler a história que vou relatar a seguir, você poderá observar como ideias fantasiosas surgem na mente de pessoas que não se mantêm com os pés no chão quando se envolvem em fenômenos psíquicos.

Podemos localizar submarinos inimigos com a percepção extrassensorial?

Após uma extensa pesquisa, consegui finalmente localizar o Capitão Harry A. Adams Jr., que serviu na Marinha dos Estados Unidos (USN). Na época em que ocorreu o incidente em questão, o Capitão Adams ocupava o cargo de assistente do chefe de Estado-Maior de Inteligência na equipe do comandante da Fronteira do Mar Ocidental. Ele recebeu uma ordem direta de Washington para investigar um relatório sobre um indivíduo em Los Angeles que afirmava ter a capacidade de localizar submarinos por meio de um instrumento especial e sensível, simplesmente movendo-o sobre um mapa de determinada área coberta por água. De acordo com as informações, esse instrumento apresentava propriedades similares às de uma vara de adivinhação, com a diferença de que deveria ser utilizado em um mapa em vez de ser utilizado no terreno real.

Foi organizada uma demonstração na Estação Aérea Naval em San Diego, com grandes mapas de determinada área do Pacífico dispostos. Na presença do Capitão Adams, outros oficiais navais e alguns especialistas em pesquisa, o sensitivo psíquico moveu cuidadosamente seu instrumento sobre cada polegada do mapa. Surpreendentemente, ele foi capaz de indicar a localização de um grande número de submarinos e até mesmo a nacionalidade de cada um deles.

Essa pessoa havia impressionado muitos leigos com demonstrações do que alguns chamavam de poderes psíquicos e outros chamavam de mágica ou truque. O Capitão Adams e aqueles que observavam o médium localizar submarinos também ficaram impressionados, mas por outra razão. Eles sabiam que o número de submarinos que ele localizou simplesmente não podia ser verdadeiro – não poderia haver tantos submarinos no Pacífico naquela época. Além disso, muitos dos submarinos foram identificados como sendo de países que nem sequer tinham marinhas.

O Capitão Adams explicou: "Naquela época, nossos submarinos no Pacífico haviam recebido instruções para manter registros precisos de tempo e localização. Mais tarde, quando recebemos seus relatórios e os comparamos com o momento da demonstração e os locais indicados pelo chamado 'sensitivo', descobrimos que ele estava completamente equivocado em 100% das suas localizações".

É comum que sensitivos afirmem ter a habilidade de localizar minas de ouro e poços de petróleo apenas passando as mãos sobre mapas de territórios específicos. No entanto, após extensas pesquisas, tanto eu quanto Norma Lee Browning não encontramos nenhum caso em que essas pessoas tenham adquirido riqueza por meio desses esforços, apesar de terem recebido honorários consideráveis por seus serviços. Infelizmente, há relatos de indivíduos que perderam quantias significativas de dinheiro seguindo o conselho de sensitivos psíquicos sobre investimentos em minas de ouro ou outras oportunidades de negócios. De fato, um indivíduo me contou que havia perdido vinte mil dólares seguindo o conselho de um sensitivo psíquico sobre uma mina de ouro.

Vamos explorar agora as maravilhosas experiências de fenômenos mentais de forma positiva e inspiradora. O homem é uma mente com um corpo, e a busca pelo desenvolvimento e manutenção da saúde física, mental, moral e espiritual é uma jornada importante que pode ser aprimorada pelo uso de imaginação e pensamento criativo.

Entre os exemplos mais elevados de criatividade, a composição de grandes músicas sempre me impressionou. Ela é realizada sem palavras, e a mente está aberta à intuição e inspiração em sua forma mais pura. Que processo misterioso ocorre na mente dos grandes compositores?

Pensamento criativo dos grandes compositores

No parágrafo de abertura do prefácio de *Talks With Great Composers* (Conversas com grandes compositores)*, Arthur Abell escreveu:

> Durante o tempo em que vivi na Europa, de 1890 a 1918, tive a sorte de poder discutir com grandes compositores como Brahms, Strauss, Puccini, Humperdinck, Bruch e Grieg acerca do processo criativo e da inspiração musical. Nessas conversas, eles compartilharam comigo detalhes fascinantes sobre suas experiências mentais, psicológicas e espirituais durante o processo de composição. As páginas a seguir descrevem as revelações que tive a partir

* Philosophical Library, NY, 1955.

> dessas conversas e como esses mestres da música foram impulsionados por forças da alma quando sentiram o ímpeto criativo.

Em uma ocasião posterior, ele afirmou que sempre fez questão de anotar as palavras exatas dos grandes homens que entrevistou, para ter um registro fiel e preciso de suas falas. E é aqui que podemos conferir suas palavras:

> *Johannes Brahms*
> (...) Perceber que podemos nos unir ao Criador, como Beethoven percebeu, é uma experiência maravilhosa e imponente. Quando sinto o ímpeto de criar, começo a apelar diretamente ao meu Criador, fazendo-lhe as três perguntas mais importantes relacionadas à nossa existência neste mundo: de onde viemos, por que estamos aqui e para onde vamos (*woher*, *warum*, *wohin*)?
>
> Imediatamente sinto vibrações que arrebatam todo o meu ser. É como se o Espírito iluminasse o poder da minha alma, e, nesse estado elevado, consigo ver claramente o que é obscuro em meu estado de espírito comum, permitindo-me tirar inspiração do divino...
>
> *Richard Strauss*
> (...) Quando a inspiração chega, é algo tão sutil e delicado que quase desafia a definição (*von solch Scharfsinnigkeit, Feinheit-wie-ein-Irrlicht*). Durante meus momentos mais inspiradores, tenho visões cativantes e definitivas que envolvem um senso superior de mim mesmo. Sinto, nesses momentos, que estou tocando a fonte da energia infinita e eterna da qual todos nós, você, eu e todas as coisas, surgimos. A religião chama isso de Deus.
>
> *Giacomo Puccini*
> (...) Sei, pela minha própria experiência enquanto componho, que é uma influência sobrenatural que me qualifica

para receber verdades divinas e comunicá-las ao público pelas minhas óperas.

Para começar o processo criativo, invoco todo o poder do meu eu interior. Em seguida, sinto um forte desejo e uma intensa determinação de criar algo que seja valioso. Esse desejo, esse anseio, implica o conhecimento de que sou capaz de alcançar meu objetivo. Então, faço uma fervorosa prece à Força Criadora. Essa prece deve ser acompanhada de uma completa expectativa de que essa ajuda superior me será concedida. Essa fé perfeita abre o caminho para que a vibração passe do dínamo, que é o centro da minha alma, para minha consciência, e assim as ideias inspiradas nascem...

Richard Wagner

Estou profundamente convencido de que há correntes universais do Pensamento Divino vibrando no éter em todos os lugares, e qualquer um que possa sentir essas vibrações é inspirado, desde que esteja consciente do processo e tenha o conhecimento e a habilidade para expressá-las de maneira convincente. Essa capacidade inspirada não é limitada a artistas, como compositores, arquitetos, pintores, escultores ou inventores. É uma qualidade que pode ser encontrada em todas as áreas da vida e em todos os campos da atividade humana...

(...) Nenhum indivíduo que nega a existência de um poder superior jamais criou algo de grande e duradouro valor...

Max Bruch

(...) Quando um compositor cria uma obra de valor duradouro, ele se encontra frente a frente com a Energia Eterna da qual toda a vida flui, e é por meio dela que ele cria algo que transcende o tempo.

No entanto, descobri que, para se conectar com essa energia, é preciso seguir certas leis, e duas das mais importantes são a *solidão* e a *concentração*. Como Brahms já afirmou, é essencial estar completamente sozinho e sem perturbações.

> O compositor deve sentar-se em silêncio e aguardar a orientação de uma força superior à sua mente racional. Se souber como se conectar com esse poder, ele se torna um canal que projeta o invisível e infinito em algo visível, ou, melhor ainda, em algo que possa ser ouvido...
>
> *Edvard Grieg*
> (...) Ao compor, eu seguia o movimento do meu espírito, sem ter plena consciência de que estava trabalhando dentro de grandes leis cósmicas. Brahms, assim como Beethoven, reconhecia que estava sendo guiado pela Onipotência. Somente um gênio criativo supremo pode alcançar tais alturas.

Esses compositores foram gênios no campo da música, e todos reconheceram unanimemente que suas grandes obras foram criadas pela ação do Poder Divino. Embora você possa não ser um gênio, é sensato reconhecer que o Poder Divino é criativo em todas as áreas de empreendimento.

Você é uma mente com um corpo

Recentemente li uma série de artigos apresentados em um simpósio composto por teólogos, religiosos, médicos e psiquiatras excepcionais sobre o tema "Corpo e Alma na Doença e na Saúde". Fiquei profundamente impressionado e inspirado ao descobrir que praticamente todas as denominações cristãs agora estão estudando cuidadosamente as curas físicas e mentais por meio da oração, do canto, da confissão, da súplica por perdão, do arrependimento, da imposição de mãos e da fé em Deus. Percebi que o grande público terá acesso aos poderes de cura que, até agora, eram experimentados apenas por alguns.

O interesse das igrejas Católica, Ciência Cristã e Pentecostal não é surpreendente, mas a descoberta de que a cura divina estava sendo estudada em profundidade pelos presbiterianos, batistas, episcopais (anglicanos), metodistas, luteranos e outros foi definitivamente surpreendente para mim. Pode ser novidade para você também, já que esses estudos ainda não estão sendo divulgados.

Talvez essa informação não deva ser tão surpreendente assim. A reforma interna da igreja é um dos grandes movimentos históricos de nosso tempo; além disso, o esclarecimento do praticante de medicina sobre a natureza espiritual do homem, relacionando-a à saúde física e mental, está se tornando mais comum do que imaginamos.

Como os artigos que eu li estavam claramente marcados como "Não publicar em parte ou no todo", não posso citá-los diretamente. No entanto, posso compartilhar uma história pessoal de um médico amigo meu e suas reflexões sobre o assunto em questão.

Ao refletir sobre essa história, é impossível não desejar que mais médicos compartilhem da perspectiva de olhar para o ser humano como um todo, considerando a saúde física, mental, moral e espiritual. É animador pensar em um futuro em que as diferentes áreas do conhecimento trabalhem juntas, em harmonia, para proporcionar o melhor cuidado possível aos pacientes.

É importante lembrar que uma das falácias da lógica é a ideia de que algo deve ser "isso ou aquilo" – uma conclusão que não leva em conta o desconhecido*. Um médico que exclui a psiquiatria, a religião ou a quiropraxia está tão equivocado quanto uma pessoa religiosa que fecha a mente para os benefícios da ciência moderna. Cada disciplina tem seus benefícios específicos e um lugar especial

* E falando de lógica, muitas pessoas criticam o que sentem ser um conceito errôneo dos cientistas cristãos. No entanto, se primeiro estudassem um livro sobre semântica, como *Language in Thought and Action* (Linguagem em pensamento e ação), de S. I. Hayakawa, seriam menos críticos – ou seja, se, antes de criticar, lessem as definições da Ciência Cristã ou as palavras usadas por eles. Essas definições podem ser encontradas em *Ciência e saúde com a chave das Escrituras*, de Mary Baker Eddy, ou no *Webster's New Collegiate Dictionary*.

nos cuidados com a saúde. Todas as áreas afetam o ser humano como um todo – a mente e o corpo.

> os cegos recuperam a visão, e os paralíticos andam, os leprosos são purificados, os surdos ouvem, os mortos ressuscitam e aos pobres é anunciada a Boa-Nova (Mateus 11:5)

Howard F. Moffett tem uma história de vida inspiradora. Nascido em Pyongyang, na Coreia, filho de missionários presbiterianos, passou a maior parte da vida no Oriente. Hoje atua como superintendente do Hospital Presbiteriano em Taegu, na Coreia. Além disso, é responsável pela gestão do leprosário sob a American Leprosy Mission (Missão Americana contra a Hanseníase) e de uma unidade hospitalar infantil que atende principalmente órfãos. Essas três instituições, juntamente com outras clínicas que oferecem tratamento ambulatorial, são responsáveis por tratar mais de cem mil pacientes anualmente.

Há pouco tempo, ele estava em licença nos Estados Unidos. Por ser um homem dedicado, passou a maior parte do tempo levantando fundos necessários para a expansão das instalações do seu hospital. Tivemos várias conversas, e, entre outras coisas, isto foi o que ele me disse:

"A era moderna é caracterizada por um senso de orgulho pela ciência e pela abordagem científica, e muitas vezes isso requer provas matemáticas ou empíricas para validar uma afirmação. No entanto, é paradoxal que, mesmo nessa era 'científica', quase todos nós aceitemos as afirmações da ciência com base na fé."

"Você leu algum livro sobre a cura pela fé?", perguntei a ele.

"Sim", ele respondeu. "Um pequeno livro escrito por A. J. Gordon, em 1882, *The Ministry of Healing* (O ministério da cura), foi especialmente útil para mim."

Pedi que ele me falasse um pouco sobre seu próprio conceito de cura divina:

"Vamos deixar claro que existem duas classificações de cura divina. A primeira é indireta, na qual Deus efetua a cura por meio de medicamentos e da habilidade de pessoas consagradas. A segunda é direta, na qual Deus mesmo realiza a cura de maneira miraculosa, curando a doença instantaneamente e em resposta à oração feita com fé. A cura divina indireta é amplamente aceita atualmente, mas a manifestação direta e sobrenatural da cura é rara e pouco vista. As pessoas costumam evitar enfatizá-la indevidamente com medo de serem rotuladas como fanáticas, mas pode haver um perigo maior em ignorá-la."

"E os milagres?", perguntei.

Dr. Moffett respondeu:

"Apenas uma pequena minoria apoia a visão de que milagres são possíveis e que eles aconteceram em todos os períodos da história da igreja. Muitos médicos podem testemunhar milagres que vivenciamos em primeira ou segunda mão. Mas uma forte opinião popular, mesmo em círculos da própria igreja, falha em dar credibilidade à cura milagrosa pelo Espírito Santo."

"Por que isso?", perguntei.

Ele disse:

"Será que a falta de fé é a razão pela qual os grandes feitos não são mais vistos, como aconteceu em Cafarnaum?", ele questionou. "Como podemos explicar de outra forma a cura instantânea de um alcoólatra por meio da oração e da fé, ou a libertação instantânea de um viciado em ópio que resistiu a todos os esforços médicos por anos, também por meio da mesma oração? Essas não seriam obras do Espírito Santo? Acredito que sim, e há muitas histórias de tais curas em nosso dia a dia."

O Dr. Moffett claramente estudou o assunto profundamente. Ele citou diretamente das Escrituras: "No capítulo 16 de Marcos, lemos: '*Estes milagres acompanharão os que crerem: expulsarão os demônios em meu nome; (...) imporão as mãos aos enfermos e eles ficarão curados*'.". E então, ele acrescentou: "É importante observar que esse rico conjunto de promessas miraculosas está preso em um único tronco – a fé. Não parece haver qualquer base para limitar essa promessa aos tempos e homens apostólicos... Milagres de natureza externa, como a transformação de água em vinho e a multiplicação dos pães, pertencem exclusivamente ao Senhor; não os encontramos perpetuados além de Seu próprio ministério, nem na realidade nem na promessa. Milagres de cura, ao contrário, estavam mais diretamente ligados à obra redentora do Senhor, e os encontramos frequentemente no ministério dos discípulos, bem como no ministério de nosso Senhor Jesus Cristo."

Durante a conversa, o Dr. Moffett abordou o que ele chamou de "testemunho da razão" e apresentou evidências históricas para apoiar seus argumentos. Ele citou o livro *Conflict of Christianity with Heathenism* (Conflito do cristianismo com o paganismo), do Dr. Gerhard Uhlhorn, que afirma que "testemunhas acima de qualquer suspeita não deixam espaço para dúvida de que os poderes miraculosos da era apostólica continuaram a operar pelo menos até o terceiro século".

Disse o Dr. Moffett:

"Encontramos testemunhos de curas milagrosas nos escritos de Justino e Ireneu no século 2, e de Clemente no século 3. Embora Agostinho (século 4), em seus escritos mais antigos, tenha aparentemente duvidado da existência de intervenções miraculosas naquela época, em sua obra posterior *De Civitate Dei* ele cita casos específicos de curas milagrosas que ocorreram em sua própria época em resposta à oração. As orações de Martinho Lutero pela cura do corpo estão entre as mais poderosas já registradas. Outros pastores notáveis da história mais moderna, como Knox, Wishart, Livingston, Welch,

Baillie e Craig, todos testemunharam a ocorrência de curas miraculosas pela fé durante o curso de seus ministérios. E encontramos esses testemunhos não apenas ao longo da história da Igreja até os dias atuais, mas em todo o mundo: em Boston, Filadélfia, Groenlândia, África do Sul, Sumatra, Birmânia e em todos os lugares."

E acrescentou:

"É interessante notar que, sempre que encontramos um avivamento da fé primitiva e da simplicidade apostólica, também encontramos uma profissão de milagres de cura que caracterizaram a era apostólica. Esses relatos são encontrados em cada uma das reformas espirituais ao longo da história."

Atualmente, ouvimos histórias de cura pela fé e reivindicações de habilidades de cura em todos os lugares. Embora muitos desses relatos sejam fraudulentos, também é verdade que diariamente, em nosso tempo, há muitos exemplos de curas milagrosas em resposta à oração que podem ser comprovados por médicos e clérigos. No próximo capítulo, apresentaremos uma das instâncias mais surpreendentes da era moderna.

O professor Hans Bender, chefe do departamento de psicologia da Universidade de Freiburg, renomado psicólogo e parapsicólogo da Alemanha, disse a Norma Lee Browning: "Realizamos investigações científicas sobre sono, sonhos e funções da memória. Por que não sobre a telepatia? Acho que os experimentos de telepatia atrás da Cortina de Ferro podem ser mais significativos do que imaginamos".

O Dr. W. Grey Walter (esquerda) e um assistente no Instituto Neurológico Burden, em Bristol, Inglaterra, estudando um aparelho eletrônico que analisa ondas cerebrais. O Dr. Grey Walter é uma autoridade em fisiologia cerebral e eletroencefalografia, reconhecido mundialmente, e foi um pioneiro no novo desenvolvimento médico de ESB (Electrical Stimulation of the Brain), ou estimulação elétrica do cérebro.

O Dr. Grey Walter com sua famosa tartaruga eletrônica, que se comporta como uma tartaruga de verdade. O Dr. Grey Walter afirma que a tartaruga sintética é na verdade uma "ideia cristalizada" – a ideia de que existe a possibilidade de desenvolver máquinas "pensantes" que um dia possam raciocinar tão efetivamente quanto a mente humana.

As famosas cartas Zener para testar a percepção extrassensorial originaram-se no Laboratório de Parapsicologia da Universidade Duke, pelo Dr. J. B. Rhine. Um baralho que consiste em 25 cartas, sendo cinco cartas com cada símbolo. Os resultados dos testes feitos utilizando essas cartas são julgados com base em matemática complexa.

CAPÍTULO 15
Eu fui a Lourdes

"Estou planejando fazer uma viagem a Lourdes; gostaria de ver os milagres de perto", eu disse ao Dr. Smiley Blanton.

Ele respondeu:

"Fico feliz em ouvir isso. Não sei se você sabe, mas fiz um estudo extenso sobre Lourdes quando estive lá. A ciência médica não tem qualquer explicação para as curas. É o único lugar do mundo onde os históricos completos dos pacientes – incluindo registros médicos, radiografias e dados científicos – estão disponíveis, mostrando a condição do paciente antes e depois de uma cura supostamente divina."

Então ele continuou: "Margaret [esposa de Smiley Blanton] escreveu um livro, *The Miracle of Bernadette* (O milagre de Bernadete). Você leu?", ele perguntou.

"Não, ainda não, mas gostaria de ler."

"Você está com pressa para pegar o avião, mas vou lhe enviar um exemplar. E então, quando você voltar a Nova York, podemos discuti-lo."

Quando voltei para Nova York discutimos o livro, mas isso só aconteceu meses depois, após minha viagem a Lourdes. Na verdade, fiz várias visitas a Smiley e Margaret Blanton com o propósito de verificar o material que eu havia coletado. Pois descobri, como você verá, que o nome do Dr. Smiley Blanton desempenha um papel importante e é mencionado mais de uma vez em *O milagre de Lourdes*, de Ruth Cranston – outro livro sobre o qual você lerá adiante.

O Dr. Smiley Blanton, que estudou com Freud, é o principal psiquiatra da American Foundation of Religion and Psychiatry (Fundação Americana de Religião e Psiquiatria), cuja sede fica na cidade de Nova York. Durante os anos da Grande Depressão, o Dr. Norman Vincent Peale e o Dr. Blanton criaram essa fundação, pois na época os necessitados lotavam as igrejas em busca de ajuda e orientação. Hoje a fundação estende-se por todos os países por meio de igrejas de todas as denominações e compartilha conhecimento, experiência e ajuda financeira para fazer com que o clero, psiquiatras e praticantes de medicina trabalhem simultânea e harmoniosamente. O objetivo é prevenir doenças mentais, manter a boa saúde mental e atender às necessidades físicas, psicológicas, morais e espirituais dos indivíduos.

Smiley Blanton me enviou o livro *The Miracle of Bernadette*, e eu o li. E isso só aumentou meu desejo de verificar os milagres de Lourdes por mim mesmo – especialmente porque o Dr. Blanton e sua esposa são protestantes, e o livro foi escrito sem qualquer sinal de preconceito ou parcialidade religiosa. Isso pareceu significativo para mim, já que os milagres de Lourdes eram anteriormente associados, pelo menos em minha mente, à crença católica. Mais tarde, pude perceber o quão errado eu estava.

Milagres realmente acontecem?

Agora, em minhas palestras e textos, frequentemente uso as seguintes afirmações: "Eu acredito em milagres. Acredito nos milagres da Bíblia. Acredito que milagres aconteçam tanto hoje quanto no passado. Para mim, um milagre é simplesmente a realização daquilo que outros não acreditam ou não entendem".

Como você pode perceber, a palavra "milagre" foi usada com uma definição livre que muitos de nós usamos e, nesse sentido, é definida por Webster como "um evento ou efeito no mundo físico que se desvia das leis conhecidas da natureza ou transcende nosso conhecimento dessas leis".

Mas, a partir deste capítulo, o meu uso da palavra milagre será mais técnico: "um evento extraordinário, anômalo ou anormal causado por uma entidade sobrenatural". De acordo com essa definição, *um milagre é uma intervenção direta da Divindade nos assuntos humanos e sempre acompanhado pela suspensão das leis da natureza*. Portanto, somente nesse sentido, os milagres de Lourdes serão discutidos, a menos que indicado de outra forma. É importante destacar que, na minha investigação dos fenômenos da mente, todos os caminhos me levaram à fonte primária de todo o poder – Deus.

Você pode estar se perguntando: "Será que milagres realmente acontecem?". Ao longo desta parte do livro, você encontrará a sua própria resposta para essa pergunta. Também irei compartilhar qual é a minha resposta, mas, antes disso, gostaria de falar um pouco sobre as pessoas que conheci, minhas experiências pessoais e, principalmente, sobre o que pensei e senti durante minha visita a Lourdes. Pois lá, o que se pensa, sente e vivencia é mais importante do que aquilo que se vê, mesmo que o que se veja seja muito inspirador.

Conhecemos a mulher que sabe

Ao chegar ao aeroporto de Lourdes, deparei-me com um ônibus da companhia aérea, mas não havia nenhum táxi disponível. Como preferia pegar um táxi, abordei um funcionário do aeroporto para perguntar como poderia conseguir um. Foi então que Jan Bruning, que trabalhava para uma das companhias aéreas, ofereceu-se para nos levar, a mim e à Sra. Stone, até o Hotel Bethany em seu próprio Mercedes-Benz. Durante a viagem, eu fazia perguntas sobre Lourdes e Jan Bruning respondia com grande entusiasmo.

Agora eu me encontrava diante de um problema sério que deixara para resolver quando chegasse. Enquanto nos aproximávamos da cidade, percebi que uma amizade havia se desenvolvido entre Jan Bruning, a Sra. Stone e mim. Foi então que, num tom sério e tranquilo, eu lhe disse:

"Estou enfrentando um problema. Estou escrevendo um livro sobre fenômenos da mente e vim a Lourdes para investigar a autenticidade dos milagres. Meu tempo é limitado, por isso preciso encontrar alguém que possa me ajudar: uma pessoa que fale inglês, que tenha experiência direta do que está acontecendo, alguém que possa me ajudar a organizar entrevistas com indivíduos que foram curados; de preferência, alguém que tenha sido curado. Estou à procura de alguém que possa ser de grande ajuda em pouco tempo. Esse é o meu problema. Você poderia me ajudar a resolvê-lo?"

Jan respondeu prontamente:

"A pessoa que pode ajudá-lo é uma mulher inglesa chamada Sra. Winifred Feely. Ela foi curada instantaneamente de um câncer há alguns anos e, desde então, em gratidão pela sua cura, como muitos outros que foram curados, dedica seu tempo a ajudar os que vêm a Lourdes a cada verão. A Sra. Feely dá entrevistas para norte-americanos das duas às três da tarde todos os dias, no Medical Bureau. Quando chegarmos ao hotel, explicarei exatamente como encontrar seu escritório."

Chegamos ao hotel ao meio-dia e não foi necessário lembrar Jan Bruning de sua promessa. Ele escreveu uma breve nota de introdução para a Sra. Feely no verso de seu cartão pessoal e nos deu todas as informações necessárias sobre como poderíamos encontrar o escritório dela no prédio do Medical Bureau.

Às duas horas, a Sra. Stone e eu encontramos a Sra. Winifred Feely. Alguém a havia identificado para mim a meu pedido.

Perguntei: "Você é a Sra. Feely, que foi curada milagrosamente de um câncer?".

Mais tarde, descobri que ela era uma pessoa sorridente e feliz, mas a pergunta provocou o que parecia ser uma justa indignação. "Sou a Sra. Feely", respondeu ela, "mas não tive câncer e não foi um milagre. Eu tinha um tumor grande que foi curado instantaneamente, mas isso não é um milagre. Existem milhares de curas em Lourdes, mas nem todas se enquadram na categoria de milagres. Você é médico?"

"Não sou médico", respondi. Expliquei meu projeto e disse que estava procurando informações sobre os milagres de Lourdes. Pelo tipo de perguntas pessoais que ela fez, pude sentir que, antes de decidir o quanto iria cooperar, ela tentaria ter certeza de que eu aderiria 100% à verdade no que escreveria depois. Depois de cerca de dez minutos, ficou óbvio que ela ficaria feliz em me ajudar. E mais tarde descobri que ela me deu muito mais informações do que eu poderia ter esperado.

"Você já leu algum livro ou fez alguma pesquisa externa sobre esse assunto?", ela perguntou.

"Eu li *The Miracle of Bernadette,* de Margaret Gray Blanton."

"Que bom, mas o livro mais recente é *O milagre de Lourdes,* de Ruth Cranston. Ruth é protestante e foi muito minuciosa em sua investigação enquanto esteve aqui. Ela passou muito tempo comigo. Sei que será difícil conseguir um exemplar, então vou lhe dar o meu." E me deu a última cópia que tinha. Ela também recomendou *Miracles Still Happen* (Milagres ainda acontecem), de Sanford, e *Our Lady of Lourdes* (Nossa Senhora de Lourdes), de Deery. Ela sugeriu que nos sentássemos sob o sol do lado de fora do Medical Bureau, onde poderíamos continuar nossa conversa. Em 45 minutos, me contou o suficiente para encher um livro.

Mas, antes de prosseguir, permita-me mencionar que, embora a Sra. Feely e outros tenham compartilhado comigo as histórias da aparição da Virgem Maria relatadas em 1858 pela camponesa Bernadette Soubirous, meus comentários aqui serão direcionados ao que acontece em Lourdes, o que isso significou para mim e o que pode significar para você.

Deixe-me agora compartilhar o que a Sra. Feely me disse enquanto estávamos sentados do lado de fora. Ela explicou:

"Perguntei se você era médico porque, caso fosse, poderia se registrar e obter uma licença. Qualquer médico devidamente certificado pode verificar os registros do Medical Bureau, analisar qualquer exame e até mesmo participar das investigações quando há uma suposta cura. Recebemos com prazer tal participação.

"Qualquer médico, independentemente de raça ou credo, tem o direito de examinar os registros e fazer perguntas. Desde a criação do Medical Bureau, mais de 40 mil médicos de diferentes religiões e crenças participaram, incluindo católicos, protestantes, judeus, budistas, agnósticos e ateus. O Medical Bureau é gerido exclusivamente por médicos e recebe financiamento de médicos do mundo todo."

Portanto, havia um grande número de assinaturas de médicos não católicos nos registros de exames. Isso não implica necessariamente que eles acreditem em milagres; significa apenas que testemunharam a verdade dos fatos médicos observados.

Naquele momento, a Sra. Richard J. Hughes, esposa do governador de Nova Jersey, e duas de suas acompanhantes se aproximaram, e a Sra. Feely interrompeu a conversa por alguns minutos para responder a uma pergunta delas. Depois que elas saíram, a Sra. Feely encorajou-as a voltar mais tarde naquele dia. Em seguida, retomou a conversa conosco.

Primeiro, ela compartilhou informações sobre os milhares de peregrinações que acontecem em Lourdes a cada ano:

"Às vezes, há várias peregrinações acontecendo ao mesmo tempo. Cada peregrinação é acompanhada por um ou mais médicos, e nenhum doente é aceito sem um atestado do seu médico particular, declarando a sua doença, com a condição atual e a evolução na época em que o paciente deixou a clínica.

"Agora mesmo, vocês podem observar uma peregrinação de Dublin, e amanhã receberemos a primeira peregrinação oficial na história da Igreja Anglicana. Estou ansiosa para conhecê-los."

Ela parecia estar antecipando ansiosamente uma experiência agradável enquanto imaginava a chegada desse novo grupo em sua mente. A Sra. Stone e eu estávamos ouvindo atentamente tudo o que a Sra. Feely tinha a dizer, e eu não queria interromper seus pensamentos com uma pergunta.

Ela respondeu a uma pergunta que eu tinha em mente, continuando:

"Você poderá ver até 40 mil pessoas na Procissão do Santíssimo Sacramento esta tarde ou na Procissão das Tochas à noite. Recebemos oito milhões de visitantes em Lourdes em 1958, no Centenário da Aparição. E a maioria das pessoas que vêm aqui o faz com a esperança de encontrar cura para si mesmas ou para seus entes queridos. Embora haja muitas curas aqui em Lourdes, é importante lembrar que são poucos os casos que podem ser considerados milagres".

O Medical Bureau precisa de comprovação científica

E ela continuou:

"O Medical Bureau precisa de provas científicas. Quando ocorre alguma cura que parece ser um milagre, o paciente é levado imediatamente, em silêncio, ao Medical Bureau para ser examinado, evitando assim qualquer agitação indevida. O paciente passa por uma minuciosa avaliação médica.

"Lembre-se de que nenhum caso histérico ou neurótico é considerado para análise pelo Bureau ou pela Igreja. É necessário que haja uma alteração orgânica com documentos médicos que a comprovem. Somente nesses casos a suposta cura será examinada.

"Após a primeira avaliação, é solicitado que o paciente retorne após um ano. Durante esse período, o Bureau começa a coletar todo o histórico médico do paciente e a criar um arquivo detalhado. Eles mantêm contato com o paciente e recebem cópias de qualquer exame médico que ele realize com seus próprios médicos após retornar para casa. Esse arquivo se torna bastante volumoso, com relatórios, radiografias e todas as informações disponíveis relacionadas ao paciente.

"É importante lembrar que, do ponto de vista científico, o Medical Bureau pode proclamar uma cura, mas cabe somente à Igreja determinar se a cura é considerada um milagre. A Igreja é mais rigorosa do que o Bureau, e muitos médicos afirmaram em particular que sentiram que um paciente experimentou um milagre, apesar do fato de a Igreja não ter reconhecido sua cura como tal."

Ela enfatizou novamente a minuciosidade das investigações do Bureau, explicando que "os médicos do Medical Bureau verificam cinco características especiais que distinguem as curas miraculosas das curas naturais". São elas:

- Aquelas em que o tratamento médico falhou completamente e o paciente não utiliza nenhum medicamento ou outro tratamento terapêutico alternativo.
- Aquelas em que a restauração é imediata – por exemplo, uma pessoa doente é imediatamente restaurada à plena saúde.
- Aquelas em que o paciente é completamente curado de uma só vez e não recupera a saúde gradualmente ao longo de um

período de tempo. Em outras palavras, não há convalescença ou processo de recuperação gradual.

- Aquelas em que há variação no método de cura. Em Lourdes, as curas apresentam uma maravilhosa irregularidade; são completamente imprevisíveis, sem padrão e quase ao acaso.
- Aquelas em que a restauração funcional ocorre sem uma mudança estrutural ou orgânica correspondente. Por exemplo, uma pessoa com um órgão danificado, como um olho, pulmão, cérebro ou coração, encontra a função trabalhando perfeitamente, embora o órgão em si permaneça inalterado e biologicamente incapaz de desempenhar sua função. Um dos exemplos mais impressionantes de curas milagrosas em Lourdes é o caso de pessoas cegas, sem a capacidade física do órgão ocular, que recuperam a visão. Esses pacientes, em vez de recuperar a visão imediatamente, experimentam uma restauração gradual da função visual ao longo de um período de um ano ou mais, até que o próprio olho volte a um estado saudável.

O que torna a água de Lourdes diferente?

Deixe-me agora contar sobre os pontos mais importantes da nossa conversa enquanto discutíamos as qualidades físicas da água em Lourdes, os lugares e ocasiões em que ocorreram milagres e o procedimento para autenticação de um milagre pela Igreja. Disse a Sra. Feely:

"Todas as vezes em que a água foi analisada por cientistas, descobriu-se que ela não continha nada de notável. A água de Lourdes não contém, quimicamente, nenhuma propriedade curativa ou medicinal. É semelhante a qualquer outra água de montanha onde o solo é rico em cálcio. Não é radioativa e não contém nenhuma substância química ativa que tenha propriedades curativas.

"As águas dos banhos são trocadas duas vezes ao dia. Apenas uma pequena porcentagem dos doentes que tomam banho é curada, mas nunca alguém sofreu danos ou foi infectado após os banhos de imersão. Uma das coisas peculiares sobre a água de Lourdes é que, mesmo no final do dia, após a imersão de pessoas com todos os tipos de doenças, a água continua perfeitamente inócua.

"Um estudo bacteriológico da água depois do último banho, no final do dia, indicou que bilhões de microrganismos estavam presentes, mas todos estavam inertes.

"A água de Lourdes foi testada em um experimento científico no qual porquinhos-da-índia foram inoculados com ela. Seis meses depois, todos os porquinhos-da-índia que receberam a água de Lourdes estavam vivos, saudáveis e em condições normais. Em contrapartida, os porquinhos-da-índia que receberam água de outra fonte, mas que continha os mesmos microrganismos, morreram.

"Ainda que não seja um pensamento agradável", disse ela, "não é incomum que um enfermeiro ou um transportador de maca beba um copo de água retirado dos banhos como um ato de fé. No entanto, nunca houve um único caso em que tenha havido efeito prejudicial."

Em seguida, a Sra. Feely mencionou os nomes de algumas pessoas que haviam vivenciado milagres e descreveu as ocasiões em que ocorreram. Ela nos incentivou a ler sobre esses casos no livro *O milagre de Lourdes*, que havia nos dado, e mencionou especificamente Pierre de Rudder e Edelthraud Faulda como exemplos notáveis.

Durante nossa conversa, ficamos sabendo que as curas milagrosas em Lourdes ocorreram em diferentes lugares e momentos, como na gruta, na piscina (banhos), durante a Procissão do Santíssimo Sacramento, no hospital, na viagem de volta de Lourdes e na

Santa Comunhão. Esses milagres podem acontecer na primeira peregrinação ou depois de várias, e, em alguns casos, após o primeiro banho ou mesmo após nove banhos.

Além disso, houve relatos de milagres ocorrendo longe da cidade, como em casa, quando uma pessoa foi tratada com água de Lourdes, ou após novenas por aqueles que nunca visitaram Lourdes, mas invocaram o nome de Nossa Senhora de Lourdes. Também houve relatos de milagres em santuários ou réplicas da gruta de Lourdes. De especial interesse são as curas milagrosas de descrentes, quando parentes crentes oravam por eles.

A Igreja toma a decisão final

Repetidamente durante nossa conversa, a Sra. Feely enfatizou: "Há muitas curas em Lourdes, mas pouquíssimos milagres. É necessário um mínimo de dois anos e, mais frequentemente, quatro ou cinco antes de uma cura ser considerada um milagre". Ela nos explicou sobre a diligente investigação da Comissão Canônica e a cautela da Igreja em proclamar um milagre. Ela falou em um tom de voz muito sério:

"Quando os poucos casos que passam pelas rigorosas regras e investigações do Medical Bureau e do Comitê Médico Internacional justificam um estudo pela Igreja, indicando que o paciente está verdadeiramente curado e sua cura não pode ser explicada pelas leis da natureza, existem sete características que devem ser aplicadas antes que o evento possa ser declarado um milagre pela Igreja: (1) a doença deve ser grave e impossível ou difícil de curar; (2) a doença não deve estar em declínio; (3) nenhum medicamento deve ter sido utilizado, ou, se utilizado, deve ter sido ineficaz; (4) a cura deve ter sido repentina e instantânea; (5) a cura deve ter sido completa; (6) a cura não deve ter sido precedida por qualquer diminuição notável ou crise ocorrida em devida ordem natural; (7) a doença não deve ter retornado – em outras palavras, a cura deve ser permanente."

No início de nossa entrevista, informei à Sra. Feely que havíamos acabado de chegar a Lourdes. Ela nos explicou como chegar à gruta e aos banhos; também nos levou para a Esplanade e apontou os melhores pontos de observação da Procissão do Santíssimo Sacramento, que começaria às 16h30.

Passaram apenas alguns minutos das três horas quando ela disse: "Tenho uma reunião muito importante para participar, mas gostaria que vocês voltassem depois da procissão. Vocês ficarão em pé por um longo tempo, então...", falou, enquanto se levantava e caminhava em direção à porta que levava ao Medical Bureau, "vou pegar duas cadeiras dobráveis, que vocês podem devolver quando voltarem". E ela entrou no prédio e trouxe as cadeiras para nós sem nos dar a chance de dizer "não".

Você já conheceu alguém com quem desenvolveu rapidamente um vínculo de amizade e que parecia estar momentaneamente dirigindo o curso do seu destino em seus esforços para ajudá-lo? Tive exatamente essa sensação com a Sra. Feely. Senti que ela estaria direcionando nossas atividades enquanto estivéssemos em Lourdes com o objetivo de nos ajudar a aprender o máximo que pudéssemos no menor espaço de tempo – era uma sensação boa. E foi exatamente isso o que aconteceu, como você verá em breve.

A Sra. Stone e eu percorremos a Esplanade em direção à gruta, visitamos a piscina e voltamos para a gruta novamente antes de nos dirigirmos à procissão. Também tivemos a oportunidade de provar a água de Lourdes das novas torneiras ao lado dos antigos banhos. Assistimos à Procissão do Santíssimo Sacramento e, por volta das 18h30, devolvemos as cadeiras dobráveis à Sra. Feely em seu escritório no Medical Bureau.

Como não dei uma descrição detalhada, sinto que é necessário mencionar que minha discussão sobre Lourdes se limitará a um capítulo. Além disso, espero que você se sinta motivado a ler pelo menos um dos livros que citei; eles darão uma descrição mais detalhada de todo o Domain – a água, as cerimônias, os banhos e as curas. Mais tarde, expressarei o que experimentei, senti e pensei enquanto estava na gruta e na piscina e enquanto assistia à procissão – pois essas coisas são mais importantes do que o que vi. É o efeito que Lourdes tem sobre o indivíduo que é importante – mais do que o que ele vê, por mais inspirador que isso possa ser.

A procissão das tochas

A Sra. Feely parecia feliz com nossa empolgação e, sabendo o quanto Lourdes tinha para oferecer, acrescentou: "Vocês não vão querer perder a procissão das tochas, que começa às 19h30. Peguem suas velas e participem, é uma experiência inesquecível. Mas talvez seja melhor vocês irem para o hotel e jantar, pois o tempo é curto. Eu os encontrarei amanhã às 8h30".

Foi um dia longo, e estávamos cansados. Em vez de nos apressarmos, decidimos reservar um tempo para relaxar antes de irmos ao restaurante do Bethany. Localizado em uma colina acima da curva do Rio Gave, da nossa mesa pudemos avistar a entrada do Domain, parte da Esplanade que não estava escondida por árvores e a piscina.

Pudemos ver os milhares de velas acesas enquanto os fiéis seguiam a procissão – mais de quarenta mil ao todo. Tínhamos a intenção de nos juntar à procissão na noite seguinte, então não sentimos pressa naquele momento. No entanto, a cerimônia durou mais de duas horas, o que permitiu que nos juntássemos aos fiéis no final da procissão.

A Sra. Feely estava certa. Foi uma experiência que nunca esquecerei, e nos juntamos à procissão novamente na noite seguinte. E o coro cantado pelas multidões que marchavam – Ave, Ave, Ave Maria... Ave, Ave, Ave Maria, me lembrou do livro de Margaret Gray Blanton *The Miracle of Bernadette*, no qual ela descreve a bela "Canção de Bernadette".

Em todas as reuniões de vendas e palestras, e em quase tudo o que escrevo, tento motivar a leitura de livros inspiradores de autoajuda. Mas duvido que eu tenha feito um trabalho melhor do que a Sra. Feely fez ao me motivar a ler *O milagre de Lourdes*, de Ruth Cranston. Depois da procissão, voltamos para o Bethany, e li esse emocionante livro até as três da manhã. Agora vou compartilhar uma parte com você.

Durante a minha leitura, fiquei surpreso ao encontrar meu amigo Dr. Smiley Blanton mencionado em oito lugares diferentes no livro. O primeiro desses encontros foi na página 67, onde Ruth Cranston escreveu: "Frequentemente, o presidente (do Medical Bureau) convidará um dos médicos visitantes para presidir o exame. Um médico americano, Dr. Smiley Blanton, dirigiu o exame de uma das curas mais famosas, de Charles McDonald...". Ela descreve a história de Charles McDonald em detalhes, e, na página 73 da edição de bolso, mais uma vez se refere a Smiley Blanton:

> (...) Ele voltou para Lourdes em 16 de setembro de 1937, e foi examinado pelo Dr. Blanton e outros médicos no dia 17 de setembro. Trinta e dois médicos estavam presentes no Medical Bureau durante o exame de McDonald. Em suas observações finais, eles fizeram a seguinte declaração:
>
> "Charles McDonald foi afligido por (1) tuberculose no ombro esquerdo com três fístulas; (2) tuberculose da coluna dorsal com duas fístulas; (3) nefrite crônica caracterizada pela presença de pus, sangue, albumina. Essas três condições estavam em plena evolução no momento

> da peregrinação a Lourdes, com as cinco fístulas excretando pus.
>
> "No entanto, houve uma interrupção abrupta em sua evolução no dia 7 de setembro. Após um banho na piscina, houve cicatrização funcional imediata, seguida, em menos de quatro dias, pela cicatrização definitiva das cinco fístulas, retorno à secreção urinária normal sem germes infecciosos; cessação da dor, retorno de movimentos parciais do braço esquerdo e da região lombar.
>
> "Essa cura, obtida sem o uso de medicamentos ou de qualquer agente terapêutico, é confirmada por um ano de excelente saúde e trabalho ininterrupto. Apesar dos esforços dos especialistas convocados para tratá-lo, que consideravam as afecções tuberculosas do Sr. McDonald como incuráveis, nenhuma explicação médica pode ser fornecida para esclarecer a rápida cicatrização das três condições que estavam em plena evolução no momento da peregrinação a Lourdes e cujo início foi observado por infecção geral e, mais tarde, por localizações ósseas. Essa cura desafia as leis da biologia."

As assinaturas dos 32 médicos presentes encerram a declaração. Em seu relatório para colegas americanos, o Dr. Blanton conclui:

> A respeito do homem em questão, pode-se resumir que ele aparentemente sofria de tuberculose nos pulmões, além de ter sofrido uma infecção que destruiu a décima segunda vértebra torácica e outra infecção no ombro que quase destruiu a estrutura óssea da articulação. Ele ficou acamado por quinze meses, com curativos trocados duas vezes ao dia. Após o segundo banho na piscina, ele conseguiu se mover sem dor e caminhar no mesmo dia. Em três semanas, já era capaz de caminhar vários quilômetros por dia, e sua sinusite praticamente desapareceu em um período de duas semanas.

> Qual é a explicação para essa cura? Estou convencido de que esse caso representa uma cura genuína. Os registros parecem estar em conformidade com as normas médicas, tendo sido compilados por médicos altamente treinados e respeitados. Além disso, essa não é uma ocorrência isolada, pois cerca de dez ou doze casos semelhantes são registrados em Lourdes a cada ano, com as informações coletadas parecendo ser precisas e confiáveis.
>
> Devemos rejeitar a acusação de que esses casos sejam manipulados ou que as histórias sejam fabricadas. Parece haver uma rápida aceleração nos processos de cura nesse santuário, com a remoção dos sintomas e uma sensação geral de bem-estar. As taxas de cura são certamente altas demais para serem atribuídas à coincidência, e os detalhes dessas curas não se encaixam nas leis de recuperação que conhecemos. Até mesmo as curas em nossos hospitais não conseguem fazer com que uma pessoa que por quinze meses esteve na cama com dor constante levante e caminhe sem dor em dois ou três dias.
>
> Parece haver um aspecto psicológico envolvido na base dessas curas. Sinto que, em casos como esse, e em outros semelhantes em Lourdes, esse aspecto psicológico pode acelerar o processo de cura.
>
> Minha opinião é que a experiência em Lourdes nos permite concluir que os processos que conduzem à morte podem ser interrompidos e até revertidos, e que a energia liberada pode ser direcionada para ajudar o indivíduo a recuperar a saúde. Parece haver um fenômeno ocorrendo em Lourdes que transcende as leis naturais, conforme observado pelo Dr. Vallet.

A escritora Ruth Cranston inclui uma nota de rodapé interessante: "Charles McDonald, agora um homem robusto de 49 anos, está com excelente saúde. Ele vai a Lourdes com frequência e recentemente esteve lá com sua filha, pouco antes da minha visita".

E encontrei outra declaração de Smiley Blanton, na página 141: "Uma coisa você percebe rapidamente: a diferença na atitude do médico racionalista antes e depois de ter visto uma cura".

Eu tinha um sentimento de culpa

Às 8h30 da manhã seguinte, a Sra. Stone e eu fomos recebidos pela Sra. Feely em nossa chegada ao *Medical Bureau.*

Tivemos uma surpresa agradável. "Vocês gostariam de tomar os banhos?", ela perguntou.

A mesma pergunta fora feita por ela no dia anterior. Eu havia respondido que sim, desde que pudéssemos obter permissão. Ansiava por essa experiência, mas não pedi sua ajuda, pois algo em Lourdes nos impede de ser excessivamente agressivos ou de pedir algo que possa violar as regras ou costumes.

A surpresa: dois cartões, um para cada um, com o carimbo oficial do Secretariat Bureau Medical Lourdes, que concedia permissão especial para os banhos por cinco dias.

Ainda posso recordar o brilho de felicidade nos olhos da Sra. Feely ao nos entregar os cartões. Ela se assemelhava a uma mãe observando com deleite seus filhos vendo a árvore de Natal pela primeira vez.

"Eu mesma os levarei até a piscina", ela disse. E enquanto caminhávamos para os banhos, ela nos preparava para o que poderíamos experimentar. "Vocês serão atendidos quase imediatamente. Depois do banho, não se sequem. Apenas vistam suas roupas – vocês vão perceber que secarão muito rapidamente. Encontrem-me de volta no Medical Bureau e não esperem um pelo outro, pois um sairá primeiro." Então, ela mudou a direção da conversa para os aspectos espirituais.

"Vocês podem desejar rezar pelos doentes, por algum pedido particular ou pela saúde de um ente querido", explicou a guia enquanto caminhávamos em direção à piscina. Ao chegarmos, ela nos orientou: "Sra. Stone, por favor, aguarde aqui enquanto eu acompanho o Sr. Stone para a seção masculina". Fui conduzido para o início de uma fila de homens que aguardavam o banho. Em seguida, ela saiu para auxiliar a Sra. Stone na seção feminina.

Senti-me culpado por ter passado à frente de algumas centenas de doentes que teriam que esperar por horas antes de receber os banhos. "Mas", racionalizei, "talvez eu possa usar essa experiência para inspirar muitos doentes a virem a Lourdes em busca de ajuda. Se eles experimentarem a cura, então essa atenção pessoal terá sido justificada." Embora possa estar enganado, senti que talvez a Sra. Feely acreditasse que poderia ajudar outros por meu intermédio, pois eu estava sinceramente buscando a verdade sobre os milagres de Lourdes para este livro. Ela estava me ajudando a aprender o máximo possível em pouco tempo.

Enquanto eu aguardava na fila, um padre rezava em voz alta e muitas vozes respondiam. No entanto, minha mente estava ocupada em pensamentos. Eu orava do meu jeito, preparando-me emocionalmente para o que estava por vir, como faço antes de uma venda ou de um discurso. Mas dessa vez era diferente. Eu não estava me preparando para fazer algo, mas sim para receber algo. Minhas orações eram contínuas – pelos doentes, por meus próprios desejos nobres e por ajuda para meus entes queridos. Sou um grande crente na oração e acredito que o maior poder do homem reside no poder da oração.

Eu estava preparado para uma experiência emocionante, pois já havia visitado a gruta e participado da Procissão do Santíssimo Sacramento, e nessas ocasiões senti a atmosfera gerada pela devoção de milhares de pessoas em busca de orientação e ajuda divina.

Ao entrar na antessala, uma sala separada do compartimento de banho por uma cortina, eu e outras cinco pessoas nos sentamos em um banco, aguardando nossa vez. Continuei a orar ininterruptamente até finalmente entrar no compartimento de banho.

Três homens que haviam acabado de tomar o banho estavam se vestindo, enquanto outros três se despiam para entrar na piscina. Um homem estava sendo imerso na água pelos atendentes que o auxiliavam.

Quando chegou minha vez, tudo aconteceu rapidamente. Fiquei em pé na água enquanto os assistentes confirmavam que eu falava inglês. Em seguida, colocaram um grande cartão na minha frente com uma curta oração, que recitei junto com eles em voz alta. Então, fui baixado na água pelos assistentes até ficar completamente imerso. A água estava fria, mas a cerimônia me deixou em um estado emocional intenso e único que nunca havia experimentado antes. Aquele momento de inspiração me fez sentir que seria uma pessoa melhor dali em diante. Vesti-me rapidamente e caminhei de volta para o Medical Bureau, ainda pensando naquela experiência profunda. Sabia que apenas o tempo diria se eu seria capaz de cumprir a promessa que fiz a mim mesmo durante a imersão.

A Sra. Stone juntou-se a mim alguns minutos depois, do lado de fora do Medical Bureau. Notamos que a Sra. Feely estava ocupada conversando com um dos médicos, mas ela se aproximou de nós e se desculpou antes de declarar: "Adoraria mostrar-lhes o Sept Douleurs e os demais hospitais, a casa de Bernadette – que viveu em uma prisão abandonada – e outros lugares que poderiam ser do seu interesse. Infelizmente, não posso fazer isso agora, mas vou pedir ajuda a uma das enfermeiras". Ela parou uma enfermeira que passava, e a moça prontamente se ofereceu para nos ajudar. À medida que saíamos, a Sra. Feely acrescentou: "Nos veremos novamente quando voltarem. Estou ansiosa para guiá-los pelo Museu do Medical Bureau".

Uma galeria de milagres – evidências antes e depois

Minha experiência no Museu do Medical Bureau foi incrível. Para mim, aquele lugar era uma galeria de milagres, uma coleção de evidências de curas miraculosas. Pude ver fotos e cópias de evidências escritas de pessoas que foram curadas em Lourdes. Lembro-me em particular de uma história que me tocou profundamente.

Quando chegamos às fotos de Pierre de Rudder, a Sra. Feely gentilmente se ofereceu para traduzir as inscrições em francês para o inglês. Enquanto apontava para a imagem que mostrava o novo osso em sua perna, ela nos contou a história incrível da cura de Pierre de Rudder:

> Existem curas fora de Lourdes também. Veja Pierre de Rudder, por exemplo. Sua perna estava quebrada... o osso estava separado em duas partes com um vão de cerca de 2,5 centímetros; a parte inferior da perna podia ser girada. Com o tempo, a condição da sua perna piorou; pus e sangue fluíam continuamente. Os médicos aconselharam a amputação, mas de Rudder recusou, mesmo sofrendo grande dor e tendo que tratar os ferimentos duas vezes por dia. Após oito anos, ele empreendeu uma peregrinação a Oostacker, uma cidade próxima a Ghent, onde uma gruta havia sido construída em homenagem a Nossa Senhora de Lourdes. Durante o trajeto de carruagem pública, que partiu da estação de trem até a gruta, sua perna começou a sangrar e soltar pus, sujando o lugar em que estava sentado. O motorista reagiu de forma exaltada, gritando: "Você terá que pagar por isso!". Com o auxílio de suas muletas, Pierre caminhou da carruagem até a gruta e se sentou para rezar. Ali, ele pediu perdão por todos os seus pecados e pediu pela graça de conseguir trabalhar e cuidar de seus filhos sem precisar depender da caridade de outras pessoas. Pierre rezou fervorosamente, buscando forças para enfrentar seus

> desafios. De repente, um tremor intenso percorreu todo o seu corpo e, em poucos instantes, ele se levantou curado.
>
> Após sua cura milagrosa, Pierre deu três voltas completas na gruta, sem precisar de suas muletas. Em seguida, caminhou até a carruagem que o levaria de volta à estação. Chegando em sua cidade natal, ele desceu do trem sem ajuda.
>
> Embora Pierre não tenha relatado sua cura ao médico, a notícia acabou chegando aos ouvidos dele, que, mesmo sendo um agnóstico, decidiu visitá-lo. Quando o médico chegou à casa de Pierre, encontrou-o trabalhando no jardim.
>
> Pierre de Rudder faleceu aos 75 anos, vítima de pneumonia. Após o seu sepultamento, o Dr. Van Hoestenberghe, médico da família que havia sido convertido pela cura milagrosa de Pierre, solicitou a exumação do corpo. Ele extraiu os ossos que haviam se fundido e os fotografou para fins de estudo e registro. Os ossos em questão foram preservados na Universidade de Louvain para posteriores análises e estudos. No entanto, um modelo dos ossos pode ser visto no Medical Bureau para fins educacionais e de pesquisa.

Então, a Sra. Feely chamou nossa atenção para as fotos. Ela apontou especificamente para a região do osso que havia unido as duas partes separadas e depois deu a explicação médica para a aparência mais clara do novo tecido ósseo. "Observe também, nesta foto, que ambas as pernas têm o mesmo comprimento", disse ela.

Saímos do museu, e a incansável Sra. Feely nos levou à Basílica de São Pio X. De lá, voltamos ao Medical Bureau para tomar chá. A Sra. Hughes e seus companheiros se juntaram a nós e tivemos uma agradável conversa.

A Sra. Feely nos mostrou fotos de pessoas famosas e conversamos sobre diversos assuntos. Todas as suas palavras eram de grande interesse para mim. Ela contou de suas experiências em sua viagem anual aos Estados Unidos para arrecadar fundos para

Notre Dame de Lourdes, sobre seus muitos amigos e a peregrinação internacional anual de pessoas de todas as partes do mundo, incluindo ciganos, peregrinos da Índia e da África. Mas de especial interesse foram declarações como:

"Parece que são as pessoas pobres e simples que são abençoadas por milagres. Porém, em Lourdes, o verdadeiro 'milagre' parece ser o espírito daqui. São palpáveis a alegria e a disposição dos médicos, enfermeiros, funcionários do hospital e carregadores de maca, mesmo após longas horas de trabalho. Os pacientes parecem estar mais preocupados com o bem-estar do próximo do que com o próprio. Reclamações e palavras ásperas não são ouvidas. Aqui todos são iguais, não importa se são pobres ou ricos. É possível encontrar uma senhora da realeza trabalhando na lavanderia e uma mulher rica esfregando o chão do hospital."

Ela estava usando o termo "milagre" livremente, como muitos de nós fazemos.

E então ela descreveu sua casa na Inglaterra: "minha casa no campo, uma vida verdadeiramente tranquila e bucólica, mas descansada e pacífica. Eu gosto disso".

Convidamos a Sra. Feely para jantar naquela noite, mas ela sorriu e disse: "Tenho trabalho a fazer".

PARTE V

DOS FENÔMENOS PSÍQUICOS À CIÊNCIA

por Norma Lee Browning

CAPÍTULO 16
Revelando os segredos da mente

Atualmente, a mente humana está passando pela investigação mais empolgante e intensa da história da humanidade. Se antes a ciência se concentrou na conquista do espaço, agora o objetivo é desvendar os mistérios da mente. À medida que a tecnologia avança, o abismo entre o corpo físico e a psique humana está diminuindo, assim como a distância entre as estrelas diminui diante do avanço das naves espaciais.

A busca pelo domínio do poder da mente já desmentiu muitos mitos e abriu novas perspectivas no campo da mente, que antes era visto como um território obscuro e desconhecido. No entanto, esse avanço científico também pode trazer uma série de problemas, uma vez que não se sabe que poderes estranhos e ocultos podem estar escondidos por trás dos segredos da mente e como eles serão utilizados quando o homem finalmente tiver o controle sobre eles. Já foi comprovado que o comportamento humano pode ser previsto, controlado e manipulado por meio de estimulação eletrônica e química de certas áreas do cérebro.

A compreensão científica está gradualmente substituindo o conceito metafísico de percepção extrassensorial (PES) pela técnica da estimulação elétrica do cérebro – que está revelando fatos que substituem fantasias, e a mais importante delas é: o "poder cerebral" é uma forma de energia elétrica. Além disso, a maioria das experiências e emoções psíquicas, místicas ou mentais genuínas é resultado de percepções *sensoriais* (e não extrassensoriais) altamente intensificadas, produzidas por processos eletroquímicos no cérebro. Ironicamente, a estimulação elétrica do cérebro também está aumentando o interesse científico em uma área de percepção extrassensorial, a telepatia.

Esse interesse é o resultado direto das alegações russas de experimentos bem-sucedidos em comunicação de mente para mente, o que tem gerado a maior controvérsia desde os discos voadores. Muitas das reivindicações parecem mais ficção científica do que fatos, mas essa é uma verdade para muitas das realizações da ciência moderna. Por exemplo, os cientistas já nos disseram que a era nuclear em breve poderá tornar a energia atômica obsoleta. Talvez um dia os cientistas possam usar o poder cerebral para se comunicar telepaticamente com astronautas ou comandantes de submarinos.

Um cientista francês amplificou as ondas elétricas do cérebro para demonstrar que é possível ligar e desligar uma lâmpada apenas com o pensamento. Em 1963, um relatório divulgado em jornais no mundo todo afirmou que sinais cerebrais de uma mulher foram transmitidos com sucesso através do Atlântico, do Instituto Neurológico Burden, em Bristol, Inglaterra, para a Clínica Mayo, em Rochester, Minnesota. Embora as ondas cerebrais não sejam o mesmo que "ondas de pensamento", a linha tênue entre elas é um dos muitos mistérios inescrutáveis no enigma científico do poder da mente.

A pesquisa científica atual busca avançar no conhecimento da natureza da energia cérebro-mente e sua possível relação com o fenômeno da telepatia. Ainda é desconhecido o quão próximo os soviéticos estão de alcançar esse objetivo, mas é certo que a revolução científica para o controle da mente humana já conquistou progressos significativos. Com a superação de desafios impressionantes, a ciência está bem encaminhada para desvendar mais mistérios do poder da mente em um futuro próximo.

A questão sobre a natureza da mente e da consciência é um dos mais fascinantes enigmas da ciência. A mente em si é uma entidade específica ou apenas uma conveniente ficção? O mistério da consciência é ainda mais intrigante: está localizada em qual parte do cérebro? E qual é a fronteira entre a mente consciente e a mente subconsciente?

Problemas como esses, envolvendo tanto a fisiologia quanto a psicologia dos mistérios cérebro-mente, antes se acreditava estarem além do alcance da ciência. Mas estudos das descargas elétricas e da composição eletroquímica do cérebro mudaram essa concepção. Os cientistas descobriram que toda atividade cerebral é acompanhada de impulsos elétricos mínimos. Ao amplificar eletronicamente essas correntes cerebrais, investigar seus padrões e utilizar a estimulação elétrica do cérebro, os cientistas estão se aproximando cada vez mais de descobrir o elo perdido do poder da mente – o elo entre a atividade cerebral física e os processos mentais não físicos.

Uma das mais desafiadoras áreas de pesquisa é a memória. Como a memória funciona? Como e onde as memórias são armazenadas? Existe uma memória genética que possa evocar sonhos e eventos de um passado não registrado ou de alguma forma de pré-existência? A ciência já tem parte da resposta: por meio da "neuroquímica" – com o uso de LSD ou outras drogas que produzem "visões" – é possível reviver memórias enterradas há muito tempo e até mesmo sonhos da infância. As drogas capazes de alterar a química da mente podem fazer uma pessoa voltar no tempo em uma espécie de "regressão de idade", semelhante àquela produzida pela hipnose. O caso Bridey Murphy pode ter sido um fracasso quanto à tentativa de provar a reencarnação, mas, se for analisado como um caso de liberação de memória subconsciente sob hipnose, Bridey agora tem algum fundamento científico, apoiado ou reafirmado por medicamentos. Na verdade, o Dr. Glenn T. Seaborg, químico nuclear e presidente da Comissão de Energia Atômica, afirmou acreditar que, nas próximas décadas, podemos ter "medicamentos capazes de mudar e manter a personalidade humana de qualquer forma desejada". As implicações disso são enormes.

A ciência está atualmente reconsiderando a hipnose como uma ferramenta de pesquisa para explorar os canais ocultos do poder da mente. A hipnose havia caído em descrédito em grande parte devido à sua associação com artistas de palco e curandeiros charlatões, mas está retornando aos laboratórios de neurofisiologistas e psicólogos que reconhecem seu papel na pesquisa cérebro-mente. Uma das principais razões para a mudança de opinião sobre a hipnose é a crescente atenção que a Rússia tem dado ao assunto.

Entre as descobertas mais surpreendentes na pesquisa cérebro-mente estão os avanços nos campos relativamente novos da biônica e da cibernética. Pelo estudo dos mecanismos sensoriais e motores em animais e seres humanos, especialistas em cibernética desenvolveram robôs mecânicos e máquinas que simulam o funcionamento do cérebro. Essas máquinas têm o potencial de substituir as pessoas em algumas tarefas.

O aparato mais fabuloso e altamente organizado do universo é uma máquina fisiológica: o cérebro humano – uma massa enigmática e rosada composta por cerca de um quilo de tecido nervoso, células e fibras. Junto com a medula espinal, ele é o centro físico do comportamento humano. Dentro dessa máquina humana há uma vasta rede de comunicação de dez bilhões de watts de células nervosas e fibras que emitem milhões de sinais e mensagens. A rede tem seu próprio sistema complexo de filtragem, condensação e correlação de informações, além de transportar as mensagens – ou "impulsos nervosos" – ao longo dos canais apropriados.

A força que mantém essa intrincada máquina humana funcionando é a eletricidade, ou, mais propriamente, a energia eletroquímica, já que a eletricidade é criada por reações químicas nas células nervosas. Essa chave elétrica desbloqueou muitos dos mistérios da fisiologia cerebral e trouxe novas áreas de conhecimento sobre o pensamento humano, comportamento e personalidade. E com essa chave, os cientistas agora são capazes de criar máquinas modeladas a partir do cérebro humano e capazes de executar muitas das funções do cérebro tão bem ou melhor do que o real.

Existem máquinas que foram "ensinadas" a pensar e a reconhecer rostos, padrões e objetos com mais precisão do que o olho humano. Existem máquinas de "memória" que podem armazenar memórias e liberá-las em resposta a certos estímulos, de maneira muito semelhante à que o cérebro humano faz. Existem ouvidos eletrônicos para acelerar o aprendizado de idiomas, olhos eletrônicos para pousar veículos não tripulados na Lua, analisadores eletrônicos de ondas cerebrais que registram e decodificam padrões cerebrais em cartões perfurados, como os usados em máquinas IBM.

Muitas das máquinas nos laboratórios de hoje são, na verdade, diversas formas de extensão do cérebro. O futuro dos estudos sobre o cérebro se torna mais intrigante diariamente, à medida que mais e mais de seus processos intelectuais são analisados e imitados eletronicamente.

No entanto, o medo do desconhecido é, para algumas pessoas, tão profundo quanto a atração por ele é em outras. Há aqueles que são repelidos por qualquer interferência científica na mente, clamando: "Deixe a mente em paz, você está mexendo com um mundo sobre o qual nada sabe".

Mas, gostem ou não, a revolução científica voltada para a conquista dos segredos da mente está em andamento. E muitos concordam que os resultados podem superar seus sonhos mais loucos. O Dr. Frederic A. Gibbs, uma das principais autoridades mundiais em cérebro e chefe da Fundação de Pesquisas do Cérebro, em Chicago, afirmou recentemente:

> Pessoas que disseram que nunca entenderíamos o cérebro não perceberam os avanços tecnológicos feitos. Hoje está em andamento uma revolução na pesquisa sobre o cérebro, e não tenho dúvidas de que essa tecnologia nos trará um grande avanço nas ciências da mente.

O avanço lançará luz sobre fenômenos psíquicos, como a telepatia? Afinal, a ciência já inventou radiotelescópios que podem sintonizar galáxias a um bilhão de anos-luz de distância. Poderia um dispositivo suficientemente sensível, por exemplo, ler a mente de Khrushchev? O Dr. Gibbs, que, como a maioria dos cientistas, é cauteloso com qualquer coisa que sugira o sobrenatural ou metafísico, diz:

> Até o momento, não temos o poder de ler a mente de outra pessoa. As ondas cerebrais não mostram os processos de pensamento que ocorrem na mente. Elas simplesmente mostram a energia que o cérebro está usando nessa tarefa. Mas elas não mostram quais são as suas mensagens.

Contudo, ele acrescentou que, se a tecnologia avançar no ritmo atual, é "muito provável" que os cientistas um dia consigam olhar dentro da mente humana e possam não apenas ler os pensamentos, mas também controlá-los. Isso não significa que todos nos tornaremos "clarividentes" ou que ficaremos "sintonizados com vibrações cósmicas" de outro mundo. Significa que algumas coisas anteriormente consideradas sobrenaturais ou "psíquicas" têm uma estrutura fisiológica que pode ser eletronicamente detectada, computada e controlada.

Se a telepatia realmente se enquadra nessa categoria ainda é objeto de debate científico, graças às afirmações de cientistas soviéticos. Alguns dizem que a perspectiva é tão inconcebível quanto o controle de foguetes, satélites artificiais, energia a jato ou a divisão do átomo pareciam alguns anos atrás.

A ficção científica já se tornou realidade em muitas áreas, e é possível que isso ocorra em outras.

CAPÍTULO 17
Cibernética: a chave para os segredos do cérebro

Há um evidente ponto de omissão nos escritos do russo Vasiliev: não há qualquer menção ao tipo de pesquisa que está sendo realizado em seu laboratório desde que foi aberto, em 1960. Pode ser uma omissão intencional - ou pode significar que os experimentos atuais estão seguindo o mesmo padrão dos realizados há trinta anos. Os primeiros experimentos são apresentados de uma maneira que facilmente leva o leitor a acreditar que são atuais; e não há dúvida de que a abordagem experimental de Vasiliev ainda é a hipnose. Mas seus associados me disseram algo que ouvi repetidamente durante minha estadia na Rússia: "As respostas reais virão por meio da cibernética".

"Cibernética" é uma palavra que ecoa em todas as direções na Rússia. Motoristas de táxi e guias turísticos falam tão fluentemente sobre cibernética quanto os americanos sobre as pontuações do beisebol. Quase diariamente, artigos de primeira página sobre cibernética são apresentados na imprensa soviética. Se houver, qual papel a cibernética pode desempenhar na explicação ou no controle da telepatia? Para responder a essa pergunta, é necessário obter uma compreensão prévia da ciência complexa e recentemente criada que é a cibernética - ela preenche a lacuna entre a matemática e a fisiologia.

A cibernética tem muitas definições - ou, mais precisamente, muitas interpretações e aplicações. Talvez a mais fácil de entender seja o seu papel na automação. Um dos trabalhos da cibernética é o desenvolvimento de máquinas que imitam o comportamento humano ou animal. Nos Estados Unidos, a cibernética está intimamente ligada às novas máquinas de ensino e aprendizagem. Na Rússia, ela é quase sinônimo do conceito totalitário de automação.

Nos países ocidentais, as máquinas construídas utilizando a cibernética têm se mostrado valiosas na educação e na indústria, proporcionando uma perspectiva prática de aliviar os seres humanos de tarefas tediosas. Além disso, elas se mostraram ainda mais valiosas em programas de pesquisa médica e espacial, contribuindo para a descoberta de novos conhecimentos sobre a fisiologia cerebral, o comportamento humano e as comunicações.

Mas a Rússia foi além e aplicou a cibernética à sociedade.

A definição soviética de cibernética, segundo o acadêmico V. Trapeznikov, diretor do Instituto de Automação e Telemecânica, é "a ciência do controle, a organização da ação deliberada em organismos vivos, em máquinas automáticas feitas pelo homem e na sociedade em que vivemos". O ponto de vista cibernético soviético é que todos os processos de controle, sejam aqueles realizados no sistema nervoso de animais ou seres humanos, em computadores, em controladores automáticos ou nas estruturas econômicas da sociedade moderna, são governados pelas leis comuns da física, matemática, engenharia e biologia. Cientistas nessas áreas estão envolvidos em um amplo programa de automação como parte dos estudos de pesquisa espacial soviética geral.

Parece incontestável que os russos estão alcançando o máximo com a cibernética - "a ciência do controle" -, tanto em relação aos homens quanto às máquinas. Eles estão confiantes no condicionamento de máquinas para aliviar pelo menos parte do fardo intelectual do homem, embora, em uma matéria publicada no *Izvestia*, um cientista tenha admitido que "seria errado pensar que o objetivo principal é afastar o homem completamente". Como destacou o professor Vasiliev em sua avaliação da pesquisa russa sobre telepatia, a cibernética talvez possa finalmente resolver o problema.

Uma das principais metas dos ciberneticistas soviéticos é construir uma máquina "pensante" capaz de realizar proezas de telepatia, com o objetivo de decifrar como a telepatia funciona nos seres humanos. Os russos afirmam ter aprimorado máquinas "pensantes" fantásticas. De fato, foi relatado que, no laboratório de biocibernética do Instituto de Cirurgia de Moscou, cientistas desenvolveram uma máquina cibernética que pode até mesmo "prever" o processo de cura em queimaduras.

Segundo o *Izvestia*, as máquinas cibernéticas soviéticas supostamente estão constantemente "adquirindo e assimilando novos conhecimentos", o que sugere que é possível projetar uma máquina de cibernética capaz de "produzir todos os fenômenos de sugestão mental com todas as suas características e nuances". De acordo com outros relatos, essa máquina seria capaz de gerar ondas cerebrais artificiais projetadas para exercer influência direta na atividade mental das pessoas.

Ainda não se sabe exatamente como essas ondas cerebrais artificiais afetarão a atividade mental das pessoas, se simplesmente estimulando diferentes tipos de atividade dentro do cérebro humano ou se a máquina "pensante" será capaz de enviar um "pensamento" telepático de seu próprio cérebro artificial para um cérebro humano real.

A cibernética, um campo comparativamente novo da ciência aplicada, tem origem fascinante. E não começou na Rússia, como se poderia imaginar a partir da ênfase dada por lá, mas, sim, na

América. O termo "cibernética", em sua conotação moderna, remonta apenas a 1947, quando o Dr. Norbert Wiener, matemático de renome mundial do Instituto de Tecnologia de Massachusetts (MIT), adotou a palavra para abranger todo o campo da teoria de controle e comunicação, seja em máquinas, seja em animais.

A palavra cibernética, definida pelo dicionário Webster como o "estudo comparativo do sistema de controle formado pelo sistema nervoso, pelo cérebro e sistemas de comunicações mecânico-elétricas, como máquinas de computação", tem origem curiosa: ela vem do grego *kybernétés*, que significa "timoneiro ou governante", e foi escolhida pelo matemático Norbert Wiener porque expressa adequadamente a ideia de comando e controle. Pela mesma raiz, o inventor James Watt derivou o nome "governador" para a parte de controle de sua máquina a vapor, e a palavra foi usada para descrever a regulação de movimento em outras máquinas.

O grande físico e matemático francês André Ampere usou a palavra *cybernétique* há mais de um século para se referir à "ciência do governo". A palavra foi até mesmo usada com o significado de "ciência da pilotagem" por Platão, que a colocou na boca de Sócrates: "A cibernética salva almas, corpos e bens materiais dos perigos mais graves" (Górgias, 511). Gordon Pask, um dos principais ciberneticistas britânicos, define a cibernética como a "ciência de sistemas auto-organizadores". Sua definição enfatiza o estudo de como os sistemas se regulam, se reproduzem, evoluem e aprendem. "Como ciência aplicada, a cibernética visa criar instrumentos para uma nova revolução industrial - mecanismos de controle que elaboram seus próprios planos e tomam decisões", diz Pask.

Se a cibernética tem a ver com o governador de uma máquina a vapor, o motor de direção de um navio ou os mecanismos de comando e controle em homens, máquinas ou na sociedade, a palavra é particularmente apropriada - pois os princípios da pilotagem ou do governo, como incorporados no significado grego original, estão agora sendo aplicados a máquinas que governam.

Mais intrigante é a base fisiológica para essa tecnologia mecânica. Tudo começa a partir da ideia básica de que a vida, se não pode ser explicada, pode pelo menos ser aproximada pela razão matemática e pela experimentação.

Como uma ciência destinada a unir a mecânica e a fisiologia em um campo comum de pesquisa, a cibernética foi concebida e nasceu durante a Segunda Guerra Mundial. De fato, o certificado de nascimento da cibernética foi um artigo publicado em 1943 por Wiener, pelo Dr. Arturo Rosenblueth, então professor na Escola Médica de Harvard, e por Julian H. Bigelow, matemático e colega pesquisador de Wiener. Embora o artigo, intitulado "Comportamento, Propósito e Teleologia", não tenha utilizado a palavra "cibernética", ele definiu os fundamentos teóricos da nova ciência.

O artigo foi resultado direto de uma série de jantares realizados mensalmente no Vanderbilt Hall de Harvard nos anos imediatamente anteriores à Segunda Guerra Mundial. Nessas reuniões, alguns cientistas, um núcleo predominantemente de Harvard, debatiam várias técnicas científicas, com especialistas de várias áreas trocando opiniões. Wiener foi convidado a participar desse grupo e lá conheceu Rosenblueth e, por meio dele, o Dr. Warren McCulloch, psiquiatra da Universidade de Illinois que se tornaria um dos líderes em cibernética, e Walter Pitts, matemático que posteriormente trabalhou com Wiener no MIT.

Essas conferências foram fundamentais para o desenvolvimento da cibernética quando Wiener e Bigelow foram convocados, durante a Segunda Guerra Mundial, a fim de pesquisar as possibilidades de uma máquina para controlar o fogo antiaéreo, incorporando dois sistemas nervosos em um design mecânico. Isso envolveu o que os engenheiros de servomecanismo chamam de "retroalimentação".

Um mecanismo de retroalimentação é um dispositivo que faz um efeito agir de volta em uma de suas próprias causas, permitindo que esse efeito realize seu objetivo. Segundo Pierre De Latil em *Thinking by machine, a study of cybernetics* (Pensando pela máquina, um estudo da cibernética), um mecanismo de retroalimentação também pode ser definido em termos práticos como um dispositivo de autocorreção que permite que uma máquina regule sua operação adaptando o desvio de suas próprias distorções. Os motores de direção de um navio, por exemplo, são uma das formas mais antigas e bem desenvolvidas de mecanismos de retroalimentação.

Mas o sistema de retroalimentação mais antigo e altamente desenvolvido é o que está contido no corpo humano. O corpo humano se adapta automaticamente a uma tarefa atribuída por retroalimentação – ou seja, quando uma pessoa pega um lápis, ocorre uma correção constante de movimento (governança), governada pelo movimento muscular inconsciente, resultante de mensagens enviadas ao sistema nervoso e retransmitidas do córtex cerebral. Na verdade, o princípio da governança por retroalimentação certamente desempenhou um papel evolutivo importante nas primeiras fases da vida animal e era comum aos fisiologistas muito antes de se unir à cibernética.

Como explica o Dr. W. Grey Walter, um dos maiores especialistas em cérebro do mundo:

> Precisamos visualizar um sistema elementar de controle pelo qual a parte frontal de um organismo possa obter informações e alimentá-las internamente para orientar seus centros motores operacionais... Nossa hipótese é que o primeiro sistema nervoso evoluiu dessa maneira a partir de uma rede nervosa não diferenciada. Algum parente distante de água-viva ou estrela-do-mar, que nasceu com uma deformidade em sua rede neural,

conseguiu se guiar com um pouco mais de segurança pelo mar primitivo lotado.

Durante os anos de 1943 e 1944, as teorias de retroalimentação de Wiener desempenharam papel importante no esforço de guerra, com a construção de máquinas de cálculo gigantes. Foi também descoberto nessa época que havia um interesse comum entre neurofisiologistas e especialistas em máquinas de cálculo.

Wiener escreveu um livro sobre suas teorias chamado *Cibernética: ou controle e comunicação no animal e na máquina*, publicado em 1948 pela MIT Press. O livro, que vendeu 21 mil cópias em todo o mundo, marcou a primeira vez que a palavra cibernética foi designada cientificamente.

Uma revisão do livro na revista americana *Business Week*, em 19 de fevereiro de 1949, fez uma comparação interessante: "Em um aspecto, o livro de Wiener é semelhante ao Relatório Kinsey; a resposta do público a ele é pelo menos tão significativa quanto o próprio conteúdo". Wiener, pioneiro e líder reconhecido no campo em rápida evolução das ciências da comunicação, dedicou grande parte de seus estudos recentes a questões biológicas e neurológicas, especialmente relacionadas a ondas cerebrais e genética.

Uma função muito importante do sistema nervoso, observa Wiener, que é igualmente exigida das máquinas de computação, é a memória – a capacidade de preservar os resultados de operações passadas para uso futuro. A diferença entre a maneira como usamos o cérebro e a máquina, explica ele, é que a máquina é destinada a muitas execuções sucessivas, seja sem referência uma à outra, seja com uma referência mínima e limitada, e ela pode ser apagada entre tais execuções, enquanto o cérebro, no curso da natureza, raramente elimina seus registros passados.

Com o avanço das descobertas e técnicas, Wiener afirma que "estamos agora em condições de construir máquinas artificiais de quase qualquer grau de elaboração de desempenho".

Isso nos leva a questionar: será que o homem é capaz de criar máquinas que possam pensar por ele? Essa possibilidade é tão próxima que nos obriga a refletir.

Por exemplo, na Universidade Estadual de Michigan, em East Lansing, uma máquina conhecida como 3600 está escrevendo um livro. Este é um trecho da história produzida pela máquina: "As alianças soviéticas e pró-ocidentais perderam força para os neutralistas e para uma crescente aliança de independência africana".

Uma máquina eletrônica acionada por cartões perfurados é alimentada com votos de chamada nominal da ONU de todas as 111 nações. Ela avalia a variação de cada nação em relação aos votos totais e tenta estabelecer a posição geral da nação sobre questões amplas. O Dr. Charles Wrigley, que lidera o MSU Computer Institute for Social Science Research (Instituto de Computação da MSU para Pesquisa em Ciências Sociais), acredita que há a possibilidade de máquinas como a 3600 buscarem previsões diárias do comportamento da ONU com base nas tendências de votação. Wrigley fará a escrita real com base nas informações fornecidas pela 3600 para um volume intitulado *História da Estatística das Votações da Assembleia Geral das Nações Unidas.*

A ciência da cibernética, que ainda é uma área relativamente recente, teve início teórico e intelectual nos EUA. No entanto, sua evolução foi rápida na Europa, onde assumiu uma forma concreta por meio da criação das famosas tartarugas eletrônicas do Dr. W. Grey Walter e do homeostato do psiquiatra de Gloucester W. Ross Ashby.

Grey Walter (que sempre é chamado pelos dois nomes) e Ashby foram os homólogos britânicos de Wiener e McCulloch na América. Eles são amplamente reconhecidos como os quatro pioneiros da cibernética, embora um francês, Louis Couffignal, que agora é considerado autoridade mundial em máquinas de cálculo, tenha escrito, em 1938, sobre máquinas capazes de raciocinar.

O Dr. Grey Walter, chefe do Instituto Neurológico Burden, em Bristol, Inglaterra, é pioneiro na ESB (estimulação elétrica do cérebro) e autoridade reconhecida mundialmente em fisiologia cerebral e eletroencefalografia. Ele tem vasta experiência em fisiologia nervosa e reflexos condicionados, tendo sido intimamente associado, em seus primeiros anos, com o grande fisiologista russo Pavlov e com Hans Berger, o inventor da máquina EEG utilizada para investigar a atividade elétrica do cérebro.

Grey Walter foi quem tentou enfatizar para Pavlov que aquele que estuda o sistema nervoso não pode esquecer o cérebro, e vice-versa. Ele abriu novas fronteiras na fisiologia cerebral com seus estudos sobre os ritmos "alfa", "teta" e "delta".

Com esse histórico, não é surpreendente que Grey Walter tenha sido um dos primeiros a criar um modelo funcional para demonstrar a relação entre fisiologia e eletrônica na nova ciência da cibernética. Suas tartarugas eletrônicas lançaram dúvidas sobre a suposição tradicional de que apenas seres vivos têm comportamentos independentes, complexos e imprevisíveis.

Qualquer pessoa que já tenha visto uma tartaruga de Grey Walter pode testemunhar que ela é dez vezes mais inteligente do que a criatura real. Embora seja feita de bobinas e válvulas eletrônicas, ela se comporta como uma tartaruga real, mas melhorada. Ela pode se sentar ou correr ao som de uma voz humana. Não gosta de tempo frio e úmido, de muito calor e de luzes brilhantes. Reclama quando a temperatura fica perto dos 40 graus e corre em direção a qualquer fonte de calor. Gosta de companhia, reconhece vozes, mas se assusta facilmente. Ela se aconchega em sua perna e ronrona para meias de seda. Prefere mulheres a homens. Gosta de ser alimentada regularmente e não gosta de ser interrompida. Pode ser temperamental, ficar perturbada ou mal-humorada por dias se for provocada ou receber muitas informações contraditórias. O Dr. Grey Walter me disse: "A tartaruga é a cristalização de uma ideia". A ideia de que existe uma chance de máquinas "pensantes" serem capazes de raciocinar tão efetivamente quanto a mente humana.

Ironicamente, a tartaruga de Grey Walter foi impedida de participar do Festival Britânico de Exposições sob a alegação de que a teoria dos reflexos condicionados não era britânica, mas russa. A tartaruga cibernética, é claro, passou por várias refinamentos, e houve muitos outros modelos de animais eletromecânicos. Os dois mais conhecidos foram nomeados por Grey Walter sob as regras zoológicas como *machina speculatrix*, e carinhosamente chamados de Elmer (Electro-Mechanical Robot) e Elsie (Electro-Light-Sensitive-Internal-External). Eles foram construídos em 1948 por Grey Walter e sua esposa, Vivian, que era sua assistente no Instituto Burden.

Essas tartarugas vivem uma existência artificial alimentando-se de luz, que procuram e transformam em correntes elétricas. Essas correntes elétricas são então usadas para carregar uma bateria, permitindo que as tartarugas funcionem de forma autônoma. Quando suas baterias estão carregadas – ou seus "estômagos" cheios –, elas passam por uma mudança nos padrões de comportamento; não mais procuram por luzes para se alimentar, mas um canto calmo e escuro onde possam "digerir" sua refeição e descansar. Quando suas baterias estão esgotadas, elas ficam "com fome" e procuram "alimento" novamente – ou seja, uma fonte de luz brilhante.

Cada tartaruga-robô é equipada com uma célula fotoelétrica, um motor de direção e um motor de propulsão. Os motores são montados em uma base de três rodas, e a célula fotoelétrica, que se assemelha a uma cabeça, gira continuamente explorando o ambiente em busca de fontes de luz. Grey Walter é capaz de fazer as tartarugas moverem-se para a frente e para trás usando uma lanterna. Ele montou uma caixa portátil com uma forte iluminação interna em um canto da sala, criando um abrigo para as tartarugas. Se não houver obstáculos, como tapetes ou móveis, elas conseguem deslizar pelo chão, entrar no abrigo e conectar-se à rede elétrica ao lado da luz, para recarregar suas baterias.

Alguns dos "descendentes" dos robôs Elmer e Elsie se mostraram ainda mais avançados, pois não apenas reagem à luz, mas também aprenderam a responder ao assobio do seu mestre. Eles literalmente "aprenderam", assim como os cães de Pavlov, que salivavam ao som do sino do jantar. Outro robô foi ensinado a parar imediatamente quando seu mestre alertava com palmas na proximidade de um obstáculo.

Embora as tartarugas-robô de Grey Walter tenham sido um marco na história da robótica, é indiscutível que haverá um enorme salto tecnológico entre elas e as máquinas "pensantes" do futuro.

Será possível o homem criar uma máquina capaz de experimentar picos de euforia com o sucesso e profunda depressão com o fracasso? É possível criar uma máquina com ambição insaciável para aprender ou até mesmo uma que falte às aulas? É possível criar uma máquina que se aproxime da complexidade do cérebro humano, armazenando informações subconscientes, memórias e emoções latentes? Será possível criar uma máquina que imite a função mais misteriosa de todas as funções vitais – a reprodução? Poderão a *machina speculatrix* ou a *machina docilis* dar à luz um bebê-robô? Chegará o momento em que os humanos, obedecendo a algum comando primitivo de preservação da espécie, simplesmente farão sua encomenda a um departamento apropriado e aguardarão que a entrega seja feita?

Os ciberneticistas estão trabalhando em máquinas que eles esperam que sejam capazes de imitar todo o processo evolutivo. Para os leigos, a perspectiva é impressionante e até mesmo assustadora.

Não é surpreendente que os russos dependam da cibernética para resolver seus problemas de telepatia. No entanto, é curioso notar que, em toda a literatura sobre cibernética, a palavra telepatia não é mencionada. Aparentemente, apenas os ciberneticistas russos se preocupam com o fenômeno mental conhecido como telepatia.

O cientista britânico John H. Cutten resumiu o status da telepatia desta forma:

> Se a telepatia ocorre, seja ela completamente psíquica ou não, algo a está causando. O que é necessário não é uma busca contínua pelo evento elusivo, mas uma investigação sobre sua causa. A ciência ortodoxa não será atraída por relatos não verificáveis de experiências telepáticas, nem pelo acerto ocasional de um bom adivinho cuja habilidade não pode ser demonstrada com certeza em um momento escolhido. Por outro lado, se fosse possível *causar a telepatia*, apenas um tipo de experimento seria necessário para gerar uma resposta entusiástica do mundo científico. A menos que e até que isso possa ser feito, o assunto continuará a ser uma questão para entusiastas amadores.

O objetivo soviético ao pesquisar a cibernética é criar uma máquina que possa reproduzir o fenômeno mental da telepatia.

Parece, no entanto, que, embora a cibernética tenha conseguido realizar com sucesso muitas coisas que a mente humana é capaz de fazer, ainda não conseguiu reproduzir a comunicação telepática. Mas a esperança é a última a morrer, e não se pode prever o que a cibernética poderá produzir no futuro.

CAPÍTULO 18
Vasta e profunda é a mente

Nos últimos dez anos, a pesquisa em fisiologia cerebral e nas ciências do comportamento humano trouxe desenvolvimentos significativos, e os cientistas estão à beira de descobertas ainda mais surpreendentes, algumas das quais podem ser assustadoras de se contemplar.

Fomos informados de que, em um futuro próximo, poderemos "comprar" bebês geneticamente modificados em bancos de células germinativas e que uma criança poderá ser conectada eletronicamente alguns meses após o nascimento para se desenvolver em qualquer tipo de robô mecânico que um controlador-mestre desejar. Lemos que computadores oniscientes, modelados com base no cérebro humano, podem assumir o controle da vida e dos assuntos humanos; que a psique humana, o comportamento humano e, de fato, sociedades ou cidades inteiras podem ser projetadas, construídas ou eliminadas pela manipulação da eletroquímica normal do cérebro e do sistema nervoso.

Por meio da aplicação de eletricidade e drogas, os cientistas estão descobrindo como o nosso cérebro nos faz sentir dor, prazer, amor pelos nossos amigos e ódio pelos nossos inimigos; experimentar medo, ciúme, raiva e inveja; buscar a verdade, honestidade e conhecimento – e sentir enjoo em um navio em movimento. De maior importância, os cientistas descobriram que muitos desses processos podem ser *revertidos* ou manipulados pela estimulação elétrica ou química de certas áreas do cérebro.

As emoções podem ser rapidamente alteradas, de amor para ódio, de êxtase para raiva, de prazer para dor, utilizando estimuladores eletrônicos ou químicos no cérebro – assim como pode ocorrer nas relações humanas sem estimulação artificial. Os cientistas estão cada vez mais próximos de desvendar o mistério de por que o cérebro humano, às vezes, apresenta aberrações como raiva intensa, alucinações, profunda depressão, medos injustificados e sentimentos de dissociação.

Uma vez que os cientistas compreendam como o nosso cérebro influencia nosso comportamento e reações, a próxima questão lógica é: podemos controlar o cérebro? Será possível tratar doenças mentais por meio de doses precisas de estimulação elétrica e medicamentos? Podemos melhorar nosso comportamento e mudar nossas personalidades? Será possível prolongar os anos produtivos de nossa vida? E ainda, será possível encontrar um lugar comum no qual nossos pensamentos, reações e até mesmo a política possam ser sincronizados?

Os cientistas já sabem que:

- A força que mantém o cérebro funcionando é elétrica, e o cérebro de um adulto funciona com cerca de 20 watts de energia elétrica.
- Com uma nova técnica médica chamada "eletrocirurgia", é possível tratar doenças como Parkinson, epilepsia e outras condições do cérebro e do sistema nervoso.
- Cápsulas minúsculas de gás radioativo implantadas no cérebro podem ser eficazes no tratamento de tumores e cânceres profundamente enraizados, e outros medicamentos podem ser inseridos diretamente em áreas doentes do cérebro por meio de tubos.

- Fenômenos da mente, como visões, alucinações, a sensação de "já ter estado lá antes" (conhecida como *déjà-vu*), a sensação de despersonalização e desorientação espacial, têm sido associados a causas tratáveis, como fadiga, dieta inadequada e jejum prolongado, mas também podem ser induzidos por estimulação eletroquímica de áreas específicas do cérebro.
- Diferentes áreas do cérebro desempenham papéis distintos na formação das nossas emoções. Por exemplo, o tálamo, um pequeno "cérebro interno" do tamanho de um dedo, é responsável por processar e transmitir sinais de dor. Uma pequena região chamada de amígdala regula as nossas respostas emocionais, como medo e raiva. Quando experimentamos prazer, é porque várias áreas do cérebro foram estimuladas, incluindo o hipotálamo, um pequeno pedaço retangular do cérebro localizado próximo ao tálamo. Além de ser responsável pelo prazer, o hipotálamo também desempenha funções importantes, como regular a sede, o apetite, o sono e a atividade sexual.
- Cada uma dessas emoções – dor, raiva, medo, prazer, sede, fome, sonolência e desejo sexual – pode ser deliberadamente produzida em cobaias, inserindo eletrodos em seus cérebros e estimulando eletricamente as áreas responsáveis pelas emoções desejadas.
- Durante cirurgias cerebrais em seres humanos, a estimulação elétrica de certas áreas do cérebro, especialmente nos lobos temporais, pode levar à experiência de alucinações visuais e auditivas, bem como à evocação de emoções como medo, fascínio, repulsa e tristeza.
- Durante uma cirurgia cerebral, é possível realizar registros elétricos dos eventos que ocorrem dentro do cérebro de um

paciente quando determinadas regiões são estimuladas eletricamente. Esses registros podem ser comparados com a fala e as ações do paciente durante a cirurgia, fornecendo evidências adicionais sobre o funcionamento do cérebro.

- A esquizofrenia foi correlacionada a uma quantidade anormal de atividade elétrica em três áreas do cérebro: amígdala, região septal e hipocampo.
- Algumas drogas, chamadas de alucinógenas (sendo a mais conhecida o LSD), podem causar sintomas semelhantes aos da esquizofrenia e outras doenças mentais. Se for encontrado um antídoto para essas drogas, pode ser possível desenvolver um tratamento para algumas doenças mentais.
- A estimulação elétrica intensa ou a administração de medicamentos imediatamente após um evento podem impedir sua fixação na memória de uma pessoa. Essa descoberta é um avanço emocionante na busca pela resposta a um dos maiores mistérios do cérebro: onde as memórias são armazenadas e como podem ser acessadas e integradas para o pensamento consciente.

A história da pesquisa cerebral é relativamente curta. Comparativamente, antes da Segunda Guerra Mundial, poucas pesquisas na área cerebral eram realizadas. A guerra e a necessidade de cuidados de emergência para danos cerebrais impulsionaram a pesquisa, mas até cerca de dez anos atrás não havia muito sendo feito em comparação ao que está acontecendo agora. Os desenvolvimentos mais dramáticos, sem dúvida, vieram da ESB - estimulação elétrica do cérebro -, bem como da estimulação química. Os dois métodos de estimulação cerebral - elétrico e químico - estão inter-relacionados.

A razão para isso é fundamental. Embora a energia elétrica flua pelos mais de dez bilhões de células nervosas do cérebro enquanto pensamos e agimos, a eletricidade em si é criada por reações químicas dentro dessas células. Além disso, quando os impulsos viajam de célula para célula, seu comportamento ao longo do caminho é governado por reações químicas nos muitos pontos de decisão do sistema nervoso, as sinapses. Finalmente, quando os impulsos chegam ao seu destino, a atividade resultante acontece graças à liberação de certos produtos químicos, ou neuro-hormônios. Um exemplo é a acetilcolina, um produto químico que estimula os músculos e faz com que eles se movam. Todo o processo é conhecido por ser eletroquímico.

Dos dois métodos que estão sendo usados para estimular o cérebro artificialmente, o trabalho com estimulação elétrica vem sendo desenvolvido, sob condições controladas de laboratório, há mais tempo.

Um médico inglês, R. Caton, descobriu em 1875 que o cérebro produz correntes elétricas, mas ninguém se esforçou para medir ou registrar essas correntes até a invenção da máquina de EEG, em 1928, por Hans Berger. Embora fosse um dispositivo simples, rudimentar e primitivo em comparação aos usados atualmente, com ele os cientistas foram capazes de determinar que havia ritmos definidos na atividade do cérebro e, além disso, que esses tendiam a cessar quando o sujeito abria os olhos ou resolvia problemas usando aritmética mental.

Esse foi um passo gigantesco – um meio de "ver" dentro do cérebro e registrar eletricamente o que era visto.

Mas apenas registrar a frequência e a amplitude dos ritmos cerebrais não é o suficiente. O que é realmente significativo é o padrão desses ritmos. Assim, começou a tarefa laboriosa de determinar um padrão a partir das linhas instáveis.

Em 1946, o Dr. Grey Walter e seus colegas descobriram que poderiam aumentar as informações contidas nos registros de EEG ao submeter o cérebro a estímulos rítmicos, especialmente pelo uso de luzes piscantes, tanto com os olhos abertos quanto fechados. No final da guerra, eles aperfeiçoaram a técnica usando um estroboscópio eletrônico que podia ser calibrado em frações de ciclos por segundo, emitindo um flash brilhante e muito curto, cuja duração não variava com a frequência. Descobriu-se que cada flash de luz provocava uma resposta elétrica característica no cérebro. Assim, com o uso do piscar de luzes controlado, novos e estranhos padrões de ritmos cerebrais foram registrados pelos canais de EEG.

Frequências inadequadas de piscar de luz poderiam até mesmo produzir convulsões epilépticas (essa descoberta mostrou que as convulsões não eram uma propriedade exclusiva do cérebro clinicamente epilético e contribuiu bastante para dissipar sentimentos de pavor religioso, hesitação profissional e aversão com que algumas pessoas encaravam a epilepsia).

Pessoas perfeitamente normais, submetidas a estímulos luminosos intermitentes, descreviam sensações estranhas de balanços, saltos, giros e tontura. Seus membros tremiam em sincronia com os flashes de luz. Alguns experimentavam alucinações, bem como emoções de fadiga, confusão, medo, nojo, raiva e prazer. Às vezes, a percepção do tempo era perdida ou imprecisa.

Um número significativo de cobaias normais demonstrou consistentemente respostas epiléticas, indicando que estímulos fisiológicos específicos podem desencadear fenômenos epiléticos em pessoas sem histórico prévio dessa condição.

Mas uma característica fundamental do estroboscópio, ou *flicker*, era a capacidade de estimular o cérebro a gerar padrões de ondas cerebrais que eram idênticos aos registrados pela máquina de EEG. Em certo sentido, esse avanço na pesquisa cerebral foi tão importante quanto a implantação de eletrodos na cabeça de um macaco, uma vez que ambos tinham o objetivo de estimular o cérebro e observar as respostas comportamentais e emocionais resultantes. No entanto, uma grande diferença reside no fato de que o eletrodo pode ser posicionado de forma mais precisa para criar uma situação experimental desejada.

Além da máquina de EEG, outro aparato ainda mais elaborado, chamado toposcópio, foi desenvolvido para medir e analisar os ritmos cerebrais, e grande parte do que é conhecido hoje sobre a relação entre o cérebro e o comportamento humano é resultado de estudos toposcópicos de vários tipos de ondas ou ritmos cerebrais.

Os ritmos *alfa*, por exemplo, estão associados a formas de pensamento e às imagens criadas pelo cérebro em atividade. Os ritmos *teta* estão correlacionados com o prazer, assim como com o mau humor e o comportamento psicopático. Os ritmos *beta* são comuns em casos de tensão e ansiedade crônica. As ondas *delta* são ritmos lentos e amplos encontrados em bebês, adultos com doenças ou lesões cerebrais, e em indivíduos epiléticos entre convulsões e durante os ataques, quando não há convulsões, apenas perda de consciência.

Espera-se que o conhecimento sobre os ritmos cerebrais combinado com a estimulação elétrica do cérebro (ESB) tenha aplicação prática no tratamento de doenças mentais. Alguns centros de tratamento já estão adotando, em escala limitada, a leucotomia frontal – ou implante de eletrodos no cérebro – em seus pacientes.

O Instituto Neurológico Burden, sediado em Bristol, na Inglaterra, liderado por Grey Walter, destacou-se como um dos pioneiros na exploração da leucotomia frontal. Nessa abordagem, um grande número de eletrodos de tamanho reduzido é implantado nos lobos frontais e permanece no lugar por períodos de até sete meses. A eletrocoagulação do tecido é realizada progressivamente, por meio da aplicação de corrente contínua em eletrodos selecionados. Vale ressaltar que o método não provoca desconforto para o paciente, uma vez que a maioria das áreas cerebrais não é sensível à dor. Durante todo o procedimento, o paciente tem total liberdade de movimento, contando com uma fonte portátil de energia transistorizada.

Quando visitei o Instituto Burden no início de 1963, havia pacientes andando pelos corredores com dezenas de eletrodos implantados no cérebro. O Dr. Grey Walter afirmou:

> É simplesmente uma questão de criar pequenas lesões no local adequado para minimizar o impacto das tensões. O cérebro constantemente recebe grandes volumes de informações e centenas de sinais sensoriais provenientes do mundo exterior e do restante do corpo. De alguma forma, o cérebro normal consegue realizar seu próprio processo de seleção, mas, quando esse mecanismo falha, podemos auxiliar ao implantar os eletrodos dentro do cérebro para reduzir o estresse. É um processo de ajuste refinado.

* * *

No entanto, essa nova área da ciência do cérebro apresenta potenciais que vão além de seu uso no tratamento de pacientes com doenças mentais.

Como observado por Grey Walter, considerando o atual conhecimento sobre os padrões de ritmo cerebral, especialmente aqueles associados a comportamentos psicopáticos e anormais, é não apenas concebível, mas também altamente provável, que chegue o momento em que a delinquência juvenil e o crime possam ser prevenidos simplesmente por meio da implantação indolor de eletrodos nos cérebros de crianças cujos ritmos cerebrais indiquem uma propensão para comportamentos criminosos. Não se deve descartar a hipótese de que a sociedade possa desenvolver um sistema de identificação de ritmos cerebrais, semelhante ao sistema de impressão digital pessoal, que possa ser aplicado a qualquer pessoa suspeita de tendências violentas.

Isso, sem dúvida, adentra uma área altamente controversa que envolve direitos humanos e os limites do poder do Estado. Sua potencial aplicação poderia ser infinitamente mais complexa do que, por exemplo, a noção de esterilização legalmente imposta. No entanto, em termos teóricos, essa abordagem poderia oferecer à sociedade uma resposta para a prevenção de crimes.

E muitos cientistas têm avançado com a intrigante teoria de que um dia os seres humanos poderão circular com eletrodos nas cabeças, conectados a painéis de controle com botões, compactos o suficiente para caber no bolso. Assim, se alguém se sentir cansado, basta pressionar um botão marcado como "energizar". Se estiver tenso, é possível clicar em "relaxar". Até mesmo o controle elétrico do impulso de comer mais uma fatia de torta de chocolate poderia ser possível. E, se alguém tiver vontade de agredir seu vizinho com um taco de beisebol, pressionando o botão correto, em vez de agredi-lo, poderia oferecer-se para ajudá-lo.

Fantástico? Não mais do que alguns dos milagres que a ciência moderna já alcançou. E não mais do que os milagres que o próprio cérebro humano realiza a cada segundo de sua existência.

O cérebro, como um todo, é um órgão de seleção e armazenamento, constantemente filtrando informações dos sentidos, descartando algumas e retendo outras. Como o cérebro determina o que é relevante e o que não é? Como seleciona as impressões e informações necessárias para o processo de aprendizagem? Onde e como armazena essas informações, e como sabe qual processo eletroquímico utilizar em cada situação? Essas são as questões cruciais que ainda aguardam respostas, porém, os cientistas modernos estão gradualmente se aproximando delas.

Como explicado pelo Dr. Grey Walter, "O cérebro é um jogador extremamente habilidoso. Diante de centenas de sinais sensoriais e estímulos, como ele sabe o que escolher? Como determina quais oportunidades aproveitar? E, a longo prazo, ele comete muito poucos erros". Um dos mistérios mais profundos do cérebro reside em como e onde ele armazena as memórias. Cientistas tanto na Europa quanto na América estão trabalhando incansavelmente para encontrar uma abordagem experimental direta para compreender a natureza e a localização do duradouro traço da memória, conhecido como "engrama".

Uma das descobertas mais promissoras dos últimos anos é a técnica de confinamento do traço da memória em apenas um hemisfério cerebral. Cientistas da Universidade de Indiana utilizaram esse princípio para investigar como a memória pode ser transferida de um local para outro dentro do cérebro. Experimentos sobre divisão cerebral realizados em macacos, gatos e humanos também trouxeram novas perspectivas para desvendar o enigma da engenharia psíquica humana e abriram um vasto leque de possibilidades para explorar os mistérios da mente, incluindo a memória. A pesquisa atual nesse aspecto está focada em possíveis processos químicos que poderiam armazenar informações na forma de ácido nucleico ou proteínas "codificadas".

O Dr. E. Roy John, da Universidade de Rochester, em Nova York, acredita que existem duas fases distintas no processo de fixar algo na memória. Ele discutiu essa ideia em um trabalho apresentado no Congresso Internacional de Psicologia em Washington, D.C., em 26 de agosto de 1963.

Durante a fase inicial, de acordo com ele, o armazenamento da memória no cérebro é "suscetível a interferências". Por exemplo, um estímulo elétrico ou a administração de drogas imediatamente após um evento podem impedir que o cérebro "registre" qualquer memória desse evento. No entanto, se houver tempo suficiente antes da interferência, a memória parece não mais estar suscetível a ser apagada. Ela adquiriu "estabilidade". O tempo necessário para que uma memória seja armazenada de forma segura varia entre os indivíduos e as circunstâncias, mas geralmente é um período relativamente curto – ou seja, questão de minutos, e não de horas. O Dr. John acredita que seja razoável atribuir o armazenamento permanente da memória a uma "modificação da estrutura neural" – o que significa uma mudança física real nas células cerebrais. Em outras palavras, a expressão popular de um evento estar "gravado" na memória pode ser uma descrição bastante precisa do que realmente ocorre.

Segundo o Dr. John, existem evidências de que o ácido ribonucleico desempenha um papel na modificação das células cerebrais ou na "gravação" da memória. Muitos psicólogos acreditam que, durante a fase inicial do armazenamento da memória, ela é mantida no cérebro por meio de uma atividade elétrica reverberante. E esse "circuito" temporário é suscetível a interrupções causadas por choques.

Um aspecto curioso e fascinante da memória, descoberto apenas recentemente como resultado da hipotermia em cirurgias cardíacas, é que, após o corpo ter sido clinicamente "morto" ou "congelado" na sala de cirurgia por uma hora, a memória continua a funcionar normalmente quando as células cerebrais são "descongeladas". Hipotermia é um termo médico que se refere ao resfriamento ou congelamento da temperatura corporal. Esse processo é especialmente utilizado em cirurgias cardíacas e outros tipos de cirurgias em que o paciente não tolera bem as formas mais convencionais de anestesia. Após esse período de "sono congelado" ou "morte clínica", como é frequentemente chamado, a memória continua a operar normalmente, indicando que o resfriamento ou congelamento das células cerebrais tem pouco ou nenhum efeito sobre as memórias armazenadas nas profundezas do cérebro humano.

A pergunta importante é: a memória funciona independentemente da vida? Ou ela depende dos processos dinâmicos da vida?

Isso nos leva a mais perguntas. Se uma criança herda características físicas de seus pais, ela não poderia também herdar "gravações" de memória de um passado distante?

Muitas das respostas para os mistérios do cérebro podem ser encontradas no reino animal. Um excelente exemplo é a pesquisa realizada com golfinhos nariz-de-garrafa. O renomado neurofisiologista Dr. John C. Lilly, responsável por grande parte dessas pesquisas, descobriu que o cérebro dos golfinhos é muito semelhante ao humano, que eles são capazes de produzir sons semelhantes à fala humana e que a comunicação interespécies entre golfinhos e humanos pode ser possível. Atualmente, golfinhos estão sendo utilizados em experimentos de estimulação elétrica do cérebro. Quem sabe quais desenvolvimentos empolgantes surgirão a partir da estimulação elétrica do cérebro dos golfinhos? A pesquisa de seus cérebros levou à conclusão de que eles são, sem dúvida, as criaturas não humanas mais inteligentes, e provavelmente tão inteligentes quanto muitos seres humanos. Os cientistas esperam que esses animais ofereçam um meio de comunicação com espécies possivelmente encontradas no espaço sideral.

Quase tão fascinante quanto a pesquisa com golfinhos é o trabalho que está sendo realizado sobre a hibernação animal. Essa pesquisa tem desafiado algumas concepções populares sobre a hibernação, revelando contradições interessantes. Descobriu-se, por exemplo, que muitos estados de sono chamados de hibernação na verdade não são verdadeira hibernação. Por exemplo, os ursos não são hibernadores, eles simplesmente dormem durante o inverno.

A hibernação não é um sono simples, nem ocorre de forma contínua. Ela segue um ritmo biológico semelhante ao sono e à vigília dos humanos, independentemente do ambiente. Durante a hibernação, os processos corporais dos animais desaceleram significativamente: a temperatura do corpo cai drasticamente, as glândulas funcionam de maneira diferente e as necessidades de alimento e oxigênio do animal são apenas uma fração mínima das necessidades durante o estado de vigília.

O estudo da hibernação em animais tem sido relevante para o avanço da técnica da hipotermia. No entanto, uma possibilidade ainda mais impressionante é considerar que a verdadeira hibernação possa ser induzida em seres humanos, potencialmente prolongando sua vida – ou seja, literalmente adicionando anos à sua expectativa de vida.

Cientistas envolvidos na pesquisa sobre hibernação acreditam que há uma possibilidade de induzir a verdadeira hibernação no homem – o que seria de considerável valor em viagens espaciais.

A teoria sugere que, se os morcegos hibernantes podem viver vinte vezes mais do que mamíferos do mesmo peso que não hibernam, então um ser humano que hibernasse poderia viver até 1.400 anos! Esses anos adicionais poderiam ser extremamente úteis para aqueles que desejam explorar outros planetas durante as férias de inverno, especialmente considerando que um ano em Júpiter equivale aproximadamente a doze anos na Terra. Com o avanço científico, certamente será possível desenvolver uma máquina computacional capaz de calcular a idade que essa pessoa terá ao retornar à Terra.

Como os animais conseguem marcar o tempo de forma tão precisa? Os cientistas têm se dedicado a desvendar o mistério por trás do "relógio biológico", um processo fisiológico notável que permite que certos animais encontrem seus destinos e regulem suas atividades vitais. O Dr. Frank A. Brown, da Universidade Northwestern e renomado pesquisador de biorritmos, a ciência dos ciclos de vida, fez uma descoberta fascinante nesse campo. Ao transportar ostras de New Haven, Connecticut, para seu laboratório em Evanston, Illinois, ele observou que essas ostras continuavam a abrir e fechar suas conchas no mesmo ritmo das marés, mesmo estando a 1.600 quilômetros de distância.

O relógio biológico da ostra e do caranguejo violinista está ajudando a Marinha e a Força Aérea dos EUA – que financiaram a maior parte da pesquisa – a aperfeiçoar máquinas complexas que guiam navios e aviões com a simplicidade e a precisão dos cronômetros desses animais.

Sapos, caranguejos-ferradura e besouros têm desempenhado um papel significativo no avanço científico, desde o aprimoramento de máquinas de leitura até o planejamento de missões para pousar veículos não tripulados na lua. Embora os cientistas ainda não tenham compreendido completamente o funcionamento do "instinto de retorno", muito esforço de pesquisa tem se concentrado em aves, devido aos seus notáveis sentidos de tempo e direção. Por exemplo, na área da comunicação, descobriu-se que os chamados de pássaros gravados em determinada localização não têm o mesmo significado para aves da mesma espécie em outras regiões geográficas.

Descobriu-se que alguns animais têm a notável capacidade de perceber fenômenos tão sutis como o eletromagnetismo, ondas de radar, raios infravermelhos e forças inerciais. A pesquisa envolvendo animais tem desempenhado papel fundamental em importantes descobertas científicas, como o desenvolvimento do radar e do sonar.

Cientistas da Força Aérea dos Estados Unidos estão se dedicando a investigar questões como por que as asas traseiras das moscas funcionam como giroscópios vibratórios perfeitos; como as abelhas são capazes de voar em linha reta até flores localizadas a quilômetros de distância; e como as enguias elétricas conseguem gerar voltagem suficiente por meio de seis mil a dez mil células em formato de disco, chamadas "geradores", capazes de dar choques em qualquer pessoa próxima. Enquanto isso, a Marinha está realizando estudos sobre o albatroz da Ilha Midway e também apoiando pesquisas sobre a pardela-da-tasmânia, uma ave que anualmente retorna ao seu ninho na mesma semana após uma jornada que circunda o oceano Pacífico. A compreensão desses mecanismos sensoriais dos animais pode ter implicações significativas para os seres humanos.

O homem evoluiu a partir de seus ancestrais animais. Das profundezas misteriosas e primordiais de seu cérebro, herdado desses antecessores, emergem percepções e habilidades sensoriais já comprovadas, porém ainda não totalmente compreendidas.

Até que ponto o ser humano está verdadeiramente em perigo de perder seus sentidos devido à falta de uso? Ou até onde ele pode chegar ao utilizar seu próprio cérebro, desenvolvido de forma única, e suas invenções tecnológicas para substituir os sentidos que lhe faltam ou ampliar além dos limites naturais aqueles que ele já detém?

Hoje em dia, temos conhecimento suficiente sobre as capacidades do cérebro para apresentar à ciência seu maior desafio. O poder da sugestão, capaz de levar um aborígene primitivo a desejar a morte, o poder do condicionamento mental que pode desenvolver uma força sobre-humana no iogue, o poder da fé que cria imunidade contra queimaduras nos caminhantes do fogo em Fiji – todos parecem compartilhar o mesmo mecanismo mental, emocional ou sensorial. À medida que a ciência desvenda os mistérios do passado primitivo do ser humano, torna-se evidente que estamos apenas começando a explorar as inúmeras potencialidades humanas que se escondem além da superfície.

É uma jornada longa, desde o mar primordial de nossa ancestralidade animal até um moderno laboratório de cibernética, mas o cérebro alcançou esse feito. O futuro do cérebro, sob o impacto explosivo da exploração científica, é fascinante de se contemplar. No entanto, a ciência não é onisciente. Pode levar muito tempo até que os computadores possam substituir a essência humana ou desempenhar o papel do livre-arbítrio nos assuntos dos seres humanos.

Até lá, o futuro ilimitado do cérebro, com seus segredos em constante revelação, detém a chave para moldar o destino da humanidade.

EPÍLOGO
A fonte de todo o poder
por W. Clement Stone

Neste livro, nos empenhamos sincera e incansavelmente em registrar os esforços que estão ocorrendo ao redor do mundo para desvendar os segredos da mente humana. Respondemos com dedicação entusiasmada ao desafio de "investigar os fenômenos mentais".

Naturalmente, não incluímos a religião dentro dos limites de nossa investigação. A visita a Lourdes não foi motivada pelo fato de ser um santuário religioso, mas sim pela impossibilidade de ignorar os fenômenos que lá ocorreram.

No entanto, acredito firmemente que não se pode discutir a mente humana sem reconhecer constantemente a influência da luz divina que a ilumina, pois, sem ela, a mente estaria fadada à escuridão.

Há muitos cientistas pragmáticos de grande destaque que, à medida que desvendam os segredos das leis naturais, ficam cada vez mais convencidos da existência e do poder de uma Inteligência Suprema. Essa convicção foi expressa de maneira excepcional por Wernher von Braun, diretor do Centro de Voos Espaciais George C. Marshall, da Administração Nacional de Aeronáutica e Espaço, dos Estados Unidos. Ele escreveu:

> Os dois poderes mais influentes que moldam nossa civilização atualmente são a ciência e a religião. Por meio da ciência, o homem se esforça para desvendar os mistérios da criação, enquanto pela religião ele busca

conhecer o Criador. Essas duas esferas não operam de forma independente.

Para mim, é tão difícil entender um cientista que não reconhece a presença de uma racionalidade superior por trás da existência do universo quanto é compreender um teólogo que nega os avanços da ciência. Longe de serem forças independentes ou opostas, ciência e religião são irmãs. Ambas têm como objetivo buscar um mundo melhor. Enquanto a ciência procura compreender e controlar as forças da natureza ao nosso redor, a religião busca guiar e controlar as forças internas que existem dentro de nós.

O ser humano finito não pode compreender plenamente um Deus que é onipresente, onisciente, onipotente e infinito. Qualquer tentativa de visualizar Deus, de reduzi-Lo à nossa compreensão ou de descrevê-Lo em nossa linguagem apenas enfatiza Sua grandeza transcendente.

Acredito que é mais adequado aceitar Deus por meio da fé como uma vontade inteligente e perfeitamente bondosa, que se revela de forma mais completa no mundo da experiência à medida que a capacidade de compreensão do ser humano se expande. Encontro conforto espiritual ao contemplar o conceito da paternidade de Deus, e, para orientação ética, confio no conceito da fraternidade humana.

Os cientistas atualmente acreditam que na natureza a matéria nunca é destruída. Nem mesmo a menor partícula pode desaparecer sem deixar vestígios. A natureza não conhece a extinção, apenas a transformação. Será que Deus teria menos cuidado por Sua obra-prima da criação, a alma humana?

O renomado psiquiatra Dr. C. G. Jung resume, em oito palavras, o que considero ser o espírito da nossa era no título do livro *O indivíduo moderno em busca de uma alma*. Além disso, neste livro, ele faz uma declaração interessante:

> Entre todos os meus pacientes na segunda metade da vida – isto é, acima de trinta e cinco anos –, não houve um cujo problema, em última instância, não fosse o de encontrar uma perspectiva religiosa sobre a vida. É seguro afirmar que todos eles enfrentaram doenças porque haviam perdido aquilo que as religiões vivas de todas as eras forneceram a seus seguidores, e nenhum deles foi verdadeiramente curado sem recuperar sua perspectiva religiosa.

E todos nós estamos cientes da significativa reforma religiosa de alcance mundial que está ocorrendo em nosso tempo, com o objetivo de promover a harmonia, o entendimento, a paz e o esclarecimento espiritual entre todas as pessoas. Esse movimento foi iniciado pelo papa João XXIII e está sendo continuado pelo papa Paulo VI. Quase diariamente a imprensa traz uma história que indica uma tendência em direção à unidade e ao entendimento entre líderes religiosos de todas as denominações.

Novamente, deixe-me repetir:

Você é uma mente com um corpo.

Você é o produto de sua hereditariedade, ambiente, corpo físico, mentes consciente e subconsciente, experiências, posição e direção particulares no tempo e no espaço – e algo mais, incluindo poderes conhecidos e desconhecidos.

Você tem o poder de afetar, usar, controlar ou harmonizar com todos esses aspectos do ser. E você pode direcionar seus pensamentos, controlar suas emoções e ordenar seu destino.

Confio no poder da oração; acredito em milagres. Durante minha pesquisa sobre os fenômenos da mente para este livro, descobri que todos os caminhos eventualmente nos levam *ao outro lado da mente*, à fonte de todo poder – Deus.

APÊNDICE A
Glossário de termos

Acetilcolina - Substância química complexa associada a mudanças elétricas no cérebro.
Ácido nucleico - É a combinação de um açúcar ou um derivado de um açúcar com ácido fosfórico e uma base, encontrado no núcleo das células.
Amígdala - Uma parte do cérebro que controla várias emoções, como raiva e medo.
Analgesia - Perda de sensibilidade à dor.
Biônica - Palavra cunhada a partir da raiz grega "*bion*", que significa "vivo", usada para definir uma nova ciência de sistemas que funcionam de maneira semelhante aos sistemas vivos.
Biotecnologia - Termo técnico geralmente aplicado ao estudo das funções vitais.
Catalepsia - Condição de rigidez muscular, às vezes acompanhada de inconsciência.
Cibernética - Estudo comparativo do sistema de controle formado pelo sistema nervoso e pelo cérebro, e sistemas de comunicação mecânico-elétricos.
Cimógrafo - Aparelho automático no qual curvas de pressão podem ser traçadas.
Clarividência - Supostamente, a percepção de objetos ou eventos por outros meios que não os cinco sentidos.
Clonus - Uma série forçada de contrações alternadas e relaxamentos parciais do mesmo músculo.

Córtex cerebral - A "matéria cinzenta" do cérebro, responsável por todas as atividades mentais mais sofisticadas.
Cura pela fé - Método ou prática de tratar doenças por meio da oração e do exercício de fé em Deus.
Dissociação, personalidade - Um estado psicológico no qual a atividade mental parece operar independentemente da personalidade consciente normal.
Drogas alucinógenas - Drogas que produzem alucinações ou visões.
Eletrocirurgia - Uma nova área médica que envolve o uso de eletricidade ou instrumentos elétricos para matar células nervosas e dissolver coágulos sanguíneos. Usada especialmente em doenças do cérebro e sistema nervoso.
Eletroencefalograma (EEG) - Exame usado para detectar e registrar ondas cerebrais.
Eletromagnetismo - Magnetismo desenvolvido por uma corrente elétrica.
Energia eletroquímica - Combinação de energia elétrica e química, usada em referência à energia cerebral.
Engrama - Uma impressão permanente deixada no protoplasma como resultado de um estímulo.
Esquizofrenia - Um tipo de doença psiquiátrica caracterizada pela perda de contato com a realidade e pela desintegração da personalidade.
Estimulação eletrônica do cérebro (ESB) - Estimulação do cérebro pela implantação de eletrodos.
Estroboscópio - Instrumento utilizado para estudar as fases sucessivas de um movimento recorrente ou variável por meio de luz interrompida periodicamente.
Função cortical - Relativo à função do cérebro.

Giroscópio - Um complicado instrumento ou aparelho de estabilização ou direção.
Hibernação - Estado de passar o inverno em condição de torpor ou letargia, comum em muitos animais.
Hiperacuidade - Um grau incomum de sensibilidade da visão, audição, tato, olfato ou paladar, de causa psicológica.
Hiperestesia - Um grau incomum de sensibilidade real dos órgãos dos sentidos.
Hipocampo - Região do cérebro que desempenha papel crítico na formação, organização e armazenamento de novas memórias, além de conectar certas sensações e emoções a essas memórias.
Hipotálamo - Uma pequena parte retangular do cérebro localizada perto do tálamo; responsável principalmente pela sensação de prazer.
Hipotermia - Termo médico que denota o "resfriamento" ou "congelamento" da temperatura corporal durante uma cirurgia; usado principalmente em cirurgias cardíacas.
Ioga - Termo usado (na Índia) para denominar os vários sistemas de treinamento mental e físico projetados para fazer a mente funcionar em níveis mais elevados do que o normal.
Leucotomia - Termo médico que se refere à inserção de eletrodos no cérebro, usada para tratar pacientes com doenças mentais.
Magnetismo animal - Termo cunhado por Mesmer para se referir à hipnose, com base em uma noção incorreta de que os fenômenos observados eram resultado da emissão de um fluido ou força magnética.
Médium (veja também Sensitivo/Psíquico) - Pessoa que afirma ou acredita em sua capacidade de entrar em contato com os espíritos dos mortos; aquele que reivindica poderes extrassensoriais ou psíquicos em geral.
Memória genética - Relativo à memória hereditária.

Neurofisiologia - Termo médico referente ao estudo do cérebro e do sistema nervoso.
Neurônios - Células nervosas.
Ocultismo - Teoria ou prática oculta; crença em poderes ocultos ou misteriosos e na possibilidade do controle humano sobre eles.
Ondas cerebrais - Oscilações rítmicas de tensão entre diferentes regiões do cérebro, que resultam em um fluxo de corrente elétrica.
Paranormal - Termo parapsicológico para o que os cientistas chamariam de sobrenatural.
Parapsicologia - Estudo de fenômenos como telepatia, precognição, clarividência, psicocinese e dos poderes ocultos dos médiuns.
Percepção extrassensorial (PES) - Definida como "resposta a um evento externo não apresentado a nenhum dos cinco sentidos conhecidos". Inclui telepatia, clarividência e precognição.
Percepção subliminar - Termo psicológico que significa percepção abaixo do limiar da consciência ou além do alcance da consciência. Semelhante à percepção subconsciente.
Pletismógrafo - Instrumento usado para medir mudanças corporais durante reações emocionais.
Poltergeist - Fantasma barulhento.
Privação de estímulos - Estado de estar sem estímulos sensoriais externos, muitas vezes induzido artificialmente para fins experimentais.
Psicocinese - Suposto movimento de objetos apenas "desejando" que eles se movam, ou de alguma outra forma, sem a utilização de meios físicos.
Psicoquímica - Novo termo que denota a relação psicológica e química no estudo da psique humana ou da personalidade.
Psicossomático - Pertencente à inter-relação funcional entre mente e corpo, como na medicina psicossomática, que lida com distúrbios corporais induzidos por doenças mentais ou emocionais.

Psíquico (ver Médium)
Reencarnação - Crença de que as almas dos mortos retornam à vida com novas formas ou corpos.
Região septal - Nome de determinada área do cérebro, muitas vezes associada à esquizofrenia.
Regressão de idade - Aparente alteração da personalidade na qual o indivíduo adota uma personalidade anterior à sua atual, tipicamente induzida sob hipnose.
Retroalimentação - O retorno de uma parte da saída de uma oscilação elétrica para a entrada correspondente, onde essa parte é adicionada na fase apropriada.
Ritmo alfa - Padrão de ondas cerebrais associado a formas de pensamento e às imagens criadas pelo cérebro em atividade.
Ritmo beta - Padrão de ondas cerebrais comum em estados de tensão e ansiedade crônica.
Ritmo teta - Padrão de ondas cerebrais que geralmente está associado ao prazer.
Sensitivo (ver Médium)
Servomecanismo - Um mecanismo de controle.
Sinapse - Termo fisiológico que indica o ponto em que o impulso nervoso passa de um neurônio para outro.
Sonambulismo - Estado do sono ou semelhante ao sono em que o indivíduo é capaz de caminhar e realizar outros atos.
Sugestão não verbal (ver Telepatia)
Tálamo - Uma parte do cérebro às vezes conhecida como "cérebro interno", do tamanho de um dedo, que governa as sensações de dor.
Tanatomania - Termo usado por antropólogos para denotar que a sugestão, a expectativa intensa, o medo ou a crença em magia podem, entre comunidades primitivas, produzir coma e até resultar em morte.

Telepatia - Supostamente a comunicação entre uma mente e outra por outros meios que não os cinco sentidos.
Transe - Estado de suspensão parcial da atividade ou de incapacidade de funcionar plenamente; torpor ou estupor.
Transmissão de pensamento (ver Telepatia)
Transmissão de pensamento biológico (ver Telepatia)
Tubo de vácuo - Dispositivo selado contendo gás esgotado a uma pressão extremamente baixa, permitindo a passagem de descargas elétricas entre eletrodos metálicos localizados dentro do tubo.

APÊNDICE B
Bibliografia

ABBOTT, D. *Behind the Scenes With the Mediums*. Chicago, 1907.

ABRAMOWSKI, E. *The Phenomena of Cryptoamnesia in Telepathy*. Paris, 1914.

ADRIAN, E. *The Physical Background of Perception*. Londres, 1947.

ALLEN, M. *Morphological Creativity*. Englewood Cliffs, N.J., 1962.

ARADI, Z. *The Book of Miracles*. N.Y., 1956.

ASHBY, W. *Design for a Brain*. Londres, 1952.

BAIRD, A. *One Hundred Cases for Survival After Death*. N.Y., 1944.

BARCROFT, J. *Features in the Architecture of Physiological Function*. Londres, 1934.

BAUER, R. *The New Man in Soviet Psychology*. Cambridge, Mass., 1959.

BEHANAN, K. *Yoga*. N.Y., 1937.

BEHARI, B. *Sufis, Mystics, and Yogis of India*. Mumbai, 1962.

BERNSTEIN, M. *The Search for Bridey Murphy*. N.Y., 1956.

BESTERMAN, T. *Crystal Gazing*. Londres, 1924.

________. *Some Modern Mediums*. Londres, 1930.

BLACKMORE, S. *Spiritism, Facts and Frauds*. Londres, 1924.

BLANTON, M. *The Miracle of Bernadette*, N.Y. 1939.

BRAZIER, M. *The Electrical Activity of the Nervous System*. Londres, 1951.

BROAD, C. *Religion, Philosophy and Physical Research*. N.Y., 1953.

BROMAGE, B. *Tibetan Yoga*. Londres, 1959.

CADWALLADER, M. *Hydesville in History*. Chicago, 1917.

CARRINGTON, H. *The Physical Phenomena of Spiritualism*. Londres, 1934.

_______. *The Invisible World*, N.Y. 1946

_______. *A Primer of Psychic Research*. N.Y., 1932.

CARRINGTON, W. *Telepathy*. Londres, 1945.

CERMINARA, G. *Many Mansions*. N.Y., 1950.

CONKLIN, G. *The Supernatural Reader*. N.Y., 1953.

COOK, J. *Remedies and Rackets*. N.Y., 1958.

COOVER, J. *Experiments In Psychical Research at Leland Stanford University*, California, 1917.

COUSINS, R. *The Will to Think*. N.Y., 1957.

CRAIK, K. *The Nature of Explanation*. Londres, 1934.

CRANSTON, R. *O Milagre de Lourdes*. São Paulo: Melhoramentos, 1955.

CUDDON, E. *Hypnosis: Its Meaning and Practice*. Londres, 1938.

DIAMOND, E. *The Science of Dreams*. N.Y., 1962.

DINGWALL, E. *Ghosts and Spirits of the Ancient World*. Londres, 1930.

DOYLE, A. *The Case for Spirit Photography*. N.Y., 1923.

DUCASSE, C. *The Belief in a Life After Death*. Springfield, Ill., 1961.

DUNNE, J. *An Experiment with Time*. Londres, 1927.

DUNNINGER, J. *Inside the Medium's Cabinet*. N.Y., 1935.

EDWARDS, F. *Stranger Than Science*. N.Y., 1959.

_______. *Strangest of All*. N.Y., 1956.

ELKIN, A. *The Australian Aborigines*. Sidney, 1938.

ERICKSON, M.; HERSHMAN, S.; SECTOR, I. *The Practical Application of Mental and Dental Hypnosis*. N.Y., 1961.

ESDAILE, J. *The Introduction of Mesmerism into the Public Hospitals of India*. Londres, 1856.

ESTABROOKS, G. *Hypnosis: Current Problems*. N.Y., 1962.

EYSENCK, H. *Sense and Nonsense in Psychology*. Middlesex, Inglaterra, 1957.

________. *Uses and Abuses of Psychology*. Londres, 1953.

FODOR, N. *The Haunted Mind*. N.Y., 1959.

FORD, A.; BRO, M. *Nothing So Strange*. N.Y., 1958.

FREYTAG, F. *The Hypnoanalysis of an Anxiety Hysteria*. N.Y., 1958.

GARDNER, M. *Fads and Fallacies*. N.Y., 1952.

________. *In the Name of Science*. N.Y., 1952.

GIBBS, F.; GIBBS, E. *Atlas of Electroencephalography*. Cambridge, Mass., 1950.

GRESHAM, W. *Houdini: The Man Who Walked Through Walls*. N.Y., 1959.

GUDAS, F. *Extrasensory Perception*. N.Y., 1961.

GURNEY, E.; MYERS, F.; PODMORE, F. *Phantasms of the Living*. Londres, 1886 (versão curta 1918).

HALL, T. *The Spiritualists*. Londres, 1963.

HARNEY, W. *Brimming Billabongs*. Londres, 1947.

HART, H. *The Enigma of Survival*. Londres, 1959.

HEBB, D. *The Organization of Behavior*. N.Y., 1949.

HELLE, J. *Miracles*. N.Y., 1952.

HEYWOOD, R. *Beyond the Reach of Sense*. N.Y., 1961.

________. *The Sixth Sense*. Londres, 1959.

HILL, N.; STONE, W. Clement. *Success Through a Positive Mental Attitude*. Englewood Cliffs, N.J., 1960.

HOUDINI, H. *A Magician Among the Spirits*. V, 1924.

________. *Miracle Mongers and Their Methods*. N.Y., 1920.

HUBBARD, R. *Dianética: a Ciência Moderna da Saúde Mental*. Rio de Janeiro: Record, 1989.

HUDSON, T. *The Law of Psychic Phenomena*. Chicago, 1905.

HULL, C. *Hypnosis and Suggestibility*. N.Y., 1933.

HUXTLEY, J. *Knowledge, Morality and Destiny*. N.Y., 1957.

JAENSCH, E. *Eidetic Memory*. Londres, 1930.

JANET, P. *The Major Symptoms of Hysteria*. N.Y., 1907.

JASTROW, J. *Error and Eccentricity in Human Belief*. N.Y., 1935.

JOHNSON, R. *The Imprisoned Splendour*. N.Y., 1953.

JUNG, C. *Obra Completa*. Brasil, Editora Vozes, 2013.

LAMBERT, H. *A General Survey of Psychical Phenomena*. N.Y., 1928.

LANCASTER, E.; POLING, J. *The Final Face of Eve*. N.Y., 1958.

LATIL, P. de. *Thinking by Machine*. Londres, 1953.

LETHBRIDGE, T. *Ghost and Ghoul*. N.Y., 1962.

LEURET, F.; BON, H. *Modern Miraculous Cures*. N.Y., 1957.

LOCKWOOD, D. *I, the Aboriginal*. Adelaide, 1962.

LORENZ, K. *King Solomon's Ring*. Londres, 1952.

MACKAY, C. *Ilusões Populares e a Loucura das Massas*. Rio de Janeiro: Ediouro, 2001.

MCCABE, J. *The Lourdes Miracles*. Londres, 1925.

MILNE, L.; MILNE, M. *The Senses of Animals and Men*. N.Y., 1962.

MOUNTFORD, C. *The Tiwi – Their Art, Myth and Ceremony*. Londres, 1958.

MOWRER, O. *The Crisis in Psychiatry and Religion*. Princeton, N.J., 1961.

MULLHOLLAND, J. *The Art of Illusion*. N.Y., 1934.

MURCHISON, C. *The Case For and Against Psychical Belief*. Mass., 1927.

MURPHY, G. *Challenge of Psychical Research*. N.Y., 1961.

MYERS, F. *Human Personality and Its Survival of Bodily Death*. New Hyde Park, N.Y., 1961.

NATIONAL SPIRITUALISTS ASSOCIATION. *The Spiritualists Manual*. Washington, D.C., 1911.

OMEZ, R. *Psychical Phenomena*. N.Y., 1958.

OSTY, E. *Supernormal Faculties in Man*. Londres, 1923.

PASK, G. *An Approach to Cybernetics*. Londres, 1961.

PENFIELD, W.; RASMUSSEN, T. *The Cerebral Cortex of* Man. N.Y., 1950.

PRATT, J. *Parapsychology: An Insider's View of ESP*. N.Y., 1964.

PRICE, H. *Leaves From a Psychist's Case Book*. Londres, 1933.

________. *Confessions of a Ghost-Hunter*. Londres, 1936.

________. *Fifty Years of Psychical Research*. Londres, 1939.

________. *The Most Haunted House in England*. Londres, 1940.

________. *Poltergeist Over England*. Londres, 1945.

________. *The End of Borley Rectory*. Londres, 1946.

PRINCE, M. *The Dissociation of Personality*. N.Y., 1906.

PROSKAUER, J. *Spook Crooks*. N.Y., 1932.

________. *The Dead Do Not Talk*. N.Y., 1946.

PUHARICH, A. *The Sacred Mushroom*. N.Y., 1959.

________. *Beyond Telepathy*. N.Y., 1962.

RAWCLIFFE, D. *Illusions and Delusions of the Supernatural and the Occult*. N.Y., 1959.

REYNOLDS, J. *Gallery of Ghosts*. N.Y., 1949.

RICHARDSON, J. *The Great Psychological Crime*. N.Y., 1928.

RICHET, C. *Thirty Years of Psychical Research*. Londres, 1923.

RHINE, J. *The Reach of the Mind*. N.Y., 1947.

________. *New World of the Mind*. N.Y., 1953.

________; PRATT, J. *Parapsychology*. Springfield, Ill., 1957.

RHINE, L. *Hidden Channels of the Mind*. N.Y., 1961.

ROBERTS, K. *Henry Gross and His Dowsing Rod*. N.Y., 1951.

ROPP, R. de. *Drugs and the Mind*. N.Y., 1957.

ROSS, R. *Living Magic*. Chicago, 1956.

ROTH, W. *Ethnological Studies Among the North-West-Central Queensland Aborigines*. Brisbane, 1897.

SALTER, W. *Ghosts and Apparitions*. Londres, 1938.

SARGENT, W. *Battle for the Mind*. N.Y., 1957.

SCARNE, J.; RAWSON, C. *Scarne On Dice*. Harrisburg, Pa., 1946.

SCHMEIDLER, G.; McCONNELL, R. *ESP and Personality Patterns*. New Haven, 1958.

SHACKLETON, E. *South*. N.Y., 1962 (publicação original 1920).

SINCLAIR, U. *Mental Radio*. Londres, 1930.

SINGER, C. *From Magic to Science*. N.Y., 1958.

SINNOTT, E. *Cell and Psyche*. N.Y., 1959.

________. *The Biology of the Spirit*. N.Y., 1961.

SITWELL, S. *Poltergeists*. N.Y., 1959.

SKINNER, B. *Science and Human Behavior*. N.Y., 1953.

SOAL, S.; BATEMAN, F. *Modern Experiments in Telepathy*. New Haven, 1953.

STEARN, J. *The Door to the Future*. N.Y., 1963.

STERN, K. *The Third Revolution*. N.Y., 1961.

STONE, W. Clement. *The Success System That Never Fails*. Englewood Cliffs, N.J., 1962.

SUDRE, R. *Parapsychology*. N.Y., 1960.

TABORI, P. *Harry Price: The Biography of a Ghost-Hunter*. Londres, 1950.

THIGPEN, C.; CLECKLEY, H. *The Three Faces of Eve*. N.Y., 1957.

THOULESS, R. *An Introduction to the Psychology of Religion*. Cambridge, 1928.

THURSTON, H. *Ghosts and Poltergeists*. Chicago, 1954.

TYRELL, G. *Science and Psychic Phenomena*. New Hyde Park, N.Y., 1961.

UNDERHILL, E. *Misticismo*. Rosacruz, 2008.

VASILIEV, L. *Experiments in Mental Suggestion*. Hampshire, Ing., 1963.

________. *Long Distance Suggestion*. Moscou, 1962.

VOGT, E.; HYMAN, R. *Water Witching*. Chicago, 1959.

VON BONIN, G. *Essay on the Cerebral Cortex*. Springfield, Ill., 1950.

WALKER, K. *The Extra-Sensory Mind*. N.Y., 1961.

WALLACE, A. *Miracles and Modern Spiritualism*. Londres, 1896.

WALTER, W. G. *The Living Brain*. Londres, 1953.

WEITZENHOFFER. *Hypnotism*. N.Y., 1953.

WEST, D. *Psychical Research Today*. Londres, 1954.

YOGANANDA, P. *A Autobiografia de um Iogue*. Rio de Janeiro: Sextante, 2006.

YOUNG, J. *Doubt and Certainty in Science*. Oxford, 1951.

Além dos livros acima mencionados, uma boa quantidade de periódicos foi consultada na preparação deste trabalho, entre eles: *The Proceedings and Journals of Society for Psychical Research* (Londres), *Bulletins and Journals of Parapsychology* (Editora da Universidade Duke), *The International Journal of Parapsychology* (The Parapsychology Foundation Inc., Nova York), *Proceedings and Journal of the American Society for Psychical Research* (Nova York), *Revue Métaphysique* (Paris), *Revue Internationale de Radiesthésie* (Bruxelas), *Scientific American* (Nova York) e *New Scientist* (Londres).

APÊNDICE C

Agradecimentos

Embora não seja possível listar todos aqueles que ajudaram na preparação deste livro, seja por meio de pesquisa, entrevistas, conselhos, orientações ou contribuições especializadas, gostaríamos de agradecer especialmente às seguintes pessoas:

Dr. W. Grey Walter, diretor do Instituto Neurológico Burden, em Bristol, Inglaterra; Sr. e Sra. Guy Lambert; Rosalind Heywood; Dra. Letitia Fairfield e Dr. D. J. West, da Sociedade de Pesquisa Psíquica de Londres; Sr. e Sra. Gordon Pask, de Londres; Stephen Abrams, de Oxford; A. D. Cornell, de Cambridge; C. E. M. Hansel, da Universidade de Manchester; George Zorab, da Sociedade de Pesquisa Psíquica Holandesa; Dr. J. M. Kooey, astrofísico na Academia Militar Real da Holanda; Dr. Arthur Kline, diretor da escola de pós-graduação de medicina da Universidade de Viena; Louis Couffignal, inspetor geral do Ministério da Educação e presidente da Associação de Pedagogia Cibernética em Paris; Dr. Antoine Remond, do Hospital Salpêtrière, em Paris; o escritor científico francês Pierre de Latil; professor e Sra. Hans Bender e Dr. Inge Strauch, do Departamento de Psicologia da Universidade de Freiburg, Alemanha.

Dr. J. G. Pratt, Dr. Milan Ryzl e Pavel Stepanek, pela permissão de observar e fotografar experimentos de percepção extrassensorial (PES) em Praga, na Checoslováquia; Surjit Singh, guia *sikh* de Nova Déli, Índia; H. N. Banerjee, de Sri Ganganagar; Dr. K. Sampurnanda, governador do Rajastão; Dr. D. S. Kothari, presidente do

Departamento de Física da Universidade de Nova Déli; os diretores médicos do Instituto de Ciências Médicas da Índia em Nova Déli.

Dr. Hiroshi Motoyama, diretor do Instituto de Psicologia Religiosa, em Tóquio, e sua mãe, pela calorosa hospitalidade, bem como pela ajuda na pesquisa; Capitão Stanley Brown, capitão do Maroro e especialista nos caminhantes do fogo de Fiji.

Rene Henri e Alan Stewart, nossos guias no Outback australiano; Neville Bell, piloto de avião australiano; Harry Sidgwick, superintendente da reserva governamental de Manangrida; Sr. e Sra. Kevin Miller, de Manangrida; Sra. John Morrison, da Estação Mudgenberri, por seus excelentes sanduíches de carne de búfalo; Douglas Lockwood, jornalista premiado em Darwin, cujo livro *I, the Aboriginal,* nos apresentou a Waipuldanya, um aborígene da tribo Alawa; e vários funcionários do governo de Darwin que nos deram permissão para entrar na Terra de Arnhem.

Dr. J. B. Rhine, da Universidade Duke; Dr. Ward Halstead, da Universidade de Chicago; Dr. Gardner Murphy, da Clínica Menninger; Dr. Karl Osis, da Sociedade Americana de Pesquisa Psíquica, em Nova York; Oliver Caldwell, do Departamento de Saúde, Educação e Bem-Estar dos Estados Unidos; Dr. Eugene Konecci, da Nasa; Sidney Schneider, de Chicago; Lydia Bacon, secretária do Sr. Stone; Bill e Martha Smith, de Traverse City, Michigan, pela enorme ajuda em cumprir prazos; Sra. Winifred Feely; Howard A. Moffett, M.D.; e o Capitão Harry A. Adams, USN (aposentado).

Por fim, reconhecemos nossa dívida com Jessie V. Stone e Russ Ogg, que suportaram nobremente as dificuldades deste trabalho. Sem eles e todos os outros, este livro não teria sido possível.

APÊNDICE D
Agradecimento especial
por Norma Lee Browning

Uma vez a cada lua azul, você encontra alguém como W. Clement Stone, um homem que alcançou sucesso fenomenal no pragmático mundo dos negócios, mas que dedicou a vida a uma magnífica obsessão: contribuir para uma incrível variedade de causas nobres. Este livro surgiu do nosso interesse compartilhado na zona crepuscular dos mistérios, com a oportunidade de passar um ano inteiro pesquisando e escrevendo sobre um campo de interesse especial, e com permissão irrestrita para buscar respostas onde quer que fosse necessário. Sou profundamente grata ao Sr. W. Clement Stone, bem como à sua esposa, não apenas por patrocinarem financeiramente este empreendimento, mas também por sua generosidade ao se envolverem intensamente nos desafios da coautoria, pelo seu encorajamento, compreensão e paciência, pelo enorme investimento de seu tempo, energia e recursos, e por seu apoio moral incansável ao longo deste longo e difícil projeto. Tanto eu quanto meu marido temos uma dívida especial de gratidão com eles, e esperamos que este projeto tenha sido digno de seus patrocinadores.

Também tenho uma dívida especial com o editor Don Maxwell, do *The Chicago Tribune*, por tornar possível que eu fosse liberada de outras atribuições para dedicar-me integralmente a este livro – e ao *The Tribune*, por permitir que eu me baseasse livremente em artigos previamente publicados.

Também somos gratos ao Dr. Joe Maddy, da *Interlochen*, que concedeu ao meu marido uma licença de quatro meses de seu trabalho na Interlochen Arts Academy para me acompanhar em nossa viagem de pesquisa ao redor do mundo.